图书馆信息资源建设与管理研究

王 瑶 杨 新 姜 晶◎著

线装書局

图书在版编目（ＣＩＰ）数据

图书馆信息资源建设与管理研究 / 王瑶，杨新，姜晶著. -- 北京：线装书局, 2024.3
ISBN 978-7-5120-6010-4

I. ①图... II. ①王... ②杨... ③姜... III. ①图书馆
－信息资源－资源建设－研究②图书馆管理－信息管理－
研究 IV. ①G25

中国国家版本馆 CIP 数据核字(2024)第 058033 号

图书馆信息资源建设与管理研究
TUSHUGUAN XINXI ZIYUAN JIANSHE YU GUANLI YANJIU

作　　者：王　瑶　杨　新　姜　晶
责任编辑：白　晨
出版发行：线装书局
　　　　　地　　址：北京市丰台区方庄日月天地大厦 B 座 17 层（100078）
　　　　　电　　话：010-58077126（发行部）010-58076938（总编室）
　　　　　网　　址：www.zgxzsj.com
经　　销：新华书店
印　　制：三河市腾飞印务有限公司
开　　本：787mm×1092mm　　　　1/16
印　　张：15.75
字　　数：355 千字
印　　次：2025 年 1 月第 1 版第 1 次印刷

线装书局官方微信

定　　价：68.00 元

前　言

随着 20 世纪中期计算机的发明，人类逐渐由工业社会进入到信息社会。特别是 20 世纪 90 年代互联网的产生和飞速发展，将人类社会由工业文明发展为信息文明。在图书馆界，一些领航者开始进行大胆探索，尝试将计算机技术、网络通信技术等现代信息技术在图书馆中应用，图书馆开始由传统的工作机制和工作模式转变为网络化、自动化、信息化的工作模式。计算机在图书馆中逐渐被广泛应用，卡片式检索被计算机检索、联机检索、网络检索取代，纸本资源如图书和期刊的地位逐渐被网络数据库和数字文献所取代。在此期间，网络图书馆、数字图书馆、虚拟图书馆开始出现和普及，并成为现代化图书馆的代名词。

图书馆作为未来图书馆发展的目标，其服务理念和方式受到图书馆界学者的持续关注，本研究就是以图书馆为前提，分析和解释在图书馆中，知识服务如何更好的发展，如何为用户提供更人性化的服务，因此有必要对图书馆做一个全面的介绍，以期对接下来的研究提供理论依据和技术支撑。

当前来看，图书馆的研究在全球范围内仍处于初始阶段，无论是理论研究还是实践研究都需要进一步的探索和深化。我国关于图书馆的研究大多都是重视技术的结合，比如利用物联网、云计算等技术提升图书馆的服务水平。但是图书馆的本质是注重资源的整合与管理，注重的是为用户提供更加人性化的知识服务。

本书的章节布局，共分为十章。第一章是图书馆概述，介绍了图书馆的发展和内涵；第二章对图书馆信息资源建设概述做了相对详尽的介绍，介绍了信息资源的演变与发展、含义及内容以及基本理论和建设原则；第三章是高校图书馆的信息资源建设的“技术”基础，介绍了图书馆的关键技术支撑、资源整合技术以及移动图书馆技术；第四章是图书馆信息资源建设的政策，在我国信息化建设进程中，面对信息资源类型繁多，信息传播迅速的情况，制定系统全面的信息资源建设政策，对做好信息资源建设工作显得尤为重要；第五章是图书馆信息资源建设的方法，图书馆作为当前社会重要的信息机构，在其建设过程中，如何通过有效的方法满足用户不断增长的信息需求，并提供完备、快捷的服务已经成为必须要解决的问题；第六章是图书馆信息资源建设的共建共享，信息资源共建共享体系是由若干子系统经统一规划、组织协调而形成的有机体。由于发展的背景、资源基础、技术基础等的不同，信息资源共建与共享体系在组织机构、管理体制、资源共建、技术支撑，以及信息服务等方面存在许多不同；第七章是图书馆信息资源建设的创新发展，本章介绍了图书馆大数据整合系统平台、大数据检索服务以及创新服务；第八章是图书馆特色信息资源建设，在信息革命的推动下，全球数字图书馆的建设和研究工作如雨后春笋般不断涌现，本章将在新技术环境下介绍数字图书馆的最新发展模式，探究特色资源的整合与发展，特色服务的创新方式；第九章是图书馆信息服务系统的构建，介绍了高校图书馆信息服务系统分析与设计、精准定位和个性化服务以及系统；第十章是图书馆知识服务创新研究，介绍了于共同心智的图书馆知识服务概述、图书馆知识服务模式研究以及支撑体系。

本书在撰写过程中，参考、借鉴了大量著作与部分学者的理论研究成果，在此一一表示感谢。由于作者精力有限，加之行文仓促，书中难免存在疏漏与不足之处，望各位专家学者与广大读者批评指正，以使本书更加完善。

编委会

内容简介

图书馆作为图书馆一种新的形态，将会给图书馆带来全新的变革，而图书馆信息资源建设是建设图书馆的重要基础，也是其目标之一。图书馆信息资源建设是随着信息技术的发展和广泛应用而不断改变和完善，图书馆的使用使图书馆信息资源建设出现了新的特征。自上一世纪50年代开始，概念上从藏书建设到文献资源建设，再到信息资源建设，技术上从计算机编目到图书馆管理系统的应用，再到数字资源的出现，再到对全馆信息资源精准化、集成化的管理，图书馆信息资源建设的理念和模式在不断拓宽和深入。

目　录

第一章　图书馆概述

第一节　图书馆发展历程

随着20世纪中期计算机的发明，人类逐渐由工业社会进入到信息社会。特别是20世纪90年代互联网的产生和飞速发展，将人类社会由工业文明发展为信息文明。在图书馆界，一些领航者开始进行大胆探索，尝试将计算机技术、网络通信技术等现代信息技术在图书馆中应用，图书馆开始由传统的工作机制和工作模式转变为网络化、自动化、信息化的工作模式。计算机在图书馆中逐渐被广泛应用，卡片式检索被计算机检索、联机检索、网络检索取代，纸本资源如图书和期刊的地位逐渐被网络数据库和数字文献所取代。在此期间，网络图书馆、数字图书馆、虚拟图书馆开始出现和普及，并成为现代化图书馆的代名词。

网络图书馆、数字图书馆、虚拟图书馆三者之间既有联系又有区别，为了对它们进行彻底的研究和辨析，我们需要了解它们的概念、内涵等。

一、网络图书馆

20世纪90年代以后，图书馆的外部环境和内部需求都发生了极大的变化。先进的计算机技术、多媒体技术、数字化技术和通信技术日益发展，数据库的简历，文献数字化的发展带来更多网络化连接的机会，自由灵活的信息使用代替了以往的固定完整的信息收藏等。在这种背景下，网络图书馆作为网络环境下资源的一种新的组织形式，作为图书馆界的一种新型合作模式，应运而生，网络图书馆也成为国内外众多专家学者研究的对象。

对于网络图书馆的认识，学术界存在较大争议，可谓仁者见仁，智者见智，主要流行的观点有以下几个。

（一）网络图书馆是就是电子图书馆

这种观点认为网络图书馆是虚拟图书馆、电子图书馆、数字图书馆等概念的统称，认为网络图书馆就是利用计算机技术，网络通信技术将数字化的信息进行加工整理和贮存，并依托网络进行传播的一种信息服务机构。与传统图书馆相比，网络图书馆侧重对数字化、网络化的信息的处理和传播，其工作内容和工作方式均与传统图书馆有很大不同。并且，网络图书馆与传统图书馆相比，更容易实现对信息的共享，打破了传统图书馆较为僵化的信息获取模式，因此，又被称为"无墙图书馆"。

（二）网络图书馆其实是图书馆的计算机管理系统

该观点认为网络图书馆并不是图书馆的一个种类，而是由于现实的需要，由图书馆开发的一套为实现信息资源共享和有效传播的网络化管理系统。它在一定程度上拓展了图书馆的功能，并且使图书馆的管理手段和服务方式发生了变革。通过网络图书馆，可以实现网络采购、网上编目、在线借阅、馆际互借和参考咨询等，丰富了图书馆的服务内容和服务手段。

（三）认为网络图书馆是跨地区、跨系统的图书馆联盟

这种观点认为网络图书馆产生和发展的最终目的是为了实现信息资源共享，网络图书馆的本质就是图书馆联盟，是图书馆联盟在网络环境下的组织形式。网络图书馆是基于图书馆联盟合作的深入发展，在自愿和互惠互利的基础上建立起来的图书馆联盟。

关于网络图书馆，我国图书馆学者吴慰慈先生给出的定义为：网络图书馆是指一定范围内若干图书馆以计算机技术、数字化技术、网络技术为基础共同合作组建的，可供用户异地获取图书馆馆藏资源与服务信息资源的网络系统。这是目前学术界比较全面系统概括网络图书馆特征的概念。

二、虚拟图书馆

最早提出虚拟图书馆这一术语的人是美国人 A. Harley，他当时是大英图书馆外借部计算机与通信工作组负责人，他认为虚拟图书馆指的是一种环境，是一种远程获取图书馆情报资源和服务的行为。

1992年，美国学者卡耶在《虚拟图书馆知识社会与图书馆员》一书里，认为虚拟图书馆是利用电子网络远程获取信息与知识的一种手段。他认为虚拟图书馆只是用户获取知识与信息的一种方式，而不是一种图书馆形态。日本学者Jajko则认为虚拟图书馆是一种知识管理实体。通过远程通信技术将图书馆拥有的信息资源与外部世界范围的信息有机结合，促进快速和有效地利用信息。

国内学者也对虚拟图书馆做了较多的研究，如武汉大学黄宗忠教授认为虚拟图书馆是虚拟现实技术在图书馆的应用，是一个跨地区、跨国家的信息空间，而不是一个物理存储的图书馆。北京大学的吴慰慈教授则认为虚拟图书馆就是虚拟化的图书馆镜像，它以信息资源的数字化存储和网络化传递为基础，是实现信息资源共享的"大公共图书馆""无墙图书馆""全球图书馆"。

虚拟图书馆中"虚拟"一词源于计算机技术，是指用计算机来虚拟现实世界中的客观事物和环境，所造出和现实事物极其相似的镜像。计算机技术、网络技术的发展使图书馆利用信息技术在网络上开展工作和服务成为可能，而网络上的图书馆是现实中的图书馆在网络上的镜像，因此，虚拟图书馆也就是图书馆在网络中的镜像。通过网络实现与跨地区、跨系统甚至跨国的图书馆连为一体，而其他图书馆的馆藏资源也成了虚拟图书馆的虚拟馆藏资源，它依托本馆馆藏资源和其他馆馆藏资源为用户提供服务。

三、数字图书馆

1993年，美国克林顿政府提出的信息高速公路计划中，将数字图书馆规划作为"试点"建设的重要项目。1994年，美国国家科学基金会等单位正式实施的一项"数字图书馆创始计划"中，首先提出了数字图书馆的概念。同样在得克萨斯又召开了国际数字图书馆会议。同年9月，美国国家科学基金会、美国国防部高级研究计划署、美国国家航空与太空总署联合发起了"数字图书馆创始工程（DLI——Digital Library Initiative）"。1995年初，美国IBM公司又发起了全球数字图书馆研究的倡议，并成立了数字图书馆学会，"数字图书馆"一词广泛流传开来。1997年，美国国家科学基金会赞助的专题讨论会上认为："数字图书馆"的概念并不仅仅是一个有着信息管理工具的数字收藏的等价词，数字图书馆更是一个环境，它将收藏、服务和人带到一起以支持数据、信息乃至知识的全部流程，包括从创造、传播、使用到保存的全过程。自美国开始研究数字图书馆之后，英国、法国、日本等世界上许多国家开始对数字图书馆项目进行规划和建设，如英国图书馆电子化贝奥伍夫项目（BL）的创建，日本国会图书馆实施的"关西图书馆工程"等，均是对数字图书馆的研究和尝试。

数字图书馆的研究者将数字图书馆的定义分为两类，一类观点是从技术和数字存储空间的角度来对其进行定义，这种观点认为数字图书馆应该更突出"库"的概念，即数字图书馆是一个数字化的信息资源库，它是为国家信息基础设施建设提供关键性的信息管理技术，同时提供主要的信息源和资源库的数字化仓储空间。这一类观点的代表性定义有：（1）数字图书馆是一个分布式的信息环境，其相关技术使得创建、传播、处理、存储、整合和利用的困难大幅降低。（2）美国研究图书馆协会（ARL）给数字图书馆的定义是：数字图书馆不是一个单一的实体；数字图书馆是把许多地方的资源连接在一起的技术；众多数字图书馆和信息服务的连接对最终用户应是透明的；数字图书馆的目标是让广大用户最大限度地获取信息、得到信息服务；数字图书馆的馆藏不应局限于原件的替代品，还应包括无法用印刷方式表现或传递的实物，并将其数字化。（3）美国"数字图书馆创始计划"提出：数字图书馆不仅仅是数字馆藏及管理工具的集合，而应包括信息、数据和知识在整个创建、发布、利用、存储等生命周期内的所有活动。（4）数字图书馆即是一个数字化的信息系统，它将分散于不同载体、不同地理位置的信息资源以数字化方式存储，网络化方式互相联接，提供即时利用，实现资源共享。

第二类观点将重心放在"图书馆"上，认为数字图书馆就是运用当代信息技术，对数字信息资源进行采集、整理和储存，并向所有连接网络的用户提供，为一定的社会政治、经济服务的文化教育机构以及这种机构的组合。代表性定义有：（1）数字图书馆是采用现代高新技术所支持的数字信息系统，是下一代因特网网上信息资源管理模式，它将从根本上改变目前因特网因规模庞大而不便使用的现状。这一概念说明数字图书馆是超大规模的，分布式的，便于使用的，没有时空限制的，是跨无缝连接与智能检索的知识中心。（2）所谓数字图书馆，是指运用计算机技术、网络技术、通信技术、数据库技术和多媒体技术等多种信息技术及其设备，对不同类型、不同载体、不同形式的各种文献信息资源进行搜集、选择和规范化处理，使之以数字化的方式和多媒体的形式存储，建立分布式的馆藏信息资源库和虚拟馆藏信息资源库，并通过各种局域网、广域网和因特网，向世界各地所有连接因特网的用户提供信息服务的数字化和网络化的信息系统。第二类观点是图书馆界比较认可的观点。

关于数字图书馆的类型，加利福尼亚大学信息管理和信息系统学校的Peter Lyman将数字图书馆分为4个类型：（1）数字图书馆，包括多种媒体介质的数字化馆藏，它由图书馆员来组织管理。数字化馆藏包括印本资源的数字化和各类型数据库。（2）新生的纯数字图书馆，这种类型的数字图书馆从建立之初便以数字形式创造和存储各类文献。（3）数据图书馆，数据图书馆不但存储图书馆活动本身产生的各类数据，即用户、图书馆员和图书馆专业设备所产生的数据，也存储图书馆外部产生的数据，如各类传感器、气象卫星、智能化设备、经济活动、科学研究等所产生的数据。（4）数据通信，这种类型的图书馆包括一组数字通信的电子文件，如环球网、电子邮件和用户组，还包括数字电视、网络视频、数字电话和数字广播等。

哈佛大学商学院教授克莱顿·克里斯滕森提出了"破坏性技术"（Disruptive Technologies）概念，泛指那些有助于创造新价值、开辟新市场，而且逐步或者迅速地颠覆原有的市场格局、取代原有技术的新技术。从21世纪开始，以信息技术、自动化技术、智能技术等为代表的高新技术的飞速发展对原有的社会经济结构和模式造成了"颠覆性影响"。在世界范围内，大部分的产业发生了深刻变革，这既对传统的产业造成了危机，又带来了一定的机遇。作为传统的信息服务机构的图书馆，也在一定程度上受到了破坏性技术的冲击，如图书馆查询信息的功能被Google、百度等搜索引擎冲击，图书馆的馆藏图书和期刊被存储电子化、数字化文献和信息资源的数据库所影响，参考咨询服务被社交网站、百科类网站和问答式的网站所冲击等。表1-1是在维基百科有关资料基础上整理的一个破坏性技术与传统技术对照表。

表1-1　破坏性技术与传统技术对照表

主流技术	破坏性技术
电报	固定电话
固定电话	移动电话
交卷相机	数码相机
百货商店	大型超市
IBM主机	个人计算机
存储软盘	闪存装置
Microsoft	Google
Google	Facebook
传统报纸	网络门户
网络门户	Twitter/微博

数字图书馆面临着来自多方面的挑战，这里的多方面，既包括来自技术的挑战，也包括来自于外部相关机构的挑战。如目前学术数字资源建设商发展迅猛，中国知网资源建设已由中国期刊论文逐步拓展到国内外期刊论文、会议论文、学位论文、重要报纸文章、专利、标准等，在图书资源方面，也收录大量图书，不仅提供年鉴、工具书的查询服务，最近还建立了教辅平台。另一重要学术资源服务平台——万方数据知识服务平台，也提供了国内期刊论文、学位论文、会议论文、专利、标准、地方志、法规文献、科技成果、图书、行业机构、专家学者等学术资源。其他的资源建设商，如维普期刊服务平台等在学术资源建设方面都取得了许多成绩。目前，这些资源建设商所拥有的非图书资源是国内绝大多数图书馆都无法比拟的。我国大多数高校图书馆已经离不开这些资源建设商提供的学术资源服务了。超星图书馆，主要提供数字化的图书资源，该数字图书馆包括文学、经济、计算机等50余大类，拥有数百万册电子图书，500多万篇学术论文，全文总量超13亿页，已经达到一个大型图书馆的藏书规模，假以时日，将会超过目前

我国绝大多数图书馆的藏书。另外，该数字图书馆还收藏了近20万集的学术视频，这些收藏对我国传统数字图书馆形成了很大的冲击。此外，百度和Google等搜索引擎均设置了学术搜索，并开始涉足学术出版领域，这些都在不同程度上对数字图书馆产生影响。

在技术方面，大数据技术、云计算技术、语义技术、数据挖掘技术、RFID技术、跨平台检索技术等，都对数字图书馆造成了一定的冲击，用户的需求随着新技术的发展而不断提高，人们不再满足于以前的信息获取模式，泛在化的、个性化的、智能化的信息服务被越来越多的用户所青睐，并逐渐成为评价图书馆服务好坏的一个重要标准。当然，信息技术在给数字图书馆带来了挑战的同时，也给它带来了发展机遇，数字图书馆可以应用这些技术到工作中去，到服务中去。数字图书馆所遇到的问题和其所获得的机遇，也就预示着数字图书馆的整体结构和工作、服务模式必然要有所变革，这就为图书馆的产生和发展提供了前提条件。

第二节　图书馆内涵

一、图书馆的概念

（一）馆馆相联的图书馆

馆馆相联的图书馆是图书馆的内涵所在，其目的是将一个区域内乃至全部地区的图书馆（无论规模大小，服务质量好坏）都动态的连接起来，使得每个馆的每一个文献资源都可以得到充分的共享；学科馆员、参考咨询等也可以跨馆为用户服务；与此同时，几个图书馆动态连接形成联盟后，不同馆的馆员之间也彼此形成了交流，将吸取的知识和经验应用到自己的工作中，在充实自己的同时也充实了图书馆。这种馆馆相联的形式使得每一个参与其中的图书馆都能更上一层楼，在提升自身身价和服务质量的同时，也为用户带来了不小的便利。

（二）馆内相联的图书馆

馆内相联，即馆内的资源和书籍都是动态连接在一起的，也可以称作书书相联。书书相联是图书馆知识服务的基础。书书相联顾名思义就是将书和书连接在一起，这里的书不单单是纸质的，还包括电子版、网络版的书籍或文献。书书相联就是将一个图书馆的所有文献资源整合到一起，并通过物联网、云计算、大数据等技术共享到另一个图书馆中，实现了馆与馆之间文献资料的共享以便读者阅读和借阅，达到文献资源的集群化，从而为读者提供更加人性化的知识服务。深圳在2012年为图书馆颁布了一项全新的政策，即"统一服务"。"统一服务"就是把执行这项政策的图书馆统一起来，读者只需办理一个读者证就可以访问所有的数据库和系统。这项政策大大方便了读者，读者再也不用担心为了寻找一本书而走遍所有图书馆，再也不用适应每一个图书馆的不同服务规则。此外，读者还可以在自己的读者证内存入适量金额，当需要产生必要的费用时系统会自动从读者证上扣除。"统一服务"政策所遵循的最基本原则就是公益性原则，因此为读者所提供的服务基本上都是免费的。这种统一服务就是书书相联图书馆的一种形式，它不但方便了读者，还使一些"孤岛"现象的基层图书馆得以重新利用。

（二）书人相联的图书馆

书人相联是图书馆知识服务的关键，体现了图书馆以人为本的服务理念。书人相联包括书与馆员的相联，也包括书与读者的相联。全天城市街道自助图书馆就是书人相联图书馆的一个很好例子。全天城市街道自助图书馆打破了以往的服务方式，它拥有人性化、智能化等特征，它可以为用户提供自助借书、还书、预定、查询、办理图书证等一系列图书馆的基本服务。这种服务模式是数字技术与公共文化服务的完美融合，大大方便了市民的文化生活，对构建公共文化服务体系具有深远意义。

它的优势是读者再也不用担心图书馆严格的闭馆时间，可以随时随地的到住处附近的自助图书馆进行借书。这种借还形式大大降低了成本，提高了图书馆借阅率并且操作方便，易上手。24小时城市街区自助图书馆将书与人（读者）紧密的联系在一起，形成书人相联的图书馆。但书人相连还是以书书相联为基础的，比如读者去自助图书馆借书，如果发现所需图书在自助图书馆中没有收藏，而在别的图书馆有，这时就需要利用数字化技术使馆与馆之间彼此相联，确定被借书的馆藏地点，再由图书馆员送到读者所在的自助图书馆。再比如读者想要预定某本图书，读者可以在图书馆设立的自助终端机或浏览图书馆官网，检索到所需图书的借阅情况并申请预借请求，图书馆员收到预借图书请求后，会将图书送到离读者所在地最近的自助图书馆并通知读者取书，读者得到通知后必须尽快去图书馆取书，时限为1天。这自助借阅形式将图书和读者联系在一起，不仅方便了读者，也大大提高了图书的借阅率。

（四）人人相联的图书馆

人人相联是图书馆知识服务的核心。人人相联不单单是把读者和馆员有机相联起来，还要在读者间和馆员间建立起相联关系。随着互联网技术的越发成熟，中国的一些大型图书馆开始在网上提供知识服务导航站还有一些其他的个性化服务，这为人人相联的图书馆开创了先河。在互联网技术的支持下，馆员间彼此的相联甚至可以把国内外的优秀馆员都连接在一起，形成了庞大的人力资源群体，可以更有效的为读者提供参考咨询服务。Ken Wheaton 在《为什么城市需要图书馆：以阿拉斯加的故事为例》提到一个本土的阿拉斯加人坚定的说这个冬天阿拉斯加将会面临大幅度降温、暴雪和特大风天气。一些大型复杂的天气预报仪都测不出来的东西他是怎么预测到的呢？许多人都持怀疑的态度，但是他说对了，当年阿拉斯加确实迎来了历史上最糟糕的一个冬天。这个本土的阿拉斯加人所拥有的知识在课本上是学不到的，而是前人经验的总结，即现代人对前人经验的传承。所以人与人之间就需要即时的沟通，吸取他人的经验从而使自己变得更加优秀。图书馆势必会随着时间的推移而发生翻天覆地的变化，现如今的图书馆里面只有长长的过道和满满架子的书，现在人们已经对这种传统图书馆不买账了，我们应该回到人类最原始获得知识的状态：人与人的沟通，也就是人人相联的图书馆的本质追求。

（五）摆脱时间限制的图书馆

摆脱时间限制的图书馆是图书馆知识服务的时间延伸。它是指读者可以忽略传统图书馆的时间限制（开、闭馆时间），全天候的浏览图书馆的馆藏内容。利用数字化、智能化和网络化技术，图书馆就像一台笔记本电脑一样可以随时的使用，让读者可以自由的在任何时间享受图书馆的服务。虽然传统图书馆仍然会有它独特的魅力所在，但是这种任何时间都可以使用的图书馆可以让用户摆脱时间的束缚，使用户可以更自由的支配自己的时间来使用图书馆。这种新型图书馆打破了原有传统图书馆的服务模式，让读者感到图书馆就像他们的手机一样一直在他们的身边，可供随时使用。

（六）摆脱空间限制的图书馆

摆脱空间限制的图书馆可以让用户在任何地方享受图书馆带来的服务。在相当一部分人的认知中，图书馆就是一个庞大的建筑物，是一个物理空间的存在。图书馆则改变了人们这一传统的认知。在智能技术的支持下，读者可以摆脱空间的限制在任何地点，比如餐厅、火车上、家里等都可以享受图书馆提供的服务，让读者能体会到图书馆就在他们的身边，并且可以随时随地使用。例如美国密歇根州的特拉弗斯飞机场就为其用户提供了类似图书馆的服务。该服务是利用机场的WIFI让读者通过二维码扫描下载一个应用程序到他们的移动智能设备上，通过该程序读者可以浏览大量的免费电子书籍，并且读者下载下来的书籍都是不限时的，旅客可以长期保存而不会过期。现如今许多机场都设立了类似的电子书免费下载服务，做到了真正的摆脱空间限制让读者在任何地方都能享受到图书馆的人性化服务。

二、图书馆的主要特征

（一）人性化

图书馆的服务不单单是依靠智能技术的支持，其最核心和最重要的服务特点应该是以人文本服务。图书馆要想成功进阶到图书馆这一层面，就必须摒弃以前的服务观念：（1）转变以馆员为中心的服务思想，馆员应站在用户的角度去思考问题，确立以人文本、以读者为中心的服务思想。（2）转变以往机械化、略显僵硬的服务方式，创新出能够体现个性化、人性化的服务方式。（3）转变重藏轻用的思想。一个图书馆是否强大不单是看其馆藏是否丰富、特色文献是否充裕，最主要的应是其能否吸引更多的用户来访问并使用它，因此图书馆应改变固有的重藏轻用观念，加强服务意识，树立以服务为本的理念。（4）转变以往的被动服务观念。以往被动服务时期，图书馆员只有当用户提出问题了，馆员才会为其解决，这难免让用户对图书馆产生冷漠、服务态度不好的看法，所以应该树立主动服务的意识，即主动的询问用户是否需要帮助，让用户感受到温暖、贴心的服务从而全面提升图书馆的形象。

（二）知识化

知识化是以数字化为基础的，在互联网时代，通过将大量资源和知识数字化，知识的应用和共享得以最大限度的开发，从而使得用户的智能潜力和社会物质资源潜力被充分发挥。随着数字技术的不断发展，在未来公共图书馆中纸质资源的增长速度会越来越缓慢，数字资源将逐渐替代纸质资源成为主要的知识载体。专家曾经预测未来图书馆的发展方向将是以数字资源为主，纸质资源为辅，图书馆应是利用最新的数字化技术的智能化虚拟图书馆，如今看来似乎梦想照进了现实。早在2007年，由美国亚马逊公司设计并开发的KINDLE电子书阅读器正式面向消费者，KINDLE电子书阅读器可以通过亚马逊官网直接购买并可下载电子书、期刊、报纸等。2011年5月亚马逊公司宣布，其售出的纸质图书销量第一次低于了电子图书的销量，这对电子书来说是具有非同凡响的意义。根据销售结果显示，亚马逊公司出售的纸质图书和电子图书的比率是1：1.05。2011年6月大不列颠图书馆与GOOGLE签署了一份协议，将18世纪前后的大约25万册文献资料以电子版的形式重新呈现给大家。大英图书馆馆长达梅.琳内.布林德说到，历届馆长的最终目标都是想让更多的人获取知识，而现在的计划就是对之前的目标的进一步拓展。馆长还提出，之所以和GOOGLE合作，就是为了将这些历史材料能够永久的保存，让所有人都能欣赏到这笔宝贵的财富。知识化的核心理念是学习和创新知识，数字化时代无疑更加推动知识化的发展，更多人可以通过网络来学习知识，交流知识进而创造新的知识。

（三）网络化

现如今图书馆的发展已经离不开网络，互联网逐渐成为继物理和社会空间之后的图书馆服务的第三空间。由于网络的迅猛发展，公共图书馆网络服务大幅增加，用户可以在任何时间、任何地点享受检索、电子书阅读、参考咨询等图书馆服务。ITU 在 2014 年 5 月公布报告，结果显示在 2014 年底全世界使用网络的人数将达到 30 亿，手机用户将超过 70 亿。在国内，根据 CNNIC2015 年 2 月发布的统计显示：截至 2014 年 12 月，中国网民数量已经增加到 6.49 亿，手机网民数量达到 5.57 亿，均居全球首位。在网络化的大环境下，公共图书馆的服务也随之产生了天翻地覆的变化，用户可以不受时空限制的随时随地自由访问图书馆并获取自己需要的信息。此外，许多大型图书馆为了给用户提供更优质的服务，近年来购置了大量计算机并优化了上网速度、建立了许多大型网络数据库资源使得图书馆的网上信息不断增加，更多的用户通过互联网查询电子信息并通过移动设备享受图书馆所提供的各式各样的移动服务。在今后图书馆的发展中，网络化将扮演着一个重要的角色成为图书馆发展的必然条件。

（四）集群化

所谓集群化就是将知识和信息有机的整合在一起并能随时的方便获取、无障碍转换，并跨越时空进行传递等。当一个图书馆的管理达到了集群化，那么这个图书馆就离转型成图书馆更进了一步。图书馆的集群化将表现为以下三个方面：

（1）整合：图书馆的整合就是将各个图书馆的馆藏，各个知识库的资料，整合在一起。现如今各个公共图书馆及其他机构馆都有相当数量的特色馆藏文献和数字资源，但有很大一部分资源都处于冰封状态，既不互通互联，也不共建共享，想要获取到这些资源非常的困难。这就需要改变原有的格局，将各个馆的馆藏进行整合共享，通过整合让知识资源更加显性，使用户更方便快捷的获取到自己想要的信息。

（2）集群：集群这一概念最早是由美国迈克尔·波特教授在 1990 年提出的，图书馆要想跟上时代的脚步就必须转变其服务理念和管理方式，集群是图书馆成功转型的必备要素之一。通过集群，各图书馆可以形成联盟，将各自的资源先聚集再共享，这样每个馆的知识储备都会变得更为充足，购书成本会相应减少，服务质量却会大幅提高，这会让用户的体验变得更加舒心、顺畅。

（3）协同：协同服务的加入会使图书馆的发展变得更为迅速，服务方式也更为灵活。协同服务近年来得到国内乃至国外图书馆界的一致认可，是未来图书馆发展的主要目标。协同服务包括很多种形态，例如企业之间的协同、不同地点之间的协同、国内协同、全世界协同等。协同服务就是将分散在各个地点的图书馆全部统一起来，在管理机制、服务体制上进行整体的规划和改革，改变因布局分散造成的重复建设，降低图书馆支出成本，为用户带来更好的服务质量。

三、图书馆建设的原则与内容

（一）图书馆建设的原则

1.标准化和规范化原则

大环境下，图书馆信息的采集和加工，传播和利用，都是以网络为依托的。"无处不在"的互联网，对于图书馆建设的便利性是不言而喻的，但若要形成全国范围内的图书馆事业体系，甚至全球范围内的共建共享，统一的标准和建设规范是必不可少的。由此可知，标准化和规范化会直接影响建设的成败。例如国际上通用的数据格式标准规范，统一的网络通信协议，符合行业标准规范的设备等，统一的标准、规范、协议，以及可兼容的软硬件，在数字资源系统建设、技术平台构建、信息服务系统开发等过程中，都是至关重要的，在图书馆系统互联互访到其他系统的建设中，发挥着不可替代的作用。换句话说，图书馆的未来建设，及其功能服务更好的实现，必须建立在统一的标准、规范基础之上。

2.开放性和集成性原则

未来图书馆的发展，将为读者提供程度较高的个性服务，同时，读者能够互动式或自主式的参与图书馆的服务与管理。在移动互联网的基础上，信息的创建和处理，传输和搜索，都会达到难以想象的高效和便捷，图书馆员不再是唯一的信息制造者和发布者，读者也将成为信息数据的创造者，使得信息的扩散更加迅速，信息在"图书馆——读者"之间的流动更加快而直接。图书馆为用户提供的微信互动、微博分享，网上联合知识导航站，以及电话预约、就近取书等服务，降低了图书馆的进入"高度"，使馆员与读者，读者与读者，馆员与馆员之间能够自由互动、协同参与，在图书馆的管理和服务中，读者可直接或间接地发挥作用。

图书馆是在云计算技术、物联网技术的基础上，实现各个文献信息机构之间，不同类型文献之间，实现跨系统应用集成，跨部门信息共享，跨媒体深度融合，文献感知服务和集群管理。上海图书馆的"同城一卡通"，使读者对可用一卡通借阅的文献的存储和流通状态，能够跨时空、实时获取，在237个总分馆中，跨空间的实现各个单一集群系统的互通互联。通过知识信息的共建整合，无障碍转换，跨时空传递等，实现集约显示、便捷获取，依靠集群化综合服务平台，使知识资源的视角不仅仅局限于点，而是扩展到条、面、区域，从而达到条线的交流，块面的联系，区域间的互动，实现化运作。图书馆要实现服务创新，就必须依靠新技术的化应用。

3.共建性和共享性原则

全国范围化图书馆体系的建设，一个图书馆的力量是有限的，短时间内很难完成资源建设。几个图书馆之间的信息共享，通过共享人力、物力，可短时间内丰富馆藏资源，最大化的满足用户需求。由此可知，作为个体的图书馆，若想要尽快实现泛在化建设，必然需要与其他馆合作，通过共建共享，贡献自己力量的同时，也获得更多其他馆的馆藏资源。

为实现信息资源共建共享，图书馆个体可以相互联盟，如国际上的 OCLC（Online Computer Library Center，联机计算机图书馆中心），以及国内的 CALIS（China Academic Library&Information System，中国高等教育文献保障系统）等，一方面，一定区域内的图书馆形成统一体，以联盟的形式采购图书、数据库等，从书商、服务商处获得较低的采购价格，不仅节省资源，也可扩大资源利用率；另一方面，各个图书馆之间可以共享技术、平台资源等，在数字化建设过程中，避免资源重复开发、节约成本，还能有更多的资源用于读者服务，促进图书馆的建设。

4.泛在性原则

图书馆的智泛在化主要体现在：①服务时间和服务空间：无线网络技术的发展，更加智能的自动化服务系统的出现，实现在网络所覆盖的地区，都能体验到的图书馆服务，且连续 7×24h 的服务。图书馆用户通过终端设备，可以不受时间、地点限制地享受数字资源、服务。②服务对象和服务模式：移动通信技术的发展，图书馆的服务模式势必要发生改变，为所有连入网络的用户主动推送资源、服务，不再仅限于到馆用户，每个人都能公平的获取所需资源和服务，真正地扩大图书馆服务对象的范围。③服务内容及服务手段：泛在环境下，图书馆之间资源的共建共享，使得图书馆用户可获得资源服务，不再仅限于本馆的馆藏，而是整合不同平台的资源，如共享资源中心、互联网和开放知识库等，同时，对信息加以归纳整理、去伪存真，然后供用户使用，如通过网站、WAP平台拓展数字化资源的利用率。

由此可知，时代背景和技术环境的变化，图书馆的建设发展务必要遵循泛在化的原则，才能真正体现图书馆的社会价值。

（二）图书馆建设的内容

随着社会的数字化、网络化发展，各种挑战接踵而至，图书馆就要不要转型、如何转型，一直面临着各方面的压力。换个角度，社会的发展，也为图书馆开创了一个前所未有的时代，包括传统的馆舍、资源建设以及服务创新、合作共享、数字平台建设，阅读推广等等，都是图书馆的崭新成果。移动互联网、物联网的出现，平板电脑、智能手机及可穿戴设备等载体的应用，使用户需求发生了巨大变化，不再是以往的简单获取文献，而是直接获取知识、享受服务，随之而来的是图书馆服务模式的与时俱进。

1.图书智能分拣、盘点系统

RFID标签的使用，改变了传统的图书馆工作流程，配合RFID设备的使用，图书馆管理数据流的业务流程为：采编-分拣-盘点-借阅。图书进入图书馆后，要先进行分类编目、标签工作，后由自动分拣系统分配上架，供读者借阅。读者通过自助借还设备归还图书，分拣系统对归还图书进行整理，后直接分配、上架。另外，由于每本图书都有专属的RFID标签，图书的清点工作便变得简单，可通过RFID读写装置自动清点，并实时更新图书的存放位置，清楚图书的在架情况。目前，国内图书管理系统研究较成熟是深圳市远望谷信息技术股份有限公司，具备不同功能的RFID设备（如图1-1所示），在全国三百多家图书馆投入使用。

图1-1 推车式盘点系统、便携式盘点设备、图书自动分拣系统

2.馆内自助系统

（1）自助借还一体机

自助借还一体机是射频识别技术的一种应用，通过自助借还系统，读者不再局限于服务台办理图书借还，而是读者自助进行操作的一种设备。拥有图书馆智能卡的用户，借书时只需将智能卡片、待借图书放在各自的感应区内，由自助设备自动扫描识别，读取卡片上用户的个人信息、书籍信息，然后用户核对信息并确认借阅，即完成整个借书过程。相对于借书过程，读者的自助还书过程更加简单快捷，只需点击自助设备显示屏上的"还书"，后将所要归还图书放置感应区，然后确认信息并归还，无须出示借书卡。另外，可同时借还多本图书，自助借还系统可24小时连续服务。自助借还设备的使用，不仅方便读者，减少馆内工作量，更提高了图书的流通速率、图书馆的服务品质。

（2）座位预约系统

座位预约系统同样是RFID技术的一项应用，实现了图书馆内用户与设备的互联。在每个椅子中植入重量传感器，通过馆内的无线网络，发送是否空闲的信息，控制中心汇总所有信息，在显示屏上以图像形式展示，读者可到馆预约，也可通过"我的图书馆"在手持终端预约（见图1-2），座位自助预约系统是图书馆智能化、人性化的体现，用户可根据喜好预约。但对于恶意预约用户，通过限制预约权限、减少借阅数量等形式进行惩罚，以杜绝此行为的出现。

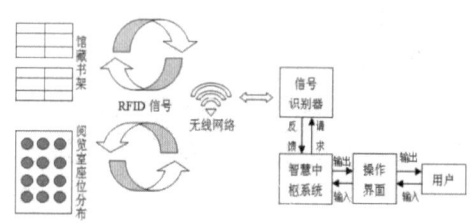

图1-2　座位预约系统的运作机制

（3）图书馆多媒体终端机

读者自助操作，进行图书馆导航，以及书目检索和报纸期刊的阅读，还能用来宣传展示图书馆。

（4）自助打复印一体机

用户可根据需要，进行自助打印、自助复印，也可将自己需要的纸质图书资源，自助扫描到自己的邮箱，并可通过网络，完成异地打印。

（5）触摸屏阅报机

馆内配置多台触摸屏阅报机，供读者阅读报纸、期刊，并能够进行图书馆3D全景地图导航。

3.智能管理和安全系统

（1）综合能耗管理系统

在城市的大背景下，图书馆的建筑主体务必要达到环保、节能的标准。综合能耗管理系统，是在图书馆内部相关设备内嵌入传感器，以便实时控制整个图书馆的内部环境，包括空调、照明、给排水等，在确保读者人身安全的同时，为其营造舒适的阅读环境，并对馆内设备进行在线监控，确保其最佳运行状态和最低能耗。并根据图书馆所处的地理环境，选择绿色环保的建材，充分利用气候因素，实现图书馆的安全、节能。

（2）图书安全防盗系统

图书安全防盗系统包括RFID、磁条双重防盗系统。合法借阅的图书，需满足三个条件，即EAS防盗位，EPC编码字段中的标签类型位，消磁。联网状态下，对图书实时监测，如有不合以上三个条件的图书，系统将进行声光报警；脱机状态下，此防盗系统可以实现离线报警。北京超讯科技公司开发的，适用于大型图书馆或书店的EM-2005电磁波防盗系统，灵敏度高，盲区小，功耗低，寿命长，并能实现多通道联机使用，各通道之间，可实现单独报警。采用全数字调制技术，配合微电脑控制技术，具有较强的抗干扰能力，因此，能够很好地避免金属干扰引起的纠纷。

（3）智能门禁系统

智能门禁系统一般由门禁控制器和门禁读卡器，门禁管理软件、电控锁和开门按钮，以及管理电脑和门磁等主要部件构成。具备联网功能的智能门禁系统，在集成安保系统的同时，还能集成报警系统。当图书馆内因为异常发出火警警报，门禁系统自动打开消防门、其他安全出口。另一方面，消防门上的电控锁，能够实现火灾时断电，为馆内人员提供逃生路径。

4.移动服务建设

进入本世纪后，随着互联网和信息技术的发展，移动服务方式，从短信服务发展到网站服务，再到移动 APP 服务；服务载体，从普通手机到智能手机，电子阅读器、平板电脑等，使用户可以随时随地，接受或访问图书馆的数字化服务。总的来说，移动服务，是图书馆事业上的一次移动革命。

图书馆广泛互联互通的特点，使其能够实现手机、阅读器、IPTV（互联网协议电视技术）等之间的无缝对接。以手机、平板电脑等移动设备为载体的手机图书馆，通过无线上网进行信息的双向传播。基于 3G、4G 手机高速浏览网页的功能，图书馆与数字图书馆之间可实现连接；借助移动短信咨询平台、移动阅读和交流平台，以及网络信息浏览平台，为读者提供书目查询服务，图书的续借、预定和到期提醒服务，参考咨询、读者荐购、个性化定制及移动阅读等服务。读者可以使用手机进行操作，随时随地进行书目检索、图书预约续借和到期查询，获取图书馆的公告信息和讲座预告信息，简单方便。通过相应接口的开发，利用数字图书馆与数字电视的交互，实现二者的互联。用户只要在家通过电视，就能对图书馆的图书进行预约、续借，查询借阅信息，阅读馆藏电子书刊，观看视频公开课资源。

5.空间重构

互联网时代，以安静的阅览室为主体的图书馆结构，已经不能适应用户的需求。在世纪之交，开放获取运动应运而生，由此，不仅推动了信息的开放和共享，也促进了图书馆管理与服务的转型，催生了信息共享空间（Information Commons，IC）的发展，这对于图书馆来说，无疑是一次转型的机遇。全球范围内，在信息共享空间的引领下，出现了图书馆空间再造的热潮。1992 年，美国的爱荷华大学，第一个将电脑室、视听室、阅览室结合在一起，以讨论和交流为主要功能的信息共享空间出现。于是，各种形式的信息共享空间，便如雨后春笋般发展起来，如学习空间，创客空间，联合办公室等。

信息共享空间是一种创新服务模式，以促进图书馆用户交流、学习、协作和研究，培育用户信息素养为目标。美国北卡罗莱纳大学Charlotte图书馆IC前负责人Donald Beagle，从两方面进行解释：①一种独特的在线环境。该环境下，用户可通过网络工作站上的搜索引擎检索馆藏及其他数字资源；同时，通过用户界面，便可获得多种数字服务。②一种新型物理设施和空间。它是一种新的信息环境，可以是图书馆的某个部门，或某一楼层，或独立的物理设施；在数字环境下，整理管理工作空间、提供服务，并在第一种模式的基础上，增加了图书馆员的服务。

6.泛在服务建设

图书馆文献服务，是以文献载体为主；图书馆信息服务，是以信息传播为主；图书馆服务，是以知识传播为主；相比之下，图书馆服务，以用户生成过程为中心，以创造为目的，培育用户运用、创新知识的能力，根据用户的需求偏好、心理认知，为其提供个性化服务。例如，图书馆用户进行资源检索时，图书馆不仅能反馈原始信息，还能快速分析检索结果，组织成综述、研究报告，供用户参考使用，并能按照用户需要的格式，从多种形式的用户终端导出。

泛在网络环境下的图书馆，一改传统服务模式的局限，使服务定位从用户的角度出发，进行服务拓展，使信息资源占有力、信息检索效率得到重点提高，更重视用户的个性化需求。图书馆将服务融入到学习和科研中，通过移情感知，获得用户的原始数据，利用数据挖掘技术，获取隐性知识，主动为用户提供个性化、集成化的泛在服务。

情景感知服务。移动环境中，通过智能终端，使用移动传感设备，例如RFID、蓝牙、GPS等，采集读者的原始情景信息；通过读者登录时的账号，感知和捕捉其所处位置，借阅记录和偏好等的动态信息，并进行分类和过滤处理。

订制服务/聚合服务。订制服务（RSS服务），是基于RSS即信息聚合技术开展的个性化服务。RSS具有过滤信息，聚和信息，推送信息的功能，因此在图书馆的具体应用有：新书通告，电子期刊RSS服务，读者个性化信息的定制服务等。

推送服务。根据用户信息需求，智能分析用户请求，通过数据挖掘等分析技术，实现主动推送。基于图书馆泛在云平台，通过语义关联技术，依据用户的历史访问记录，记录用户的关注领域，进而推断其喜好特征，建立需求预测模型。通过电子邮件和RSS等手段，向用户推送动态科研信息。

预约服务。包括纸质资源和数字化资源的预约，自习座位、研讨室等其他移动设施的空间和设备预约，以及培训预约等。

7.机器人

按照系统功能的不同，图书馆机器人服务大致可分为以下五种：

（1）自助图书馆，其智能化程度较低。最早出现在美国，是一种迷你型图书馆，能够提供24小时图书借还服务，但局限于面向少量读者。近年来，服务方便快捷的自助图书馆，在我国各地陆续出现，如首都图书馆北门、香港科技大学的自动图书馆等。

（2）机器人与立体仓库的结合应用系统，用于提高大型图书馆的自动化处理能力，如自动存取中心（Automated Retrieval Center，ARC）概念、机器人堆叠书库管理系统等，主要用于完成图书的存取。ARC系统存在缺陷且造价昂贵，虽然工作效率和自动化程度非常高，但很难推广。截止目前，我国图书馆中还没有这类设备。

（3）图书搬运机器人系统（AGV），具代表性的是：德国洪堡大学图书馆的AGV系统，可以完成图书的分捡、上架，但该系统成本为38万欧元；日本大阪市立大学图书馆的AGV图书馆机器人，价格低廉，工作效率高，但只能完成图书的搬运、放置等简单的重复性工作。

（4）全自主智能图书存取机器人系统，能够自动完成图书搬运与存取，上下架、整理等一系列操作，智能化、自动化程度较高，目前尚处于研究探索阶段。

（5）智能参考咨询机器人，大致可分为：数字参考咨询软件，IM（即时通讯）软件，用户定制软件。IM软件，如清华大学图书馆的智能"小图"、上海交通大学图书馆的"小交"，因其成本低廉、交流便捷、用户基础广泛等特点，一经推出便倍受欢迎。

第二章　图书馆信息资源建设概述

第一节　信息资源的演变与发展

一、信息的概念

"信息"一词由来已久，并在人们日常生活中被广泛使用，进入信息时代后更是成为人们社会生活、经济活动频繁使用的"关键词"之一，但在过去人们常常将其与"消息"等同使用。其实当今人们使用的"信息"概念，无论内涵还是外延都和以往有着很大的区别。"信息"作为一个科学术语也是众说不一。"信息"一词最早出现在哈特莱（R. V. Hartley）于 1928 年撰写的《信息传输》一文中，到了 20 世纪 40 年代后期，尤其是随着信息论、控制论的产生，"信息"作为一个科学的概念，应用于自然科学和社会科学的许多领域，成为哲学、数学、系统论、控制论、经济学、管理学等学科共同讨论和使用的重要概念。由于学科及研究角度的不同，人们对信息概念的理解也不一样。但无论各种理解的差异有多大，"信息"反映的都是人与人之间、人与事物之间相互作用而产生的内容。因此，信息的内容是包罗万象的，是一切数据、符号、信号、资料等的集合体，在数字信息环境下，其表现形式更是多种多样的，数字、文字、语言、声音、符号、图形、报表等都能表示信息。

二、信息资源的概念

在生产力低下、科学技术落后的农业社会，人们是不可能从"资源"的角度来认识信息的。信息时代，由于信息被应用于生产，缩短了生产周期、节约了物质资源、降低了产品成本，也并提高了产品质量，对经济增长和社会发展起到了特殊的作用，因而为人们所刮目相看。从此信息作为一种新兴资源深入人心。信息是一种具有巨大作用的资源，然而，它只有经过开发、加工、处理，使之有序化，才能成为有用的资源。信息时代，以计算机和网络技术为核心的现代技术为信息的充分开发和利用提供了前所未有的技术基础和条件，使信息利用更为便捷。而对信息资源的认识也是众说纷纭。"信息资源"这一术语最早是由国外学者罗尔科（J. Rourke）于1970年在他的论文《加拿大的信息资源》中提出的。

因此，从狭义上讲，信息资源是经过人类选择、加工、处理、组织、序化的各种有用信息的集合。从广义上讲，信息资源除了信息内容本身外，还应包括与其密切相关的信息设备、信息人员、信息系统、信息网络等。但从信息资源建设的角度看，信息资源的概念主要是狭义上的。

三、信息资源类型的发展

信息需要依附于一定形式的载体才能传播、交流。从信息资源的载体形式看，信息资源可分为体裁信息资源、文献信息资源、网络信息资源和实体信息资源。体裁信息资源是指以人体为载体，并能为他人识别的信息资源，如谈话、授课、唱歌等口语信息资源和表情、手势、姿态、舞蹈等体语信息资源。文献信息资源是指以文献为载体的信息资源，如人所皆知的图书、期刊、报纸等信息资源。网络信息资源是指以计算机技术、通信技术、多媒体技术相融合而形成的在网上可查找到的信息资源，如电子图书、联机杂志、各种数据库，以及电子邮件等信息。实体信息资源是指以实物为载体的信息资源，如产品、样品、模型、雕塑等人工实物信息资源和野外地质剖面、海岸线的形态等天然实物信息资源。从图书馆信息资源建设角度看，信息资源可划分为刻写型文献信息资源、印刷型文献信息资源、缩微型文献信息资源、视听型文献信息资源和数字信息资源。

刻写型文献是指以刻画和手工书写为手段，将知识信息内容记录在各种自然物质材料和纸张等不同的载体上而形成的文献，如古代的卜辞、金文、简策、帛书，以及现代的笔记、手稿、书信、原始档案、会议记录等。

印刷型文献是通过石印、油印、铅印、复印等印刷方法将知识信息内容记录到纸质载体上的一种文献形式。印刷型文献阅读方便、直观、随意，欣赏性强。因此，到目前为止一直受到人们的欢迎。印刷型文献主要是图书、期刊、报纸、特种文献资料，以及其他零散资料。

图书是迄今为止人类利用最多的文献信息资源，以纸质为载体材料，记录着内容全面、系统、成熟的知识，多是著者长期知识积累和研究的成果。它包括有专著、译著、教材、资料汇编、通俗读物、少儿读物等，还包括书目、索引、文摘、指南、百科全书、手册、年鉴、字典、词典等工具书。近年来，多卷书、丛书日渐增多，为读者利用专题文献信息提供了便利。

期刊是一种连续出版物，记录着内容广泛、知识新颖的信息。期刊内容涉及广泛，包括经济、政治、思想、科学技术、文化教育、文学艺术，以及社会生活等各个方面，因此，期刊有政论性、学术性、工艺美术性、通俗性、检索性、资料性等期刊。因为期刊出版周期短，信息传递速度快，能及时反映最新理论、技术、方法、动态等信息，所以最受读者青睐。按出版周期来看，期刊可分为年刊、半年刊、季刊、双月刊、月刊、半月刊、旬刊等。近年来期刊品种并没有大幅度增加，但是每种期刊的版面逐年增大，且多数期刊期数增多——许多从季刊变为双月刊，双月刊变为月刊、月刊变为半月刊、半月刊变为旬刊等，说明期刊文献信息资源越来越丰富。

报纸是出版周期最短、报道内容最广泛、时效性最强的定期连续出版物。报纸具有报道、宣传、评论、教育、参考、咨询等多种社会职能，是最为灵活、活跃、重要的信息资源。按报纸的报道内容可划分为综合性报纸、专业性报纸；同时又可根据其报道内容的区域范围划分为全国性报纸和地方性报纸。此外，按其出版周期，可分为日报、周报、月报、旬报等，而日报则又有早报和晚报之分。总之，报纸信息资源也是在蓬勃发展。

特种文献资料指的是那些出版形式比较特殊的科技文献资料，介于图书与期刊之间，主要包括科技报告、政府出版物、会议文献、学位论文、专利文献、标准文献、产品资料等。特种文献资料的特殊性表现如下：第一，内容专一，专业性极强，都是有关某一专业的技术或学术等方面的资料；第二，特种文献资料多数是内部参考文献，没有标准书号，如许多论文集就没有ISBN号；第三，多数没有连续性，如有的学术会议文献有时有出版论文集，有时又没有；第四，交流范围较窄，大多是在行业内部交流，具有一定的保密性；第五，内容真实，实用性强，如产品资料记载的数据比较可靠，对技术人员在产品设计、造型、试制、改造，以及引进国外技术设备方面爲有参考价值；第六，收集较难，因其大多数是内部交流资料，没有公开发行，收集难度较大。近些年，特别是保密性不那么大的政府出版物会由政府委托出版商在各图书馆宣传、推销，从而得以收藏。

缩微型文献信息资源是指采用光学记录技术将印刷型文献的影像缩小记录在感光材料上制成的文献复制品。缩微型文献信息资源主要指的是缩微资料，其按外形划分可分为缩微胶片、缩微胶卷、缩微卡片等。缩微资料的主要优点是体积小，重量轻，信息存储量大，复制性能好，不走样，同时易于转换成其他形式的文献；成本相对低廉，只有印刷品的1/10~1/15。不足之处就是不方便阅读，须借助阅读放大机，阅读效果也不及印刷版文献，同时缩微资料的保存和使用条件要求严格，设备费用成本较高，因此一般图书馆收藏极少或无收藏。

视听型文献信息资源是指以电磁材料为载体，以电磁波为信息符号，将声音、文字、图像记录下来的一种动态型文献。视听型文献信息资源主要是指视听资料，其按人的感官接受方式可分为视觉资料、听觉资料、音像资料三种，视觉资料主要有照相底片、摄影胶卷、幻灯片、无声影片、传真照片等。听觉资料主要有唱片、录音带等发声记录资料。音像资料主要有声影片、电视片、配音录像带等显像发音记录资料。视听资料生动、感性，是教学、欣赏的重要资料，也是公共图书馆和专业图书馆及专科院校图书馆收藏的重要资料，如公共图书馆就收藏了较多的音像资料供读者欣赏，电影、音乐、美术院校图书馆也收藏了大量的视听资料。

数字信息资源是指以数字化的形式将文字、图像、声音、动画等多种形式的信息存储在光、磁等非纸质载体中，以光信号、电信号的形式传输，并通过计算机和其他外部设备再现出来的信息资源。数字资源有单机信息资源与网络信息资源之分。单机信息资源是指通过计算机存储和阅读，但不在网络上传输的数字信息资源。由于单机信息资源主要存储在磁带、磁盘、光盘上，在利用上受到很多限制，因此，不利于信息资源的存取和共享。如今人们利用更多的是网络信息资源，所谓网络信息资源指的是借助计算机网络以获取和利用所有信息资源的总和。网络信息资源按其使用形式可划分为联机检索信息资源和互联网信息资源。联机检索信息资源是指通过主机或联机网络及检索终端获取信息的联机数据库。其内容覆盖面广、检索精确度高、信息规模大，节省时间，是获取网上信息的重要途径。互联网信息是世界上最具活力、前景最广阔的信息资源。各种信息内容都集中在统一易用的用户界面上，方便用户存取与利用，而联机检索信息资源用户界面不统一，使用时还需专业人员帮助，因此，互联网信息资源较之于联机检索信息资源更为优越。

数字信息环境下，数字资源大为发展，已经成为社会发展、经济建设、科学研究不可缺少的重要信息资源。因此，数字信息资源成了图书馆收藏的重要对象。近年来，数字信息资源发展迅猛，不仅数量剧增，类型也更为多样化。按照所对应的非网络信息资源来划分，可分为电子图书、电子期刊、电子报纸、信息数据库，以及其他电子信息。

电子图书是指以二进制的数字化形式记录文字、图像、声音等信息，通过磁盘、光盘、网络等电子载体出版发行，并借助于一定的工具进行阅读利用的"数字化书籍"。电子图书主要有两种类型：一类是将纸质图书通过扫描等计算机处理技术将其转换为数字格式的，用电子的方式发行，用计算机阅读和存储的电子读物；另一类为原生数字出版物，即一开始就有电子文本的电子图书。电子图书具有许多优点：①便携性，人们外出时也可阅读大量的图书；②阅读时自然、随意，可以像阅读纸本书那样一页一页地翻看，而不是在电脑屏幕上滚动翻看；③可以用系统附带的书写笔等输入工具在书页上做批注或书写读书感想等；④通过关键词在全文、标题等不同位置的检索，读者可快速找出所需图书；甚至精确到章节，降低读者精确查找图书的时间成本；⑤阅读外文图书时遇到不会念的单词只要点击该单词就会发出读音；⑥阅览图片时动静态可随意转换，如在动态下，可以看到花蕾慢慢绽放的全过程。因此，电子图书越来越受人们喜爱，是图书馆收藏的重要内容之一。

电子期刊是指以数字形式存储在电子媒介上，并通过电子媒体发行和阅读使用的连续性出版物。电子期刊按出版发行方式可分为与印刷版并行出版的电子版期刊和纯电子版期刊两种类型。前者是在编辑、出版、发行印刷版期刊时将电子版期刊采用联机形式安装在网络服务器中，提供网上服务；后者则是从投稿、编辑、出版、发行、订购、阅读，乃至读者意见反馈等各环节都在网络环境中进行。相比较而言，与印刷版并行出版的电子版期刊发展势头旺盛，因为印刷版期刊历史悠久，尤其是那些知名度高的期刊早已深入人心，如Elsevier，xford等著名出版社出版的期刊。这些期刊一旦发行电子版，就能很快被用户接受，因此这类电子期刊是图书馆收藏的重点。另外，按出版来源可分为由原始出版机构发行的电子期刊和由非原始出版机构发行的电子期刊。前者是由出版机构直接将其电子期刊通过网络发行；后者是由电子期刊集成服务商向原始期刊出版机构付费取得经销权，将不同机构出版的电子期刊集中整合于同一检索平台以提供服务，这种期刊价格相对便宜，但有时间滞后问题，有的会延时6个月左右。

电子报纸是指在多媒体技术、网络技术和通信技术的基础上，将电子技术应用到报纸出版、发行、利用的全过程，从而成为一种新的数字化新闻媒体。人们可利用计算机和其他电子装置通过网络来阅览。如今电子报纸越来越公众化，在图书馆、公共场所都设有许多触摸屏的电子报纸，供人们选择阅览。电子报纸内容除了显现文字外，还可以呈现表格、彩色图像，甚至可带有声音、动画等多媒体信息，广受大众喜爱。电子报纸可分为四种形式：第一种是完全纸质的电子报；第二种是纸质报纸在网上设立独立的网站，如人民日报的"人民网"，其特点是整点刷新，容量远远大于印刷版，而且还可为用户提供网上资料库查询、短信服务、电子商务等多种服务内容；第三种是数据库形式的电子报纸，如《中国重要报纸全文数据库（CCND）》，数据库型电子报纸学术性、资料性较强，内容覆盖面很广，涉及经济、政治、军事、法律、文化、艺术、教育、科技，以及婚姻家庭、社会生活各个方面；第四种是便携式的电子报纸，可以随身携带，轻松便捷。这种电子报纸支持网卡式离线阅读，可存储多份报纸和相关数据，容量大，阅读方便。

信息数据库是指按照一定的数据模型在计算机系统中组织、存储和使用的互相联系的数据组合。数据库的规模大小不一，专业内容无所不包，类型也多种多样。按数据库记录的方式可划分为书目数据库、目次数据库、索引数据库、文摘数据库、综述数据库、事实数据库、数值数据库和全文数据库。

书目数据库指的是图书馆或情报部门根据需要而建立的馆藏书目数据库或联合目录数据库。现今图书馆馆藏目录已发展成联机公共目录检索系统（OPAC），人们通过图书馆目录的URL（Uniform Resource Locator），就可以查询到世界各地各种类型图书馆的藏书信息，这是信息资源建设与共享最早的成果，也是最重要的成果之一。

目次数据库是指将某些期刊论文的篇名目次汇集在一起，供人检索之用的数据库，如CCC西文期刊篇名目次数据库。

索引数据库指的是在出版物中以"篇或知识单元"作为著录单元的检索型数据库。常见的有篇名索引、内容索引、引文索引等数据库；著名的引文索引数据库有SCI，SSCI，AHCI数据库和我国的CSCD，CSSCI等数据库。

文摘数据库，多数是将印刷型的文摘进行数字化处理而形成的数据库，是图书馆资源建设的重要内容之一。尤其是国外知名的文摘，如生物学文摘、化学文摘，其网络版BIOSIS Previews，SciFinder Scholar等数据库大型图书馆都会收藏。

综述数据库指的是将纸质综述性期刊数字化后汇集在一起，供人利用的数据库。

事实数据库指的是系统存储已有的供人检索并利用的基本事实，包括事实、概念、思想、知识等非数值信息的数据库。

数值数据库是指将物质的各种参数、观测数据、统计数据等数字数据和图表、图谱、市场行情、化学分子式、物质的各种特性等非数字数据按照事物的某种属性集合在一起，供人们检索和获取的数据库，如科学数据库、工程数据库等。

全文数据库指的是存储文献全文的数据库。从数据检索意义上讲可将全文数据库划分为两种：一种是可进行全文检索的电子图书型全文数据库；另一种是文献库型全文数据库，如期刊全文数据库、学位论文数据库、学术会议论文数据库等。

按信息数据库的文献类型来划分，信息数据库可分成电子图书数据库、期刊数据库、报纸数据库、学位论文数据库、会议论文数据库、专利数据库、标准数据库、产品数据库，以及各种专题数据库，如考试类数据库、美术数据库等。数字信息资源的发展大大促进了知识信息的利用，充分发挥了其本身固有的作用，如会议论文是一种很有参考价值的文献，一般而言，会议论文主题鲜明，其议题都是某一时期业界关注的热点问题，是作者自身研究成果的原始创作。科学上的许多新发现、新观点及新成果多半是在学术会议上首次发表，因此，从会议论文里人们可感受到业界发展的新动向。然而，由于印刷版会议论文集出版处于无序状态，要么没有结集出版，要么出版没有 ISBN 号，只能在小范围里交流，图书馆也难以收藏。而会议论文数据库则将各行业的会议论文汇集在一起，供人们较为全面的阅读和利用，发挥出印刷版会议论文难以发挥的作用。再如学位论文，尤其是博、硕士学位论文，都是在导师的精心指导下，经过长期调查或实验，收集大量文献资料而做出全面、系统的论述，并提出创造性的见解，因而具有较高的学术水平和参考价值，是学术研究的重要信息源。然而，纸质的学位论文在利用上具有很大局限性，只能在小范围里使用，而学位论文数据库则大大拓展了人们的利用范围。由此可见，数字信息资源在传播、利用上有着纸质信息资源难以达到的效果。另外，专利数据库、标准数据库，以及产品数据库的出版发行都更加便于人们的利用。

其他电子信息主要指的是除了上述几种类型信息外的电子信息，如电子邮件、电子公告等。这些都是网络信息资源的重要组成部分。

第二节　信息资源建设的含义及内容

一、信息资源建设的含义

"信息资源建设"一词现在图书馆界已广泛使用，但"信息资源建设"这一称谓也是经历了不断的演变而得来。在我国，先秦时期就出现了"藏书"这一概念。由于当时社会生产力低下，社会知识成果数量有限，文献生产的数量相当之少，人们用各种方法尽可能地全面收集图书并加以妥善收藏和保管，因此"藏书"的含义更多的是表示收藏。进入近代社会，随着西学东渐与西书翻译的发展，西方近代印刷术与造纸术的广泛应用和杂志、报纸、教科书等新型出版物的诞生和发展，图书的种类与出版物的数量日益增多，图书馆藏书已不再局限于狭义的图书。图书馆也不可能对全部文献收罗无遗，于是就出现了"藏书采访"这一专业术语，它强调的是图书馆要有计划地、科学地、选择性地收集文献。20世纪60年代，由于"藏书采访"一词已不足以概括对文献资料的精心选择、收集、组织和积累等工作的全过程，于是，我国图书馆界开始使用"藏书建设"这一专业术语。20世纪70年代以后，藏书建设已形成了较为完善的系统概念。它更加注重了读者需求，强调了藏书建设规律、藏书发展的过程和藏书结构体系。20世纪80年代，图书馆藏书建设面临许多新问题，藏书类型更加复杂，出现了各种不同载体的出版物，如缩微资料、音像资料、机读资料，"藏书建设"的概念就难以真实和准确地反映这一领域理论和实践的发展。因此，图书情报理论界开始寻求新概念和新理论，到了20世纪80年代中期提出了"文献资源建设"这一概念。所谓的文献资源建设就是指依据图书情报机构的服务任务与服务对象和整个社会的文献情报需求，系统地规划、选择、收集、组织管理文献资源，建立特定功能的文献资源体系的全过程。其核心内容包含了两个层次的含义：在微观层次上，是指具体图书情报机构的藏书体系的建设，即图书馆如何将各种分散无序的文献予以选择收集、组织管理，使之成为较为完整的藏书体系；在宏观上，是指一定范围内，如一个地区、一个系统，乃至一个国家里众多图书情报机构对文献资源进行统筹规划、协调发展，形成一个完整的资源保障体系，以满足整个社会对文献的需求。文献资源建设突破了传统的图书馆藏书、藏书建设的局限，更好地概括了文献和文献工作的本质，从建立文献资源保障体系的视角和高度来审视和研究各类文献的收藏，将馆际协作、文献资源整体化建设和资源共享、建立联合目录报道体系等一系列宏观文献资源建设理论纳入了研究范畴，从而突显了这一理论的创新性。20世纪90年代以来，由于信息技术的突飞猛进，尤其是互联网的迅速普及，数字图书馆的迅猛发展，文献资源建设的实践发生了巨大的变化，因此，文献资源建设的理论也显露出它的一些局限性。20世纪90年代中期，图书馆界提出了"信息资源建设"这一概念。面对各种形式的数字信息资源的大量涌现，图书馆的信息资源结构发生了翻天覆地的变化，即由单一的实体馆藏变成了实体馆藏加虚拟馆藏。同时信息资源共享只有借助于先进的信息生产、存贮传播技术才能最大限度地实现信息资源共建、共知、共享，从而真正建立起一个无比丰富的信息资源保障系统。这一系统问题是文献资源建设概念所无法容纳的。因此，也只有信息资源建设这一概念才能涵盖。所谓信息资源建设，就是人类对处于无序状态的各种媒介信息进行选择、采集、组织和开发等活动，使之形成可以利用的信息资源体系的全过程。从狭义上讲，尤其是在数字信息资源环境下图书馆信息资源建设就是依据本馆制定的目标和与其他馆的协议进行分工、协作，并对处于无序状态的各种媒介信息进行选择、采集、组织和开发，从而建立起可以利用的信息资源体系的全过程。

二、信息资源建设的内容

（一）信息资源体系规划

信息资源体系指的是信息资源各要素相互联系、相互作用而形成的具有特定功能的有机系统。信息资源体系规划就是根据信息资源体系的功能要求来设计这个体系的微观结构和宏观结构。在微观层次上，就是每一个具体的图书馆根据本馆的性质、任务确定信息资源建设原则，资源收藏的范围、重点和标准，提出本馆信息资源构成的基本模式，制订信息资源建设计划，各型信息资源入藏的数量、比例、层次级别，从而建立起具有特色的信息资源体系。宏观层次上的信息资源体系规划就是从一个系统、一个地区，乃至全国的整体出发，按照整体的规划和分工进行信息资源建设，从而建立起一个较为完备的整体化、综合化的信息资源体系。

（二）信息资源的选择与采集

图书馆根据制定的信息资源选择与采集原则、范围、重点、复本标准、书刊比例、纸质信息资源与电子信息特征及读者、用户利用特点，以及购置经费等情况来选择、采集各种信息资源，读者、用户的需求是动态的，因此，在信息资源的选择与采集这一环节，要跟踪其需求变化，这样才能使采集的信息资源得以有效利用，特别是国外价格昂贵、规模大的数据库资源要慎重采集。

（三）馆藏资源数字化与数据库建设

为了便于资源共享，图书馆应通过计算机和大容量的存储技术、全文扫描技术、多媒体技术，将馆藏中具有独特价值的纸质文献转化为扫描版全文电子文献，以便更大范围的利用。数据库建设要将购买和自建相结合，除了有计划地采选一些数据库资源外，还要建设一些数据库。对图书馆来说，数据库建设主要是书目数据库和特色数据库建设。书目数据库是开发图书馆信息资源的基础数据库，也是图书馆实现网络化、自动化的基础，它直接关系到联机编目和联合目录数据库的建设，尤其是外文期刊的联合目录数据库的建设是十分重要的，其关系到资源的有效利用和资源共享问题。特色数据库是图书馆特色资源的集中反映，是图书馆充分展示其个性，提高其社会影响力和信息服务竞争力的核心资源，如北京大学图书馆的《北大名师》、清华大学图书馆的《中国科技史数字图书馆资料库》、厦门大学图书馆的《东南亚及闽台研究数据库》、华中师范大学图书馆的《中国农村问题研究文献数据库》等都是特色鲜明珍贵的数据库。图书馆可根据本馆馆藏优势，了解社会的需求，选择适合的主题，集中技术力量制作独具特色的专题数据库，提供上网利用，为本地区，乃至全国更大范围的用户提供服务。

（四）网上信息资源的开发利用

互联网信息资源丰富多彩，图书馆对其开发组织，就可构建成自己的虚拟馆藏，为用户提供更多的信息源。这里开发和利用就是根据用户的需求与资源建设的需要，搜索、选择、挖掘互联网中的信息资源，下载到本馆或本地的网络中，或链接到图书馆的网页上，建立 Internet 信息导航库，为用户提供服务。如今外文电子期刊备受用户青睐，但其价格昂贵，图书馆费尽全身解数也难以满足用户的需求。而现在网上有许多OA期刊，这是为用户解决电子期刊资源缺乏的新途径。图书馆可根据本馆用户的需求，尽可能地收集、挑选相关网站作为今后集成和跟踪的对象，广泛而有针对性地收集相关的OA期刊，为用户提供更多的外文电子期刊信息源。

（五）信息资源的组织管理

信息资源的组织管理分别是对馆藏纸质信息资源和电子信息资源的组织管理。其目的是使资源得到有效的利用。纸质信息资源的布局、排列是相当重要的，如外文图书混杂在中文图书里就如同海里捞针，而将外文文献归放在少人去的分馆则会更加减少其利用率。因此，要妥善处理图书馆馆藏布局，合理安排藏书结构，使馆藏得以充分利用。此外，图书馆的电子信息资源也日益增多，为此，图书馆要对购买的数据库资源进行整合，将不同类别的资源加以合理区分，以便用户利用，同时将购买的数据库与自建数据库有机地集成一体，对其内容进行充分揭示，实现跨库检索，提供"一站式"服务，尽可能地为用户信息利用提供便利，并节约其宝贵的时间。

（六）信息资源的共建与共享

进入信息时代，各种信息资源剧增，特别是随着数字化进程的快速推进，电子资源数量激增。数字信息环境下图书馆再也无法凭借一馆之力来满足用户日益增长的信息需求。因此，信息资源共享便成了图书馆的呼声，也是图书馆为之奋斗的最高目标。然而，信息资源共享的前提是信息资源共建。因此，信息资源共建是信息资源建设的一项重要内容。具体地说，数字信息环境下，信息资源共建共享要达到如下目标：通过整体规划与图书馆之间的分工协调，建立起相对完备的信息资源保障体系；形成覆盖面宽、利用便捷的书目信息网络；建立迅速、高效的文献传递系统和便利的馆际互借系统。

第三节　信息资源建设的基本理论与建设原则

一、信息资源建设的基本理论

（一）系统论在信息资源建设的应用

系统论是研究系统的一般模式、结构和规律的学问，研究各种系统的共同特征，用数学方法定量地描述其功能，寻求并确立适用于一切系统的原理、原则和数学模型，是具有逻辑和数学性质的一门科学。

系统论的创立人是美籍奥地利人、理论生物学家L. V. 贝塔朗菲（L. Von.

Bertalanffy）。他在1932年发表"抗体系统论"，提出了系统论的思想，并于1937年提出了一般系统论原理，奠定了这门科学的理论基础。但他的论文《关于一般系统论》到1945年才公开发表，他的理论于1948年在美国再次讲授"一般系统论"时，才得到学术界的重视。确立这门科学学术地位的是1968年贝塔朗菲出版的专著：《一般系统理论基础、发展和应用》，该书被公认为这门学科的代表作。

系统论的核心思想是系统的整体观念。贝塔朗菲强调，任何系统都是一个有机的整体，系统中各要素不是孤立地存在着的，每个要素在系统中都处于一定的位置，起着特定的作用。要素之间相互关联，构成了一个不可分割的整体。要素是整体中的要素，如果将要素从系统整体中割离出来，就将失去要素的作用。

现代系统论认为，客观世界的一切物质都存在于一定系统中。所谓系统是由相互联系、相互依赖的若干个组成部分结合而成、具有特定功能的有机整体。数字信息环境下系统论对图书馆信息资源建设起着重大作用。图书馆信息资源建设，实际上也是在一种闭合的循环系统中运行，并由采访信息接收系统、采访信息处理系统、订单信息接收与反馈系统、信息资源使用信息反馈系统等多个子系统组成，有效地处理好各系统的关系便能促进信息资源建设工作的开展，并收到事半功倍的效果。

（二）控制论在信息资源建设的应用

控制论是研究各类系统的调节和控制规律的科学，是具有方法论意义的科学理论。控制论自1948年诺伯特·维纳发表著名的《控制论——关于在动物和机器中控制和通讯的科学》一书以来，其思想和方法便已渗透到了几乎所有的自然科学和社会科学领域。维纳把控制论看作一门研究机器、生命社会中控制和通信的一般规律的科学。其实管理系统是一种典型的控制系统。管理系统中的控制过程在本质上与工程的、生物的系统一样，都是通过信息反馈来揭示成效与标准之间的差，并采取纠正措施，使系统稳定在预定的目标状态上的。因此，从理论上说，适合于工程、生物控制论的理论与方法，也适合于分析和说明管理控制问题。

从控制论的本质看，控制的过程就是一个信息流通的过程，控制就是通过信息的传输、变换、加工、处理来实现系统高效运转的。由此可见，控制的基础是信息，一切信息传递都是为了控制，进而任何控制又都有赖于信息反馈来实现。信息反馈是控制论的一个极其重要的概念。所谓信息反馈就是控制系统把信息输送出去，又把其作用结果返送回来，并对信息再输出产生影响，起到制约的作用，以达到预期的目的。

当代信息资源增长迅速，数量浩繁，出现了信息涌流的现象，这就是信息流。所谓的信息流是指以科学文献为主要传播媒介的各种信息在人类社会生活各个领域的传播，知识信息量增长之速度，传播之广度，触及社会生活之深度，参与交流、传播之人数都是人们始料未及的，乃至在某些方面使人们对它失去控制。正是因为信息流的出现及其对人们社会生活的广泛影响，因此，被人们称为"信息爆炸"。

信息流的出现给人们的社会生活带来了重大影响，尤其是给科学和专业工作者的劳动增添了巨大困难。主要表现在三个方面：其一是具有情报价值的新的知识信息被大量价值不大的文献信息所淹没，给人们检索所需信息加大了难度；其二是信息的涌流造成了知识内容的重复；其三是知识信息的有效期缩短，信息的自然淘汰期加速，也给信息的及时利用增加了难度。总之，由于信息的涌流，图书馆用户不得不花去大量时间检索自己想要的信息，而用于创造性研究和思考的时间则变少了，这实际上是对社会最宝贵生产力的巨大浪费。由于信息流的泛滥及用户有效信息获取难度的增加，人们对信息的涌流必然要采取对策，图书馆信息资源建设就是对众多信息资源进行有效的控制。所谓的信息控制是指对信息进行选择，使其具有合理的流向，并定向传播，有效地满足人们的需求。

（三）经济理论在信息资源建设中的运用

信息是一种重要的经济资源，因而信息资源建设必须遵循基本的经济学法则，即用有限的信息成本获取尽可能大的信息报酬。信息成本指的是用于信息资源建设的资金投入。信息报酬指的是信息投资的产出或效益。近年来，我国用于信息资源建设的投入在逐年增长，但无论如何增长也跟不上信息资源数量的迅猛增长和价格的不断上涨。从我国大学图书馆信息资源资金投入现状看，省属重点大学图书馆多在一千万元人民币，国家重点大学图书馆多在几千万元人民币，但信息报酬则平平。严格地说，信息资源投资的效益是指信息资源被利用后引起生产要素增值的部分。但由于这种增值是一个十分复杂的过程，有很多因素在起作用。因此，信息资源效益具有很大的模糊性和难计量性。然而一个十分直观的事实便是信息资源的效益与资源的使用率成正比。从我国目前资源利用情况看，各种类型的信息资源利用率并不高，据统计资源表明，外文文献利用率仅为10%，中文文献利用率稍高些，也只在30%~40%，因此，图书馆信息资源建设就是运用经济学的有关理论、原理来有效配置信息资源，使其得以尽可能地利用，从而最大限度地提高其效益。

1. "二八规则"在图书馆信息资源建设中的运用

经济学中的"二八规则"指的是20%的事物被80%的人所利用，而80%的事物则只被20%的人所利用。这就存在着成本效益比的问题。这一经济法则启示了图书馆信息资源建设要集中财力搞好图书馆的核心馆藏资源建设。图书馆中20%

的信息资源被80%的读者（用户）所利用，而这20%的信息资源就是图书馆的核心馆藏，图书馆对核心馆藏应采取"拥有"的模式，而80%的信息资源只有20%的读者（用户）在利用，由于经费的制约，所以图书馆要采取"获取"的模式加以利用。在数字信息环境下，图书馆要广泛地通过馆际互借、文献传递等方式为读者（用户）获取那些利用率不高但有些读者又有需求的信息。

读者在利用文献时存在着集中性和离散性。掌握这一规律对信息资源建设具有重大意义，尤其在外文资源利用的方面，一定要掌握用户对各类信息资源、各学科信息资源利用的集中性，以便准确配置电子信息资源。信息资源建设中运用经济学中的"二八规则"主要是从读者、用户利用信息资源的角度上来搞好信息资源建设。

2."长尾理论"在图书馆信息资源建设中的运用

所谓长尾，是从统计学中一个形状类似"恐龙长尾"的分布特征口语化表述演化而来的。图书出版的"长尾现象"是指某类图书的出版高度地集中在极少数的出版社，而极少数的图书广泛地分散于数量很大的出版社里。这种现象由来已久，这是市场经济作用下出版业繁荣的一种特征。

（四）信息管理理论在信息资源建设的运用

1.布拉德福定律对信息资源建设的指导作用

现代科学不断分化、不断综合的发展趋势，使各学科的严格界限渐渐消失，各学科之间的相互联系逐渐加强，文献的分布呈现出既集中又分散的不均匀现象。这一现象引起了人们的重视。早在20世纪30年代，国际文献学、情报学、图书馆学界就开始对其进行深入的研究。著名的布拉德福定律就是揭示科学论文在期刊中既集中又离散的分布规律的。

英国化学家、文献学家布拉德福（S.C.Bradford）认为，按照科学具有统一性的原则，科学技术的每一个学科或多或少、或远或近。其他任何一个学科相关联。因此，才会产生某一学科的文献出现在另一个学科期刊之中的现象。基于这一点，布拉德福经过长期对各学科文献的大量统计调查，发现了文献分布规律。他发现，全部有关电技术的文献约1/3登载在本专业的少数几种期刊上，约1/3登载在数量约5倍的并非直接与电有关的能力学和交通运输等相关学科的期刊中，还有1/3的有关电技术的文献，登载在25倍数量的相邻学科期刊上。布拉德在对书目、文摘等进行大量统计分析的基础上，采用等级排列技术，揭示了文献离散定律。

区域分析方法：该方法依据布拉德福定律把期刊分成三个区域，使每个区域中相关专业或学科的论文数量大致相同，即恰好全部期刊发表的该学科论文总数的1/3，同时各区期刊数量呈1：n：n^{2}的关系。换言之，期刊总数的3.4%刊载了某学科33.3%的文献；期刊总数的17.2%刊载某学科33.3%的文献；期刊总数的79.4%也刊载了某学科33.3%的文献。

图像分析法：该方法是按布拉德福定律制图的分析方法，即按等级排列的统计数据绘制坐标图，对曲线进行分析。

布拉德福定律表明，每一学科或专业的文献，在科技期刊群中的分布，总是相对集中在少数专业期刊中，同时又高度分散在数量庞大的相关专业与相邻专业的期刊中。专业核心区期刊，种数不多，但该学科文献载文率高，信息量大，与该学科关系密切，大多是反映了该学科的前沿问题，学术价值高；相关区期刊，种数较多，该学科载文率中等，信息量次之，与该学科关系较密切，学术价值较高；非专业相邻区期刊，种数很多，该学科载文率低，信息量小，与该学科关系较疏远。总之，核心期刊载文率高，质量上乘，而且读者借阅率高，引用指数较高，是一个学科重要的学术信息源。

布拉德福定律的理论从产生到现在之所以受到图书情报界的重视，得到广泛传播，是因为它在实际应用中具有一定的价值，尤其是对图书馆的信息资源建设具有很强的指导作用。布拉德福定律描述的是科学论文在期刊中的分布规律。其实布拉德福定律还具有普遍性。它不光表现在科技期刊论文分布具有集中性和离散性，图书文献中学术专著的分布也同样具有集中性和离散性。如通过分析各个出版社关于某一学科或专业的专著出版情况，不难看出学术著作的出版也存在着既集中和分散的现象。因此，图书馆应积极运用布拉德福定律原理及方法，测算出每个学科的核心期刊，每个学科的学术专著出版的核心出版社，掌握专著的基本分布规律，了解每个学科的"核心出版社"，从而有的放矢地配置资源。在数字信息资源环境下，各类信息资源如潮水般涌现，而图书馆信息资源购置经费又紧缺，准确确定核心期刊、核心出版社及核心作者对图书馆信息资源建设尤显重要，对准确收藏读者利用率最高的信息资源，指导读者重点阅读，制定信息资源建设政策及优化馆藏等工作都具有重大意义。

2.文献老化理论与信息资源建设

随着时间的推移，已发表的文献日益变得陈旧、过时，逐渐失效而越来越少或不再被人们所利用，这就是文献的老化。文献的老化是一个普遍的现实问题。探求文献的老化规律，寻求描述文献老化的正确方法和指标，具有重要的理论和现实意义。20世纪40年代许多科学家、图书馆学家就开始都对其做了大量的研究。到目前为止对文献老化速度的量度主要有两个，即半衰期和普赖斯指数。

1958年美国科学家贝尔纳在其发表的《科技情报的传递：用户分析》一文中，借用放射性元素衰变过程中的"半衰期"（Half-life）这一术语来描述文献的老化率。1960年，美国图书馆馆员伯顿（R. E. Burton）和凯普勒（R. Kegler）合作，共同研究科技文献的半衰期。他们对文献半衰期下的定义如下：现有活性文献中一半的出版时间。所谓"现有活性文献"，指的是某学科现在还被读者利用的文献，而半衰期与某学科文献中的半数失效所经历的时间相当，通俗地说文献半衰期就是各学科被利用的文献总量中，一半文献失去利用效率所经历的时间。

伯顿和凯普勒统计了9个学科的文献半衰期，其他人后续补充统计了几个学科，得出的结论是不同学科的半衰期长短差异甚大。如地理学为16.1年，地质学为11.8年，数学为10.5年，植物学为10年，化学为8.1年，生理学为7.2年，而机械工程则为5.2年，社会学为5年，物理学为4.6年，冶金学为3.9年，生物医学为3年，说明了发展较快的学科的文献半衰期较短，如生物医学发展最快，其半衰期仅为3年。由此可见，文献的老化是一个非常复杂的问题，不仅取决于这些文献所属的学科性质，而且还受到文献增长、时代特点、人类需要、社会环境和情报需求等许多因素，特别是文献的类型和性质的影响，比较成熟、稳定的学科的文献要比在内容或技术上正在经历重大变化的学科的半衰期长；历史较长的学科的文献要比新兴学科的文献半衰期长。某一学科的各种类型文献也有着不同的老化速度。科学专著要比期刊论文、科技报告、会议文献等的半衰期长；经典论著要比一般论著的半衰期长；理论性刊物要比通讯报道性刊物的半衰期长。

与半衰期有着密切联系的另一个衡量各个知识领域文献老化的数量指标是普赖斯指数，即在某一学科领域内，对发表年限不超过5年的文献的引用次数与总的引用次数之比值。其计算公式如下：P（普赖斯指数）=出版年限不超过5年的被引文献量/被引文献总量。一般来讲，某一学科领域文献的普赖斯指数越大，半衰期就越短，其文献老化的速度也就越快。

普赖斯指数与文献半衰期是两个既有联系又有区别的衡量文献老化的指标。它们都是从文献被利用的角度出发，但以不同的方式来反映文献老化的情况。文献半衰期只能笼统地衡量某一学科领域全部文献的老化情况，而普赖斯指数既可用于衡量某一学科领域全部文献的老化情况，也可用于衡量某种期刊、某一机构，甚至某一作者和某篇文献的老化情况。

由于同时有好多个互相制约的因素在起作用，无论是半衰期还是普赖斯指数都未能同时全面考虑诸多因素的影响，有顾此失彼的缺陷，因而有待进一步完善。但是，研究文献老化理论，探索和掌握文献老化规律，对信息资源建设有着十分重要的意义和作用。它有利于信息资源采访原则的制定，有利于图书馆建立科学、合理的信息资源体系，有利于优化馆藏信息资源结构，也有利于信息资源的优化管理。因此，图书馆对半衰期较短的学科，如计算机科学、经济，以及热门图书最好采用现采的方式来配置这些信息资源，因为图书现采的采访模式耗时少，日常的图书订购采访模式实际上是一种期货订购模式，从发送订单到图书到馆最快也得一个多月的时间。再加上图书到馆后的分编、加工、典藏等流程至少也得半个月时间，因此，对半衰期较短的学科信息资源要采取最快的方式来配置。一方面及时发挥其时效性作用；另一方面也及时满足读者对最新知识、最新技术及最新热点问题的渴知。在制定各类文献采访政策时，在复本数的要求上，对不同学科的图书应有不同的配置原则，对半衰期较短的学科，复本数相对要少些，品种要多些，对半衰期较长的学科，且图书出版品种原本就少的，复本数相对要多些；同时要加强对半衰期较短的学科信息资源的报道和开展定题服务，尽快为读者提供利用服务；此外，还要根据文献老化的数据，确定文献资源开发架利用年限.合理控制各学科信息资源的流通时间，使有用的信息流及时、准确地流向读者。

二、信息资源建设的原则

信息资源建设原则是信息资源建设客观规律的反映，是信息资源建设实践的科学概括和总结。信息资源建设的实践是随着信息环境的变化、图书馆事业的发展而发展的，同时还会受到社会经济、政治、科技、教育及文化发展状况的影响，因而信息资源建设原则的内涵，也是随着社会的发展而不断丰富和发展。因此，数字信息环境下，信息资源建设应该遵循实用性原则、系统性原则、特色化原则，协调发展原则以及共建共享原则。

（一）实用性原则

实用性原则是指图书馆要从实际使用需要出发，规划、选择、搜集、整理、组织和管理信息资源，以最大限度满足读者、用户的信息需求。实用性原则首先要求图书馆要根据本馆工作任务的需要进行信息资源建设，如国家图书馆和大型综合性公共图书馆承担着为政府决策和国家的政治、经济、科学、教育和文化发展服务的任务。因此，就要系统收集、保存各学科有价值的信息资源。而中小型公共图书馆的主要任务是为地方经济、文化发展服务，为满足人民群众学习科学文化知识的需要服务，要重点收藏符合地方经济和社会发展的有关科研、生产、管理等方面信息资源，以及地方文献和有关群众学习科学文化知识的信息资源。高校图书馆的主要任务是为本校教学和科学研究服务。那么，高校图书馆既要系统收集有关专业的教材和教学参考书，重点入藏与学校科研任务有关的信息资源，又要广泛而有选择地收藏各种课外读物。科学专业图书馆的主要任务是为科学研究服务，要紧密结合本系统、本单位的研究方向和研究课题的需要，完整、系统地收集本专业的国内外信息资源，有重点地收集相关学科的信息资源，有选择地收集其他学科的信息资源。

实用性原则要求图书馆应根据读者、用户实际需要进行信息资源建设。读者或用户是图书馆的服务对象，图书馆要完成所负担的服务任务，是要通过为读者或用户提供各种信息资源来实现的。图书馆的信息资源如果脱离了服务对象的实际使用需要，就无法实现它的价值。不同的读者、用户对各种类型的信息需求存在着很大的差异。专家型（研究型）读者、用户更喜欢电子信息资源，尤其是网络信息资源，而大众型（学习型）读者、用户更喜欢纸质信息资源；年轻读者、用户更喜欢电子信息资源，年长读者、用户更喜欢纸质信息资源。因此，图书馆信息资源建设要从读者的实际需求出发，了解各种类型读者、用户群的大小，从而掌握各类型信息资源入藏比例。

实用性原则要求图书馆应根据信息资源实际出版、发行情况来配置信息资源。数字信息环境下，无论是信息资源数量、类型都在激增，因此，图书馆要了解时下有哪些类型的出版信息资源，从各类型的信息资源中选择读者、用户最需要的那些信息资源，不能心中无数，盲目或有偏见地只配置某一类型的信息资源，导致有些读者、用户缺少自己喜爱的信息资源。另外，还要关注各类型的信息资源出版数量，在资源配置时可能从多中选优，而数量少时切不可失去良机，从而造成某些信息资源的缺藏。

总之，图书馆应根据本馆的服务任务，读者、用户的实际需求，以及信息资源的实际发展情况来配置信息资源，改变传统图书馆以书为本、以"藏"为工作重心的文献资源建设观念，转变为数字信息环境下以人为本、以"用"为工作重心的信息资源建设观念。信息资源建设所做的每一件事都要从读者的实际需求出发，不做"假大空"、不切合实际的事情。只有这样，才能建立起符合实际使用需要的信息资源体系。

（二）系统性原则

系统性原则是指在信息资源建设中图书馆要注意信息资源系统各要素之间相互联系和信息资源系统与环境的联系。

首先，科学知识具有系统性。任何门类的科学知识在时间上，从古至今，不断继承、积累，纵向发展，各类知识大量产生，各学科发展日益完善；在空间上从中到外，各门类知识相互渗透、交叉，横向联系，边缘学科、交叉学科、横断学科大量产生，各学科之间的关系越来越密切。这体现了科学知识内容的系统性。此外，其生产具有连续性。例如，各种类型、各种载体类型的文献，其出版发行大多具有计划性和连贯性的特征，尤其是时效性强的报纸、杂志、丛书、丛刊、多卷书等连续出版物等。

其次，读者对科学知识的需求具有系统性。信息资源利用的主体，是由不同层次的年龄结构、文化结构、知识结构组成的读者群系统。他们对信息资源的要求和使用，在类别和类型上，在时间和水平上，在范围和深度上，从表面上看好像宽泛杂乱、变幻莫测，但实际上是有一定的专指性和系统性的。尤其是从事系统学习和系统研究的读者群，更表现出循序渐进的阅读需求和专门深入的检索需求。要满足各种读者的系统要求，就必须在信息资源建设过程中始终保持各种类型和载体的比例合理，系统收集，分别组织，做好总体规划，使信息资源的系统性与读者需求的系统性相一致。

图书馆先应根据主要服务任务和读者需要，将某些学科、专业或专题范围的文献作为重点收集的对象。对这些重点藏书，从纵向系统看，要在内容上保持这些学科内在的历史延续性和完整性，反映出学科发展变化的特点和规律；从横向系统看，要广泛收集这些学科各个学派有代表性的专著和有关评论、重要期刊、主要相关期刊和其他类型文献资料。此外，图书馆将长期积累的某些类型的珍贵书刊资料作为特藏。对于特藏书刊，要保持它们的历史连续性和稳定性。

然后，对与本馆服务任务直接相关的多卷书、丛书、连续出版物及重要工具书，要完整无缺，不能随意中断。这类文献无论在知识内容还是在出版发行形式方面，都具有很强的系统性，一旦中断，就会失去其完整性，因而也就失去了价值。目前，这类文献很多已经数字化，并通过网络传递，因此，图书馆要根据实际使用需要和可能的条件，确定这类文献中哪些应该购买印刷版，哪些应该购买电子版，哪些既要印刷版又要电子版。总之，要使这类文献配套，形成相互联系、相互依存的系统。

最后，要注意各学科间相互渗透、边缘交错的内在联系，广泛而有选择地收集相关学科、边缘学科，以及供一般读者学习和阅读的基础书刊。这类书刊涉及学科面广，读者使用面宽，数量大，图书馆应根据需要挑选其中最主要、最有价值的部分入藏，从而形成有重点、有层次的馆藏文献资源体系。

（三）特色化原则

信息资源特色化，指的是一个图书馆馆藏信息资源所具有的独特风格，它体现着图书馆馆藏资源的生命力。社会信息资源是一个整体，每个图书馆的信息资源都是这个整体的一个组成部分。如果每个图书馆的信息资源都具有各自的特色，就能更好地实现地区性，乃至更大范围内的信息资源共享。同时，各类型图书馆，除了共同性的任务以外，还分别担负着为某些方面服务的特殊服务，拥有本馆特定的读者群。因此，图书馆必须根据本馆的性质、任务和读者对象的需要，建设能满足特殊服务任务和特定读者需要的信息资源体系。信息资源特色化原则主要体现在学科特色、专题特色、地方特色、文献类型特色四个方面。

学科特色，即对某些学科、专业的文献有完整系统的收藏，形成自己的特色，学科特色对科学专业图书馆、高校图书馆而言都是至关重要的。科学专业图书馆要围绕自己所服务的科研领域、任务来形成学科特色资源。高校图书馆要根据本校专业设置，尤其是重点学科专业情况，形成专业特色资源。即使是公共图书馆，也要根据本地生产、科研的重要领域，确定本馆资源的学科特色。

专题特色，即围绕某些专题（事物、问题、人物等）较为完整、系统地收藏有关文献，形成专题文献特色。如有些图书馆建立服装文献特藏、陶瓷文献特藏、旅游文献特藏，有些图书馆建立台湾问题研究文献特藏、东南亚问题研究文献特藏，有些图书馆建立起某位名人研究文献的特藏等。这种专题特色是馆藏特色的重要内容。

地方特色，即根据本地区的地理、历史、经济和文化特点，对有关本地的文献完整系统地收藏，从而形成特色。而最具有地方特色的文献就是地方文献。所谓地方文献，是指凡涉及本地区政治、经济、历史、文化、科学等方面内容的文献资料。地方文献记载着从古至今本地区的历史沿革、经济特点、自然环境、风俗民情、文化古迹等情况，为研究本地区的历史和现状提供了第一手材料，对发展本地区的经济、文化、科学事业，特别是发挥本地区的优势，具有独特的使用价值。因此，藏书的地方特色对为地方经济、科学和文化发展服务的公共图书馆来说，是至关重要的。

文献类型特色，即根据图书馆的任务、历史特点、藏书协调组织的统筹安排等，对某些文献类型完整系统地收藏，形成特色，如某些图书馆的标准文献特藏、专利文献特藏、缩微资料特藏、音像资料特藏等。如有些艺术类高校图书馆、国家图书馆或省级公共图书馆收藏的许多音像资料都是很重要的特藏。

信息资源特色化原则除了在资源类型等方面有所要求外，在信息资源数量方面也有所要求。信息资源特色的形成，是图书馆对资源长期积累的结果，因此，一定的信息资源数量是保证馆藏资源特色的基础，数量太少，特色就很难形成。这就要求图书馆对已经确定为馆藏资源特色的信息资源要尽可能完整、系统地收集，在经费上优先分配，使这些种类的文献在数量上得以保证。此外，还要看其是否达到完备程度。

信息资源特色化原则除了在信息资源数量上有所要求外，在质量方面也有所要求。信息资源数量是形成特色的一个因素，但绝不是有了数量就自然形成特色，资源数量要以资源质量为基础，并以质量来控制数量。首先要求图书馆收集的信息资源在内容上要有一定的深度，能够体现学科发展的最新动向与发展水平。这对科学专业图书馆来说是毫无疑问的。对高等院校图书馆来说，为了保证馆藏特色，也必须有一定品种数量的符合专业特色的有较高水平和深度的科研用书，包括特藏书、外文原版书、大型成套工具书、特色数据库等。省级公共图书馆除了担负为广大群众提高科学文化水平服务的任务外，同时也负担着为科学研究与生产服务的任务。因此，省级公共图书馆不仅要收藏为普及科学文化服务的书刊，更要注意收集学术性较强的科学专著、期刊及其他类型的资料，否则难以形成特色。其次，特色化要求图书馆对特色信息资源的入藏比例合理，尤其是已形成特色的学科领域的最新文献资料要占有合理的比例。一般说来，公共图书馆新书率应在15%~20%，高校图书馆文科新书率应在20%~25%，理工科新书应在25%~30%。达到新书率的标准，就能使图书馆提供最新的信息和最先进的知识，使信息资源的特色经得起时间的考验。如果没有新信息资源的及时补充、更新，原有的特色就会衰老和消失。

重点藏书是图书馆信息资源中的精华，图书馆信息资源的特色也主要是体现在重点藏书中。因此，图书馆要为主要服务任务和重点服务对象配备某些学科、某些专业或专题的信息资源，对重点藏书的要求，一是要做好调查研究，使确定的重点藏书真正符合客观实际，有较强的针对性；二是要全面、系统地收集，在纵向上注意其历史连贯性，横向上注意各学科的相互联系性，补充要及时；三是要保持其稳定性，保证购书经费及各类书刊的合理比例，调整其局部变化。

核心期刊信息密度大，内容质量高，论文寿命长，引用率、文摘率和借阅率也都比其他期刊高，代表着某学科、某专业领域学术水平和发展趋势。因此，核心期刊是信息资源特色的一个重要组成部分，图书馆应根据实际情况和读者需要，结合期刊本身的质量（可靠性、权威性、实用性等），慎重确定。一旦各专业核心期刊确定后，就要从各方面给予保证，系统订购，长期保存。

此外，特色数据库建设也十分重要，但须慎重。当一个图书馆的馆藏转化为文献数据库并提供网上信息服务时，其他图书馆再把相同的资源进行加工上网是没有意义的。如果说传统的图书馆作为独立的存在体，它们所拥有的资源相互之间还允许一定程度重复的话，那么在网络上，图书馆作为网络整体的一个节点，它的数据库资源如果被网上其他机构的数据库资源所覆盖，那么它的生命力和存在价值就会大大降低。而只有图书馆拥有的信息资源各具特色、互不雷同，图书馆从网络获取的资源才是丰富而真正有价值的。

（四）协调发展原则

数字信息环境下，不仅信息资源数量激增，而且类型多样。因此，图书馆应根据本馆的实际情况及读者、用户的需求特点进行资源配置，并使之协调发展，以充分满足读者、用户的各种信息需求。数字信息环境下，图书馆首先要注意各学科信息资源的协调发展。各学科信息资源协调发展指的是在兼顾一般学科的基础上主要保证重点学科、特色学科信息资源的持续发展。不要因某类图书出版得多就不加选择地订购，而是要根据学科建设的需求情况而定。其次要注意各语种信息资源的协调发展。读者、用户对外文信息资源需求量是不同的。中文信息资源一直是我国读者、用户利用的主要信息资源，但近年来，读者、用户对外文信息资源的需求量逐年攀升。但并不是说读者、用户对外文信息资源的利用都均衡。一般说来，读者、用户对外文科技类信息资源需求量较大，对社科类外文信息资源需求量较小。因此，信息资源建设语种上协调发展，也要根据读者、用户对各学科信息资源的实际需求情况来发展。再次要注意各种载体的信息资源协调发展。近年来，用户对电子信息资源需求量越来越大，其中需求量最大的是中文全文电子期刊，其次是外文全文电子期刊；用户需求面也越来越宽，不仅是对书目数据库、电子期刊数据库有需求，对电子图书数据库、专题数据库、各种教学视频库等都有需求。一方面，要注意根据用户对各类型电子资源的实际需求情况来配置电子资源；另一方面也要注意纸质信息资源与电子信息资源的配置比例，从而促进各种信息资源的协调发展。

（五）共建共享原则

共建共享原则是指一个地区、一个系统、一个国家，乃至全球的图书馆之间建立广泛的合作关系，科学规划，分工协作，共同建设互为利用、互为依存的信息资源联合保障体系。数字信息环境下，信息资源共建共享变得更为必要和迫切。信息技术的发展和网络环境的形成也为信息资源共建共享提供了强有力的技术支持。海量的信息存储系统、高速和成本低廉的传输手段、联机联合目录及各种电子化的检索工具等，都为信息资源共建共享创造了有利条件。因此，图书馆要从整体目标出发，信息资源建设要进行统筹安排、科学规划、合理布局。各图书馆要在服从整体目标的前提下，建立本馆有重点、有特色的专门化信息资源系统。各图书馆之间通过分工协作、联合采集、优势互补建立起相对完备的信息资源联合保障体系。同时，通过建立于现代信息技术基础上的馆际互借和文献传递系统，各馆的资源相互提供利用，从而实现广泛的信息资源共享。

数字信息资源环境下，信息资源建设的五项原则是一个相互联系、不可分割的统一体。其中，实用性原则是基本原则，系统性原则、特色化原则和协调发展原则既要以实用性原则为前提，又是实用性原则的保证。共建共享原则把信息资源建设的实用性、系统性、特色化和协调发展从微观领域带入宏观领域，丰富了这些原则的内涵，同时也使信息资源建设真正成为一项社会性的事业，并对促进社会的发展和进步起到重要的作用。

第三章　高校图书馆的信息资源建设的"技术"基础

第一节　图书馆的关键技术支撑

一、感知识别层技术

（一）传感器技术

应用于图书馆感知层的传感器，主要通过对信号或刺激的接收，使自然环境或生产领域中待测的物理量、化学量发生转换并输出。物联网环境下，传感器主要用于对物和机器的感知，目前主要有：作为视觉的光敏传感器、作为听觉的声敏传感器、作为嗅觉的气敏传感器、作为味觉的化学传感器，以及作为触觉的压敏、温敏传感器等，他们就像是机器的感官，通过这些传感器的使用，可以获得外界的信息。随着地球建设进程的推进，传感器技术已在各行各业得到广泛应用，例如环境保护、远洋探测，家居生活以及医学监护等，都综合应用了多种传感器。

另外，传感器技术、RFID技术都只是信息采集技术中的一种，不能等同于物联网（如图3-1所示）。除了这两种技术之外，GPS技术、红外技术、激光技术以及扫描技术等，都属于物联网信息采集技术的范畴，都能实现自动识别、物物通信的功能。

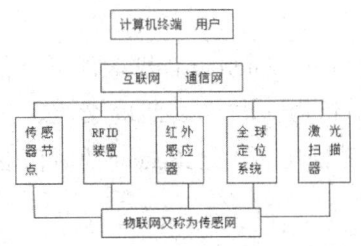

图 3-1　传感器、RFID 与物联网的联系

（二）RFID 技术

RFID（Radio Frequency Identification，射频识别）技术是利用射频信号，及其空间耦合、传输的特性，自动识别静物或移动物体的一种技术，目前多以芯片的形式存在。例如，通过对馆内图书、设备、建筑等嵌入 RFID 芯片，就可以减少人工干预，实时监管图书馆内的各项工作，并且根据反馈的实时数据，智能化地采取行动，实现自动化管理，节省资源，如自助借还服务、图书定位、自动盘点等。另一方面，还可以对读者进行芯片的嵌入，芯片中存储每个读者的个人信息，可以作为其身份的唯一标识，轻松通过馆内服务的识别认证，如借阅情况、学习记录等，都能通过此标识进行确认，为读者提供自助化、智能化的服务。同时，图书馆可以根据每个读者的标识信息，制定个性化的信息资源服务。

RFID 是图书馆的关键技术基础，在图书馆中的应用非常广泛，如照明采光、安全认证、防火通风等，未来的图书馆建设中，将会更多的用到 RFID 技术。但基于 RFID 需要植入读者标签，这将牵扯到读者隐私保护问题，因此这将是 RFID 应用建设中的最大障碍，需要后续技术的发展，以及政府出台相应的法律政策，保障读者权益，杜绝读者隐私泄露。

（三）iBeacon 技术

iBeacon 是苹果公司开发的一套开放性协议，通过低耗能蓝牙技术即蓝牙 4.0 的应用，由 iBeacon 基站发射信号，创建一个信号区域，当携带移动设备的用户进入该区域时，便可通过具备 iBeacon 功能的设备与应用方进行通信。读者携带具备蓝牙功能的移动设备，能够进行信号采集和数据汇总，计算当前坐标，依据指纹信息库将读者定位，然后向服务器发送请求，以获取位置服务。因此，iBeacon 技术的工作过程，大致可分为三个阶段，即连接阶段、数据采集阶段、定位阶段。其具体在图书馆内的应用所实现的功能是：室内定位和室内导航。基于此技术，图书馆可以实现个性化的位置服务功能。针对读者，可对其进行精确定位，并基于其当前所在位置，进行信息推送、图书智能检索、向工作人员求助等，精度能达到 0.5m；室内定位、导航功能，比 GPS 更精准。针对工作人员，通过 Unity3D 引擎软件，构建图书馆的虚拟场景，实时获取读者信息、馆区信息，对全境实施动态智能监管。

目前，绝大多数的 iPhone、Android 新机，都可以作为 iBeacon 接收器或发射器，这将极大的方便图书馆内人与人之间的交流，虽然短期内图书馆内诸多 iBeacon 技术应用的设想还不能实现，但 iBeacon 的时代也为时不远。

（四）智 能 卡 技 术

智能卡通常是信用卡大小，一种内嵌微芯片的塑料卡。嵌有 RFID 芯片的智能卡，不需要物理接触读写器，便可识别持卡人信息。另外，智能卡之所以智能，是因为卡内的集成电路，主要包括：中央处理器、可编程只读存储器、随机存储器，以及固化在只读存储器中的卡内操作系统。因此，智能卡可以在不干扰主机工作的情况下，自行处理大量数据，并通过对错误数据的过滤，来减轻主机CPU的负担，一般用于较多端口数目、较高通信速度需求的场景。

目前，图书馆内应用的"智能一卡通"，大多是以智能卡技术为核心，通过计算机技术、通信技术将图书馆智能建筑内的设施互联，使其成为一个有机的整体，用户只需一张"智能一卡通"，即可实现最简单的钥匙、考勤功能，以及复杂的资金结算或操作某些控制，并可根据需要实时监控管理各部门，各局部系统、终端可自动收集信息进行归纳整理，以供图书馆系统进行查询和汇总、管理和决策。互联网环境下的智能卡，又可以相互沟通，不仅能实现独立地职能管理，而且可以保证一致地整体管理。例如，城市公共图书馆之间，通过智能一卡通，实现图书的通借通还，真正给读者的生活带来便利，是城市中文化建设的重要组成部分。

二、数据汇聚层技术

（一）数据汇聚技术

图书馆感知层的微型传感器，通过自组织的方式，形成无线传感网络。通过无线传感网络，对馆内的环境、监测对象进行实时监测、感知以及相关数据采集，获取信息，进而为用户提供服务。由于无线传感器网络存在局限，如有限的能量、有限的计算资源等，需要运用数据汇聚技术，以减少能量消耗，消除数据冗余，达到增加有用信息流、延长网络寿命的目的。

以数据为中心的路由协议，是数据汇聚技术的主流。根据所监测到的原始数据的特征、表现形式，以及未来应用的不同，在不同协议层对数据含义进行理解，汇聚数据，但一般容易丢失大量信息。如信息协商传感协议，主要是在传送数据之前，通过传感器节点之间的协商，不同节点的资源自适应，确保数据传输的效率和质量。在各个节点之间，通过发送元数据进行交流、协商，从而避免盲目使用资源，同时，相对于传输采集的数据而言，传输元数据又可极大地节省能量消耗。另外还有定向传播路由、基于簇的层次路由协议、基于平衡汇聚树的路由协议等，都可以达到数据汇聚的目的。

聚集函数，主要包括COUNT（计数）、AVG（平均值）和SUM（求和）等。由于感知层的传感器节点空闲时，多处于关闭状态；接到指令或监测对象出现时，才产生传感数据。因此，感知层获取的数据具有阵发性、持续性、不可预知性等特点，可以与流数据类比，处理方法也可参照流数据，即与事件相关的时空查询。

聚集函数的使用，虽然可以节省能量，但数据的原始结构发生很大变化，故存在一定的弊端。

（二）Ad-hoc技术

Ad-hoc技术是一种点对点的模式，P2P的连接，类似于直线双绞线。Ad-hoc是一种特殊的无线移动网络协议，即在网络中没有中心控制结点，每个结点地位相同，形成对等式的网络，每个结点能够进行报文转发，并且具有普通移动终端的功能。同时，因为所有结点可以自由加入、离开网络，所以，某一结点发生障碍，整个网络仍能正常运行，即有较强的抗毁性。Ad-hoc网络不依赖任何预设设施，而是在分层协议、分布式算法的基础上，各个结点协调各自的行为，结点开机后，会自动形成一个独立的网络。另外，不在同一覆盖范围内的结点通信时，只需要普通的中间结点的多跳转发，不需要专用的路由设备。

Ad-hoc技术的主要应用有两个，即传感器网络、个人局域网。图书馆中的传感器网络，多使用无线通信技术，但因为体积、节能等因素限制，传感器的发射功率一般较小，无法与控制中心进行通信。而分散各处的传感器作为结点，可以组成Ad-hoc网络，进而实现多跳通信。应用了Ad-hoc技术的个人局域网，可以实现用户平板电脑、手机等的相互通信，还可以像蓝牙技术中的超网，实现个人局域网之间的多跳通信。

（三）传感器中间件技术

中间件是一个软件层，介于底层通信协议、各种分布式应用程序之间，主要作用是：使软件模块之间建立一种互操作机制，屏蔽底层复杂、异构的分布式环境，为上层应用软件提供运行、开发环境。基于感知层的应用特征，传感器中间件提供一种开发平台，主要用于隔离物理网络、上层应用。图书馆内的设备因为来源于不同的制造商，造成通信协议、数据格式不同，便可通过传感器中间件技术，提供统一的数据处理、网络监视，以及服务传送接口。面对图书馆感知层的复杂结构，以及大规模应用开发需要，中间件技术能够提供通用的视图、开发接口，帮助简化开发过程，进而提高效率。

在图书馆的建设中，基于物联网的大规模网络构建，各类图书馆应用的开发，甚至整个中间体系结构，都要综合考虑开发需求和传感器的特点，即感知层不同传感器的特征，以及应用服务层所要实现的服务目标。同时，还要考虑中间件的模型、角色构建。图书馆内的传感器中间件技术，在物联网网关的支撑下，可以细粒度调整不同感知设备的功能，配置分布式应用。另外，通过节点的可编程性，以及任务的重新调度，使节点侧、网关侧相互关联，传感器中间件以其特殊的结构特点，能够以服务的形式满足这一要求。因此，传感器中间件技术在图书馆建设中，发挥着承上启下的作用。

三、网络传输层技术

（一）移动通信技术

随着便携式个人通信设备的广泛应用，图书馆用户对短距离的无线网络、移动通信有了更高要求，如无线局域网（Wireless Local Area Networks，WLAN）技术、蓝牙技术、WiFi技术，以及超宽带（Ultra Wideband，UWB）技术、ZigBee技术等，以其各自不同的技术特点，在需要的场合发挥作用。图书馆泛在性的实现，必然离不开无线网络技术。

WiFi技术又可称为无线保真技术，是一个高频无线信号。目前，图书馆基本实现WiFi全覆盖，且绝大多数的智能手机和平板电脑、笔记本电脑，都可支持无线保真上网。因此，图书馆用户通过携带的PC、PAD、手机等，都可以通过无线进行连接上网，进而实现馆内各种用户数据的汇聚、整合。WiFi技术以其独特的优越性，已成为应用最广的技术之一。UWB技术不同于带宽较窄的传统无线系统，如蓝牙、WLAN等，UWB能在宽频上发送低功率脉冲，因此具有较强的抗干扰性，并且在室内无线环境应用中具备很好的性能，同时还具有较高的传输速率，较大的系统容量等特点。ZigBee是一种无线传输协议，ZigBee技术具有可靠安全、复杂度低、功耗小、低速率时延短，以及网络容量大、成本低等特点，成为无线传感网络的关键技术。因此，电子设备之间的数据传输，特别是周期性、间歇性、低反应时间的数据传输，为实现短距离、低传输速率、低功耗的目的，多应用ZigBee技术。图书馆内基于ZigBee技术的应用也很多，主要是用于实现馆内的智能消防监控系统。

目前，绝大部分图书馆已实现无线互联网全覆盖，并在此基础上推出各种移动服务，读者通过自己携带的移动设备，例如手机、笔记本电脑、平板电脑等，登陆图书馆主页，使用图书馆的服务。生活节奏的加快，微阅读成为大势，各大高校图书馆的"手机图书馆"、"移动图书馆"也应运而生。SMS（Short Message Service）服务、WAP（Wireless Application Protocol）服务、APP（Application）服务、网络广播服务等被读者所喜爱，并广泛使用。例如，中国国家图书馆的手机图书馆——掌上国图，不仅能够查看轮播消息、公告新闻，还可以使用服务和资源。随着4G技术的稳步发展，未来图书馆中的服务建设，将更加的智能、多元。

（二）异构网融合技术

异构网融合是指：电信网、互联网及广播电视网，向宽带通信网、下一代互联网和数字电视的发展中，通过技术改造，使这三大网络的功能、业务范围趋于一致，从而实现网络互联、资源共享。图书馆的物联、协同，是通过泛在网实现的。图书馆的泛在网，主要包括两个方面：能够实现人、书、设备和场馆之间互联的物联网；能够实现服务参与方之间数据交换的数据互联网。图书馆通过异构网的融合，实现多种网络通信技术的集成，进而实现任何时间、任何地点为任何用户，提供任何图书馆的任何信息资源的泛在服务。

随着全国范围内异构网融合技术的发展和投入应用，图书馆建设中已出现成功应用异网融合技术的案例，如杭州市图书馆——文澜在线。异构网融合之后，一方面，图书馆用户可使用的上网终端将更多，用户对图书馆资源的访问，如数字文献、多媒体资料以及数字期刊等，不受网络形式和地域限制，在任何地方都能通过多种设备访问资源。另一方面，不同网络间的互联互通，不仅使各部门业务上能够渗透合作，而且统一通信协议的使用，使图书馆资源的共建共享变得更加便利。

（三）虚拟专用网络技术

VPN（Virtual Private Network）是一种虚拟专用网技术，通过 ISP（Internet Service Provider）互联网服务提供商，和其它 NSP（Network Services Provider）网络服务提供商，利用隧道技术，遵循一定的隧道协议，在公网中建立私有专用网。通俗地讲，VPN 是指：接入因特网的两个或多个机构，因所处地理位置的不同，通过对通讯协议的特殊加密，在他们的内部网之间，建立一条能够通讯的专有线路的技术。图书馆运用 VPN 技术构建虚拟化的图书馆内部专线。

虚拟专用网络不同于公用网络，是对通讯进行加密。信息化时代，知识情报变得异常关键，加之 VPN 低成本、易使用的显著特点，使得在企业网络中应用非常广泛。VPN 网关，主要通过两个方法实现远程访问：对数据包加密，转换数据包目标地址。按照应用的不同，可将 VPN 进行分类，有远程接入 VPN、内联网 VPN、外联网 VPN 三种。针对图书馆内部存在大量的数字信息资源、设备资源，以及泛在环境下用户的个人信息等资源，并且不间断在各用户与用户之间、用户与馆员之间进行流动，这就需要能够保证信息安全的专用网络发挥作用。

（四）数据管理与存储技术

图书馆中数据的显著特征是：数据增长迅速，总量较高；开放性致使数据需 $24 \times 365h$ 保持就绪状态；完全开放，只受安全机制管理。为提供服务，图书馆需要建立各种关联数据库，用于存放不同来源和用途的数据。对于海量数据的管理，需要基于语义网的内容管理、元数据存储和检索技术，以实现数据资源的健全化。

语义网是一种智能网络，是一种个性化的网络，它不仅可以理解词语、概念，还能判断词语之间的逻辑关系，根据用户的喜好，自动过滤掉不可靠的信息，提高了交流的效率和价值，用户在使用中可以对其高度信任。目前，在语义网实现技术的研究中，RDF（Resource Description Framework，资源描述框架）、Ontology（本体）是研究的热点。内容管理不同于传统的资源管理方式，是基于组织机构内部资源的有序化管理过程，根据其格式、媒体类型的不同，进行组织、分类、管理。

元数据检索技术，首先按照文件要求，把数据资源划分成块进行管理。划分成固定大小数据块的文件，在DHT（Distributed Hash Table，分布式哈希表）网络的节点上分散存储。元数据描述，不仅是系统的语义基础，更是数据资源语义化的基本方式。利用元数据收割工具，从图书馆系统节点中，将元数据采集并提取出来进行处理、整合，然后保存在元数据库中，通过元数据注册系统的使用，查询、映射、转换元数据，以便上层进行元数据检索。

四、应用服务层技术

（一）云计算技术

云计算（Cloud Computing），是一种超级计算模式，因其云状的拓扑结构图而得名。远程云计算数据中心里，大量的电脑、服务器相互连接，形成一片电脑云，通过系统资源的划分，为需要处理资源的单位，动态分配计算机资源。作为一种新兴的共享基础构架方法，云计算的目的是实现更加安全、更低成本的IT服务。目前，在国外，有IBM和亚马逊等公司；在国内，有无锡软件园、中化集团等机构或公司，都成功建立了自己的云计算中心。

云计算最基本的特性是：虚拟化、整合化和安全化。面对大规模的数据存储，TB甚至PB级别，需要海量信息处理能力，图书馆利用云计算，可以轻松地进行信息处理，而且对于数据的应用，灵活建立跨单位的语义关联，对用户终端发出的需求，进行智能化回复，用户无需了解复杂环境，便可简单、随意的利用资源。另一方面，云计算可以有效的解决"数字图书信息孤岛"问题，通过将数字图书资源至于云中心，形成一个数字资源的"虚拟资源池"，用户借助云计算，在虚拟资源池中进行检索，从根本上打破传统图书馆之间的"信息壁垒"。图书馆作为海量数字资源的存储基地，云计算的出现，特别是云存储技术的应用，为其实现各种方便、快捷、高效的智能化服务，提供技术支持。

图书馆应用云计算服务，如基础设施服务（IaaS），平台服务（PaaS），软件服务（SaaS）等，都可直接从云计算提供商处获得。分析当前学者们的研究可知，目前，云计算在图书馆内的应用，主要通过两种方式：租用云计算服务，构建基于云计算服务的平台。因为租用服务，在提高图书馆计算服务效率的同时，能节省更多的人力物力、财力等资源，充分提高了图书馆的运作、服务效率，因此应用更为广泛。

（二）数据挖掘技术

数据挖掘，顾名思义是从一堆数据中挖掘出有价值的知识的过程。严格来讲，是从大量模糊的、随机的、不完全的数据库中，提取出人们预先未知的、有价值的、潜在知识的过程。数据挖掘的过程较复杂，但大致可分为主要的三个阶段：数据准备——数据挖掘——结果分析。数据挖掘的方法较多，如：关联分析、预测建模、聚类分析、异常检测等。另外，对于同一个挖掘方法，又可以有多种算法，因此实际应用中就较灵活、多变，具体问题具体分析。大数据环境下，海量的数据资源，使得数据挖掘技术成为公司企业、单位机构发现知识的重要工具。

图书馆作为大量信息的存储机构，随着信息技术的应用，图书馆内的资源变得更加丰富，图书馆环境下，不仅有知识资源，还有用户的身份信息、借阅记录等，这些都属于结构化的信息；另外，还有用户的行为痕迹，如检索方式、存储行为等，这些属于半结构化或非结构化信息。但无论是结构化、半结构化，还是非结构化数据，都是静态存在的资源，要实现泛在化，就要通过数据挖掘技术，将各种数据动态串联，以挖掘其深层次的价值。例如，运用数据挖掘技术，综合分析用户的学历、年龄，以及检索历史、借阅情况信息，可以判断用户的阅读篇好，可主动为其推送满足用户喜好的信息，提供个性化服务。还可通过数据挖掘技术，分析有相同偏好的用户群，进而向该群体主动推送书目信息，变"一人独占"为"群体共享"。此外，对新注册的用户，按照其年龄、专业等信息，推断其可能感兴趣的书目，并主动推送或方便用户分类定制、个性化检索等，使图书馆服务变得个性化。图书馆运用数据挖掘技术还可研究其用户群的变化，预测未来发展等，以便及时做出决策。

（三）主动推送技术

信息推送（Information Push）技术，是遵循一定的技术标准或协议，以用户为中心，根据用户在终端设置的个性化需求，服务器主动将复合要求的信息，发送到用户终端供用户随时查看、使用。因此，信息服务方式有较强主动性，服务内容有较强的针对性。

在传统邮递服务的基础上，在 Web 信息传送中引入"订阅"概念，是柄息推送技术的一大特点，通过用户的订阅，主动为用户传送数据。信息推送服务系统由三部分构成：①用户需求管理数据库。根据用户填写信息需求表，由服务器进行统计分析，建立用户需求数据库。②信息数据库。建立信息库，根据用户需求从 Web 上收集信息，并分类、整理，制定个性化的信息标准，确定信息都能依照标准进入信息库。③服务器信息推送（PUSH）。作为第三代浏览器的关键技术，能有效缓解信息过载。

不同于传统图书馆的被动服务，图书馆最大的特点之一是主动服务，这就离不开信息推送技术的支持，且推送的信息不仅专业性极强，而且有较高的专指性、针对性，提高图书馆资源使用率的同时，又减轻网络传输负担、扩大用户范围，实现真正意义上的泛在服务。

（四）机器人技术

机器人是一种能够自主控制、自给动力执行任务的机器，是人工智能的一种。它综合运用了多种学科，如仿生学、机械电子科学，以及材料科学、控制论理论、计算机科学等，是将科学技术应用于实践的产物。

目前，根据各行各业的需求，具备不同功能的机器人应运而生，有适用于军事活动、工业生产的，也有适用于医疗救助、农业劳作的。机器人的投入使用，不仅节省了大量资源，更以其高的工作效率取得了显著的效果。图书馆也在发展变化中应用此技术，虽然尚未有较成熟的机器人技术应用，但机器人技术的引入，必将提高图书馆的健全化程度，减少馆员劳动量、劳动时间。例如，在保安保洁岗位、迎宾岗位，以及报刊信件签收分发、信息咨询等，设置具备相应功能的机器人，解放馆员劳动力的同时，还起到事半功倍的效果。但是，任何事物的出现都有两面性，机器人引入图书馆各项工作中，虽然能带来便利，但会造成一定的经济、社会问题，需要考虑其解决措施。

第二节　资源整合技术

物联网环境下实现了人与人、文献与文献、文献与人之间的相互连接，为图书馆的数据采集、数据分析工作提供了极大地便利，面对海量增长的文献信息、用户服务信息，如何快速有效地帮助用户从智能化搜索系统中获取信息资源，并进行综合分析、推理、判断是图书馆面临的一大难题。Google、Baidu这样的搜索引擎，其提供的一站式便捷知识服务体系给图书馆检索系统提供了借鉴，各类型图书馆也已注意到了一站式知识发现服务所展现出的竞争优势，已通过应用Summon、Primo，World Cat Local 与 Encore 等知识发现系统来提供知识与资源发现服务，而这些系统实现的技术基础就是资源、数据的语义索引与数据关联、数据挖掘。在现有的结构化数据环境下，关联数据、语义化、本体等技术的发展，为全面高效的知识发现与获取、组织与整合、开发与利用提供了便利。

关联数据是建立数据之间关联的一种规范。一方面，基于关联数据的图书馆和传统的数字图书馆不同，传统数字图书馆的数字资源是以超链接的形式展示的，每个资源之间没有智能关联，孤立存在；另一方面，用户检索完成，呈现的检索结果不会根据用户的知识背景、检索习惯、兴趣爱好等进行智能排序和推介。

解决上述问题，找到一种数据语义化的表示方式，通过对传统数字资源的语义化处理，实现资源之间的智能关联。关联数据结合数据挖掘技术，可以根据用户的借阅、检索等海量日志信息挖掘分析用户的浏览习惯、兴趣爱好等个性化信息，同时根据用户提交的个人信息，为用户提供更加智能化和个性化的检索结果和推荐服务。此外，大数据时代许多数据信息结合了位置信息，位置信息可以从活动轨迹上体现用户的意图、行为模式等，图书馆及数据库商也抓住了这一趋势，在检索系统中引入了位置信息。如OPAC系统中引入全球定位信息，结合数据挖掘技术分析用户的位置信息，从而为用户提供智能化的OPAC服务。

在利用关联数据、语义化、本体等技术进行资源整合的过程中，出现了两种现象。有的图书馆认为将图书馆系统作为一整个产品套件更有效率，他们更愿意投资于一个统一全面的系统而不是多个孤立系统，除非技术部门在API的应用上有足够信心可以使数据获取更有效率。但有的图书馆仍将其图书馆管理系统和资源发现系统分开布置，他们认为资源整合强调的是互操作能力，图书馆不希望在自己的图书馆服务平台上加入第三方发现系统去整合资源，他们更愿意利用其他的方式将资源进行整合。下面我们就根据调查介绍几个独立的一站式检索系统和可嵌入图书馆管理系统的应用。

一、Summon网络级发现服务系统

Summon检索系统是全球第一个网络级发现服务系统，2009年1月在ALA大会上正式宣布问世，2009年7月开始商业化上市，目前知名用户包括：北京大学、密歇根大学、哥伦比亚大学、休斯顿大学、悉尼大学等。Summon检索系统遵循Google及其他网上开放式解决方案的设计理念，根据每个图书馆的馆藏进行个性化定制，利用一个简单的检索框迅速发现图书馆里可信赖的资源，无论资源类型和馆藏位置。Summon网络级资源与发现服务具有以下特点。

1.Summon完全以软件即服务模式（SAAS）为用户提供服务。每隔两到四个星期Summon就会有新功能或改良功能推出，Summon用户可以自动获得并使用最先进的技术和最新服务版本。通过开放式API，Summon服务能够与图书馆任何现有系统（例如应用课件和下一代目录）无缝集成。

2.Summon的发现与获取服务均基于web2.0标准构造。检索过程会检索与图书馆的资源有关的信息，从而使检索结果与馆藏资料保持一致。同时它会以互联网检索速度返回按相关度排序的检索结果，并通过Open URL链接器直接链接至

全文。

3.Summon 的架构与平台。Summon 网络级发现服务完全基于成熟开放的系统体系结构，支持包括但不限于如下标准和协议 Open URL、XML、OAI、RSS、SOAP、SRU/SRW、CSS，支持图书馆各种类型数据所需要的各种体系结构。单一模式，不掺杂联邦检索；统一框架下的整合索引 Umfied Index，是全部基于元数据和全文数据的仓储；因此 Summon 具有高可用性，高可靠性，高速结果返回，支持图书馆联盟的可扩展性。同时具有集成扩展性，能够与其他应用软件系统（如用户认证、移动图书馆等软件系统）实现集成。

4.Summon 具有丰富的资源。Summon 网络级发现服务的统一索引中包含 10 亿多条数据记录、100 多种不同资源类型的数据，Summon 学术搜索中的资源主要来自图书馆馆藏目录、电子期刊数据库、电子书数据库、图书馆数字特藏资源、开放获取资源等，包括图书、期刊、电子书、学术期刊文章、学位论文、书评、多媒体资源、报纸文章等多种类型。所有的资源类型都被映射到 Summon 统一的结构框架下，从而实现同步平等地发现和揭示。Summon 支持图书馆将新增类型的数字资源收割和导入发现系统，对其索引的数字资源和类型没有限制。随着各个图书馆资源的不断增长和变化，Summon 服务所覆盖的内容也将不断增长。

Summon 互联网级探索发现服务是一种可以提供图书馆的馆藏资源、订购电子资源以及开放获取资源和其他馆外资源、图书馆的特藏资源等全部类型的中外文资源的统一发现与获取服务，为读者提供集成的、单一入口的资源发现与获取服务用户环境。用户只需一个检索框、一个结果显示屏、一种方式，即可获得图书馆提供的最佳资源。其简单的检索方式、丰富的资源类型得到用户的青睐。

二、World Cat Local

World Cat Local 是 OCLC 于 2008 年推出的一站式发现与传递服务，是 Worldcat.org 的本地搜索和服务解决方案，是印本资源和电子资源的一站式解决方案，通过检索可以将本地、区域和全球的相关资源呈现给读者。World Cat Local 具有以下特点。

（一）一站式检索和结果分析功能

类似 Google、百度的单一搜索框，一站式检索即可囊括本馆及成员馆所有印版资源及电子资源，同时还可整合其他授权的电子资源、搜索引擎、图书网站等多种类型资源。

对检索结果进行优化处理。World Cat Local 提供分面细化浏览功能，World Cat Local 从著者、格式、年代、内容、使用对象、语种、主题等方面提供子类目供用户选择来实现搜索结果的最优化。每条检索出的书目记录中有作者和主题目标链接，使得用户还可进行相关条目的浏览和下载。同时，World Cat Local 还提供多种排序方式，如相关性、地理位置、著者、题名、日期等。

（二）与本地服务兼容，无缝链接

World Cat Local 可与现有的图书馆系统兼容，如流通、本地数据库、馆际互借等，为用户提供简单、便捷的检索、获取服务。用户只需在 World Cat Local 中进行相关检索，检索结果会将本地可获取资源排在前面，然后是区域、全球资源。对于电子资源来说，World Cat Local 支持 Open URL 协议，借助图书馆的 World Cat Link Manager 或 SFX 等链接管理工具，可直接从检索记录中链接到馆内购买的数据库资源，并进行全文下载；对于印本资源来说，用户不需知道图书馆的流通流程，只需检索就可看到纸本书的流通信息，进行相关借阅。

（三）用户个性化服务功能

用户可在 World Cat Local 中建立个人账户，成立个人图书馆，创建书单、评论、建立标签、RSS 订阅、保存历史检索等。同时用户也可以通过手机登移动设备访问，从而进行检索、预约借书、查看和下载电子资源、评论等。

World Cat Local 服务对图书馆界意义深远，至今，World Cat Local 服务的用户已覆盖几千家图书馆。

三、伊利诺伊大学图书馆 Libguides 系统

有的图书馆依据自身的技术优势开发了符合本馆特性的独立整合系统。伊利诺伊大学图书馆 Libguides 是美国 Springshare 公司在 2007 年基于 Web2.0 技术推出的专业学科知识服务与共享平台。利用 Libguides，图书馆员可以实现对资源和服务的一体化设计，将图书馆的各种资源和服务通过"指南"的形式组织起来，读者可以通过电脑、平板阅读器、手机方便地浏览。Libguides 有以下特点。

（1）SaaS 服务模式 LibGuides 的营运模式是基于云计算的软件营运服务模式 SaaS（Software-as-a-service），即"软件即服务"，所以，最终用户不需要在服务器硬件、网络安全和软件升级维护等方面负担任何的费用与人力成本。

（2）学科导航 LibGuides 是专门为图书馆员打造的内容管理（CMS）系统，且融合了大量的 Web2.0 元素与技术，支持指南模板和与内容的分享与复用，方便了学科指南的建立。

伊利诺伊大学图书馆的学科资源导航由图书馆馆员建立，目的为学校的教、学、研提供学科指南。它分为主题与馆员检索两类，可以通过找学科馆员、浏览最新指南、使用询问馆员聊天服务、浏览流行排序标签等，为用户提供标签、排

序、评价、反馈等功能。按学科分成63子类，读者可以按栏目、精选、热门、最新浏览指南等浏览，同时在学科资源导航主页中整合了图书馆的服务，在快速帮助组件中，按用户问题类型分类导航各类咨询问题，如图书馆介绍、图书馆常见问题、流通问题、智能研究者研讨会、可贷技术（在图书馆媒体空间提供给老师、学生尝试新兴技术的机会，进行多媒体硬件和软件的信息技术培训，培养其创造、传播、使用、鉴定和数字媒体的能力）、数据库、期刊链接、问题汇报、购买建议。馆员在平台里可以共享其他馆员的资源，实现多人共享学科资源。

（3）整合功能Libguilds可以整合馆藏目录检索、跨库检索、Google检索等各类检索系统；可支持链接、博客、视频、RSS、Feeds等各种动态的内容；提供了支持MSN、IM等多种即时通信软件的嵌入功能。

四、图书馆系统整合

另一个图书馆资源整合的大趋势是实施自动化基础设施的共享。未来图书馆在运行独立的自动化系统时更要考虑集中共享其资源及发现系统。2013年美国启动了几个关键项目，包括伊利诺斯州中心地区图书馆系统（Illinois Heartland Library System，集成了4个独立体系的大系统）；Orbis Cascade Alliance是一个集成了37个高校图书馆服务系统的共享图书馆服务平台。此类项目在一定程度上会影响图书馆未来的发展轨迹。在国际上此番浪潮更强劲，丹麦集成学校、公共图书馆资源的国家系统正在实施，挪威面向高校图书馆的BIBSYS项目正在计划中，爱尔兰2014年发布了公共图书馆的共享系统。

丹麦的图书馆自动化系统汇集了88个市（基本覆盖丹麦90%的人口）的学校、公共图书馆，为其提供共享平台。以服务为导向的图书馆自动化系统与丹麦图书馆的专业需求一致，功能包括采集资源和相关事务性工作，比如图书流通、资源检索等。该系统集成了物理资源和数字资源。尽管该系统集中部署，每个城市的自动化系统也会根据本地需要有个性化定制，这就对系统资源的集成提出了挑战。

五、大数据——更准确了解用户需求

在各馆开发独立的整合检索系统的同时，也应注意一个大数据趋势，图书馆整合检索系统囊括了馆里的流通信息、信息组织内容、用户浏览记录等数据，这里的数据无不反映了图书馆的运行情况、用户行为等信息，如何将系统中的记录数据进行统计分析，从海量的数据中总结用户的行为特征、信息需求，进而为用户提供个性化的学科服务、知识服务等；另外，通过馆舍监控信息、数字图书馆用户使用日志等去研究图书馆系统的运行情况，为未来的图书馆运营、决策提供依据，这都是图书馆面临的大难题。

针对这个情况，Serials Solutions发布Intota评估体系，Intota是以数据导向而设计的图书馆服务平台，扩展了数字资源、网络发现的产品和服务，其创建的目的是获取图书馆馆藏资源（包括纸本资源），节约图书馆自动化管理成本。另外Intota评估系统基于图书馆大数据，使用图书馆系统多方面的操作数据和指标，为馆藏发展提供决策支持。

从2009至今，华东师范大学图书馆每年都会以白皮书的形式推出关于读者借阅印本资源的统计分析。该报告希望通过了解馆藏文献的利用情况，为图书馆馆藏发展、藏书布局、流通借阅规划设置、服务人员配置提供参考，能够为读者提供更好的服务，更好地满足读者的需求。同时，也希望利用数据分析学校读者的阅读喜好，为读者的阅读选择及学校相关工作提供有价值的参考。

2015年始华东师范大学图书馆已经把数据分析技术应用到系统资源的个性化推荐服务中，实现了个性化资源推送服务。接下来，图书馆方面还会在数据服务方面开展工作。目前，正在与学校相关部门合作，在数字资源利用方面准备基于访问日志实现对数字资源利用进行深度分析，总的目标是要多维度捕提用户行为的变化，把握用户需求使服务更加具有针对性。

资源、数据的大整合数字图书馆发展的重大趋势，是走向图书馆智能化的重要一步。将图书馆中不同类型资源纳入统一开放平台，在国内各图书馆已流行化，但是都各自为政，没有建立全国及区域化大型的整合系统，这个是中国图书馆界需要考虑的问题。随着整合标准规范体系的建立和推行以及更多的实践和研究，相信未来将无国界获取资源。

第三节　移动图书馆技术

随着移动互联网技术的不断进步，人们生活、工作的方式更加多元化，用户对图书馆的要求和期望也越来越多，越来越高。尤其是移动智能设备的发展，用户要求图书馆提供的服务更加专业、经济和有针对性，其中一点希望在任何时间、任何地点实现馆藏资源的快速查询。目前，各大高校图书馆、公共图书馆等均发布了移动图书馆，其中高校图书馆大多以超星移动图书馆为模板开发了特色移动图书馆。移动图书馆可以使读者在任何地点实现快速查询功能，它可以具有PC机客户端的大部分功能，比如查询资源，阅读全文、修改账户密码等功能，同时还拥有独有的提示书籍阅读期限到期等提醒功能。

目前的移动图书馆的成功主要依靠的技术包括云存储、分布式处理、无线射频技术、近场通信技术、二维码技术、增强现实技术等。这里介绍一下移动图书馆需要解决的关键技术。

　　首先是资源揭示技术，这种技术主流的主要有：基于APP的解决方案和基于WAP的解决方案。APP的解决方案起源于苹果公司，用户只要在移动设备上安装喜欢的APP应用程序，就能通过该程序与后台服务器实现信息交互，起到信息揭示的作用。WAP技术在目前移动图书馆应用中比较普及，保持了用户在互联网环境下检索、浏览、下载的习惯，易于构建、易于应用。

　　其次是移动阅读技术，为了解决用户在移动客户端上读取网页、文献的难题。第一文档转换技术，北京书生公司推出了针对各种电子资源的移动授权解决方案，其核心技术就是非结构化文档库技术和文档转换标记语言技术（UOML）。通过UOML文档转化器，用户就可以在移动终端看到文字、图像形式呈现的网页和文献资源。第二资源整合技术，这种技术主要应用于图书馆的"资源门户"中，目前主要采用的是元数据收割、关联数据、本体等信息组织技术，与开放链接、资源导航、个性化服务、用户认证和权限管理等功能组成了移动图书馆的数字资源整合系统。第三是移动中间件技术，该技术主要解决互操作问题，中间件是一组连接软件组件和应用的计算机软件，通常用于支持分布式应用程序并简化其复杂度。

　　最后，移动图书馆的运行离不开大数据，这里就需要应用到云存储等技术。另外，现在的移动图书馆可以基于移动设备的感知技术实现相关的功能，例如GPRS定位感知用户物理位置，二维码扫描技术便捷了用户的下载使用。

　　这里以超星移动图书馆为例，介绍一下相关技术及产品功能。超星公司采用Java2平台企业版（J2EE）架构，通过在图书馆网络内设置自身的代理服务器获得电子资源的IP授权，依托"超星百链"后台知识库作为统一资源检索平台的元数据基础，建立移动图书馆系统。该系统的核心模块包含用户认证子系统、代理子系统、页面转换子系统和资源探测分析子系统。

　　（1）与OPAC系统的集成，实现纸质馆藏文献的移动检索与自助服务。

　　（2）与数字图书馆门户集成，实现电子资源的一站式检索与全文移动阅读。系统应用元数据整合技术，主要应用元数据收割、存储、管理的方案对馆内外的中外文图书、期刊、报纸、学位论文、标准、专利等各类文献进行了全面整合，在移动终端上实现了资源的一站式搜索、导航和全文获取服务。

　　（3）与全国共享云服务体系集成，实现馆外资源联合检索与文献传递服务。

　　（4）构建读者信息交流互动平台，实现公告信息发布与读者个性化服务定制。

　　（5）集成RSS订阅功能，有效地为用户提供个性化信息服务。

　　移动图书馆是图书馆融入移动互联网时代的契机，是实现图书馆的必经道路，移动图书馆的精细化、人性化，需要加入更多的智能化元素（例如照相、扫描功能）。移动图书馆将最终走向云服务和联盟化，才能保证其稳定性、有效性和安全性。

图书馆用户接触和理解信息化社会越加深刻，他们获取信息的途径不断增多，用户服务意识的不断增强，要求图书馆提供更加多样化、个性化的产品和服务，去满足他们科研和学习的需求。因此，图书馆如果不重视服务质量和信息的高效性，很可能会丧失部分用户，依托物联网技术、云计算技术、资源整合技术、移动图书馆系统等技术的图书馆是未来图书馆的发展方向。

第四章　图书馆信息资源建设的政策

第一节　信息资源建设政策的基本问题

一、基本概念

信息资源建设政策是信息政策的重要组成部分。关于信息政策的概念，国内外学界做了很多研究，比较有代表性的观点有：

美国学者温加滕（Weinganen）认为，一切用以鼓励限制和规范信息创造、使用、存储和交流的公共法律、条例和政策的集合即为信息政策。

日本东京大学的洪田纯一教授认为，信息政策是包含了通信政策、信息通信政策、传播政策的全部内容，并且具有广泛射程的发展性的概念。

我国的卢太宏教授提出，信息政策是国家用于调控信息业的发展和信息活动的行为规范的准则，涉及信息产品的生产、分配、交换和消费等各个环节，以及信息业的发展规划、组织和管理等综合性的问题。

武汉大学的胡昌平教授认为，信息政策是某一个国家或者国际组织开展信息工作与发展信息产业所采取行为的概括性总体原则。从更狭义的角度看，信息政策是处理特定信息问题的一系列指导方针。信息政策可以是某一国际机构或组织制定，以此指导和约束与此相关的国际信息活动；在某一国家内，信息政策、国家政法部门或专业机构制定并用于指导和约束全国或地方的信息活动。

武汉大学的马费成教授认为，所谓的国家信息政策，就是用于把控信息生产、交流和利用的措施、规范和准则的集合，它涉及信息产品的生产、分配、交换和消费等各个环节。

相对于信息政策而言，信息资源建设政策的研究者相对比较少，比较有代表性的是武汉大学肖希明教授的观点：信息资源建设政策就是人们为实现信息资源建设目标时制定的方针、原则、策略、措施、对策等。

信息资源建设政策就是信息机构为了实现信息资源建设目标所制定的方针、原则、策略和措施。具体地说，就是信息资源建设政策要解决的问题，包括：明确信息资源建设的目标、原则；规划图书馆信息资源的结构和信息资源的宏观布局；确定图书馆各种类型的信息载体的采集原则、选择标准、入藏比例及经费安排；制订适应新的信息环境的数字化信息资源建设规划、步骤；规定图书馆藏书资源管理的原则、方法、措施；提出信息资源共建共享的目标、任务、实施步骤等。

信息资源建设政策具有以下特点：

第一，系统性。信息资源建设政策是一个完整的政策体系，各个政策之间存在相互影响、相互配合和相互制约。要保证政策机制的正常运行和各项政策付诸行动，必须注意政策之间的相互联系。

第二，中介性。政策是理论与实践的中间环节，也是联系理论与实践的桥梁。信息资源建设理论要指导信息资源建设实践，就必须借助于信息资源建设政策这一中心环节。

第三，稳定性。信息资源建设政策确定后，就不能随意地因人员变更而随意有所改变，必须保持其稳定性，以便于政策得到贯彻实施。

第四，变通性。任何政策都是根据客观形势制定的。客观形势的变化决定了政策必须具有变通性。信息资源建设也要随信息环境和图书馆的变化及时调整自己的策略。

第五，可操作性。信息资源建设政策不仅对信息资源建设的概况、目标等从总体上做了规划，而且还对各个学科的不同类型、不同载体的信息资源建设制定了相应的政策，同时还制定了信息资源交换政策、经费分配政策、信息资源共享政策等，具有很强的可操作性，是信息资源建设的依据。

第六，规范性。信息资源建设政策是按照一定的程序研究制定的，因此，对于它的改变和修正，也需要按一定的程序进行，这样它才能够对信息资源建设全过程起到指导和规范的作用。

第七，干预性。信息资源建设政策为信息资源建设活动提供了具有约束力的行为准则，对参与信息资源建设活动的各方进行宏观控制，从而确保信息资源建设活动的良性发展。

第八，前瞻性。在制定信息资源建设政策时，尽量考虑到将来可能发生的各种情况，不仅关注今天，而且更要关注明天，预测到未来的发展趋势，使信息资源建设政策有更好的实践的适应性。

二、信息资源建设政策的作用

近年来，世界上各发达国家和一些发展中国家都十分重视研究和制定信息资源建设政策。尤其是在信息技术迅速发展的今天，信息资源建设在观念、模式、策略、标准、方式等诸方面都面临着新的变化，图书馆必须认真研究和制定适应新的信息环境的信息资源建设政策。从我国图书馆的实际情况来看，研究和制定信息资源建设政策的作用主要体现在宏观指导方面、提供标准和规范、提供共建共享依据方面。

（一）宏观指导方面

信息资源建设是图书馆一项重要的基础性工作。它关系到图书馆能否建立一个科学合理的信息资源体系，以有效地履行它的各项职能，并最大限度地满足读者和用户的信息需求，这不是制定一般的选书或采访标准所能解决的。必须研究和制定正确的政策，为信息资源建设提供宏观指导。

1.对信息资源建设模式的指导

信息资源建设模式是对图书馆信息资源建设所做的方向性、原则性的规定，对信息资源建设全过程起着决定性的作用。对信息资源建设模式的指导就是要求图书馆在考虑本馆的特点、中心任务、发展方向、客观条件及由此而决定的整体发展战略的基础上确定本馆信息资源建设的最佳模式。

图书馆的类型不同，其服务任务、服务对象的需要，以及客观条件也是不同的，由此所确定的信息资源建设模式也就不同了。即使是同一类型的图书馆，具体情况的不同，信息资源建设模式也是有所区别的。因此，确立信息资源建设模式是一项十分重要而又复杂的工作，需要进行认真的调查研究和全面综合的考虑，切忌主观随意性。很显然，信息资源建设政策的制定对信息资源建设模式的确定起着重要的指导作用。

2.对信息资源建设目标的指导

信息资源建设目标是一个复杂的目标体系，包括数量目标、质量目标、特色化目标等，每一项目标都包含着丰富的内容。能够对这些目标产生影响的主客观因素很多。因此，确定信息资源建设目标必须进行科学的论证，分析各项目标的必要性和实现的可能性，并在信息资源建设政策的指导下进行，切不可盲目草率。

3.对确定重点馆藏发展领域的指导

重点藏书是图书馆藏书中的核心，反映图书馆信息资源建设的水平。确定重点藏书发展领域，是指从众多学科领域中，选择对完成本馆的主要服务任务和满足本馆主要服务对象需求具有决定性作用的某些学科或专题，对这些学科或专题的各种信息载体完整系统地收藏。确定重点藏书发展领域，要求图书馆根据本地经济建设及科学、教育、文化发展的需要和本馆承揽的主要服务任务、主要科研方向、主要读者或用户的需求，原有藏书基础及各馆重点藏书分工协调等因素，确定本馆重点藏书的发展领域。确定重点藏书发展领域也是一项影响图书馆信息资源建设方向和水平的重要工作，必须运用政策进行宏观指导。

（二）提供标准和规范方面

除了政策的宏观指导外，利用政策进行具体规范也是信息资源建设必不可少的环节。例如，书刊选择和采购，许多图书馆没有科学的标准，明确的范围，只是将图书粗略地划分若干类，机械地规定哪一类每种采购多少册。再如，购书经费的分配问题，一些图书馆对各类学科、各种类型、各种语种、各种载体的文献资料采集的经费分配比例缺乏合理的标准。在经费使用中，还存在着经费充足时突击购书，经费短缺时又随意中止应订书刊的情况。由于其本身就缺乏科学性，导致具体的执行中随意性很大。

信息环境的变化，使得图书馆的文献采访策略、选书原则、复本标准、购书经费分配方法、文献获取的具体方式等，都发生了明显的变化，对此需要制定明确的政策加以规范。比如，图书馆的文献采访策略以及与此密切相关的购书经费分配问题。近年来网络信息资源的大量出现，图书馆在信息资源建设方面都面临"拥有"还是"存取"的选择问题。事实上，在目前情况下，任何图书馆都不可能以"存取"来取代"拥有"，自然也不应该固守"拥有"的模式而拒绝"存取"。图书馆应该从传统的"拥有"单一的信息资源建设策略，转变为"拥有"与"存取"相结合的策略。图书馆的购书经费除一部分转换为实物形式的文献外，还有相当一部分将转换为服务的形式，如使用网络化信息资源需要缴纳的入网费、检索费、租借费等。图书馆如何调整采访策略，如何合理分配经费，是必须通过信息资源建设政策加以规范的。

（三）提供共建共享依据方面

信息技术的迅速发展，促使影响信息资源共建共享的技术因素逐渐消失，然而各种人文、社会因素不但没有消失，反而变得日益复杂，这就需要政策发挥调节作用。

从微观角度考虑，制定信息资源建设政策可以使各馆信息资源特色更加鲜明，结构更趋合理，从而为合作藏书、资源共建提供基础。藏书特色化与合作藏书发展存在着辩证关系。藏书特色化是合作藏书发展的基础和前提，如果没有各馆明确的藏书特色，合作藏书就无法进行。当然，如果没有合作藏书作为各馆满足读者需要的保障，藏书特色化也就失去了意义。因此，藏书特色化与合作藏书是相辅相成的。在今天的网络环境中，图书馆资源的特色化建设不但没有消失，反而显得更为必要和迫切。制定信息资源建设政策，就是要明确本馆信息资源的特色，并按特色化的要求设计和调整信息资源结构，为信息资源共建共享创造良好的基础和前提。

从宏观方面考虑，制定信息资源建设政策可以明确各馆参与信息资源共建共享的权利和义务，建立一种利益的平衡机制，以保证参加合作的成员馆都能得到实惠，调动其积极性。在合作藏书、资源共享中，建立利益平衡机制是十分重要的。虽然从整体上看，信息资源共建共享对所有图书馆都有利，但从局部上看，如果没有一种利益平衡机制，就很难保证参加共建共享活动每个成员都能获得与其投入相应的利益，有的甚至会相差很远。于是那些投入多、获益少的成员自然会失去积极性。因此，如果想要有效地开展信息资源共建共享活动，就必须制定正确的政策，建立一种利益平衡机制，使各图书馆之间能依据它们在资源共建共享中的投入和贡献，获得相应的利益。可以说，信息资源共建的关键在于制定既符合客观现实，又有一定灵活性，能适应情况发展变化的信息资源建设政策。

三、信息资源建设政策研究概况

信息资源建设是从藏书建设、文献资源建设等概念发展而来的。欧美国家将概括这类活动所使用的概念称为"藏书发展"，其含义比较宽泛。尽管比起信息资源建设的概念，它并没有更大的包容性，但已经涵盖了信息资源建设的主要内容。因此，国内外关于藏书发展政策研究的状况，基本上反映了信息资源建设研究的概貌。

（一）国外研究概况

20世纪70年代以来，以美国为代表的图书馆界开始积极研究和制定图书馆藏书发展政策，并在理论和实践方面都取得了不少成果。

1977年，美国图书馆学家奥斯本撰文论述了藏书发展政策的功能和目的及达到此功能目的所应注意的问题，并提出一个制订藏书发展政策的工作计划。此后，图书馆学家集中讨论了藏书发展工作的领域和方法、制定了藏书发展政策的必要性和具体模式。许多图书馆都意识到研究和制定藏书发展政策的重要性。

20世纪80年代以来，藏书发展政策研究进一步发展，研究领域不断拓宽。图书馆学家系统地探讨了藏书发展与藏书发展政策的定义、价值功能、内容范围、基本框架，制定藏书发展政策的目标、程序及原则，并通过分析现有藏书发展政策状况来评价现有藏书发展文件，同时还对一些具体问题，如藏书经费分配的目的和特征、分配原则及分配过程等进行了论述。图书馆藏书发展政策的制定工作得到了迅速发展，到1993年为止，72%的高校图书馆和78%的公共图书馆已制定藏书发展政策，并呈递增趋势。

20世纪90年代，在信息化浪潮冲击和挑战下，国外图书馆界更加关注藏书发展政策的研究。哈佛大学图书馆的Dan C. Haze撰文探讨了信息时代网络环境下藏书发展政策的变化，认为"传统的藏书发展政策将不再适应今天的需要，用户、图书馆和管理者都需要更具灵活性的政策文件"。Elizabeth Futas所著《藏书发展政策与程序》第3版（1995年）针对近年来形势变化，重新探讨了美国图书馆藏书发展的目的和目标、藏书规划、藏书评价和选书标准等问题，并对电子文献与联机服务的选择标准问题进行了探讨。许多图书馆学家针对新的信息环境给图书馆藏书带来的影响和变化，提出了一系列新的藏书发展政策，包括：建立超文本信息图；电子文献采访的技术化和专门化；确定筛选数据库资料的基本标准；建立虚拟图书馆，发展合作藏书等等。

（二）国内研究概况

20世纪80年代初期，我国图书馆界开始关注藏书发展政策问题。1982年，肖自力先生翻译介绍了美国图书馆协会制定的《藏书建设方针规范指南》。1984年，姜建军等提出《高等院校图书馆藏书建设方针的编制模式》。

我国藏书建设、文献资源建设的理论研究和实践发展实际上包含了信息资源建设政策的内容。

1.藏书补充的研究

藏书补充是传统藏书建设理论中一个基本的概念，也是图书馆信息资源建设中最主要的实践活动。藏书补充涉及图书的选择与采访政策问题。主要的研究问题有：

第一，藏书补充的原则和采访方针。提出了图书馆藏书建设的实用性原则、系统性原则、发展与剔除原则、分工协调原则等，以及各类型图书馆根据本馆的性质、任务应该遵循的藏书采访方针。

第二，选书标准。提出了图书馆选择藏书的一般标准，并形成了《采访条例》之类的规范性文件，作为指导选书工作的政策性规定。

第三，复本政策研究。分析了影响藏书复本量的因素，探讨了确定藏书复本量的依据，并提出了不同类型图书馆处理藏书品种与复本关系的原则。

第四，经费短缺情况下藏书建设对策研究。分析了藏书建设所面临的经费短缺的严峻形势，寻求摆脱困境，有效遏制文献入藏量不断下滑的对策。

2.藏书发展政策的研究

关于藏书发展政策的意义和作用，学者们普遍认为主要表现在四个方面：

第一，为藏书发展提供重要依据和宏观指导，包括对藏书发展模式的指导，对藏书发展数量、质量和效益目标的指导，对确定重点藏书发展领域的指导。

第二，为藏书发展工作提供政策性的标准和规范，保证藏书发展的平衡性和一致性，为文献资源建设质量提供重要保证。

第三，有助于开展读者服务工作。

第四，促进合作藏书发展与资源共享。

3.藏书结构的研究

确定合理的藏书结构是信息资源建设政策的重要内容，其相关的研究内容包括：

第一，藏书结构理论研究。涉及藏书结构的概念、藏书结构与藏书体系的关系、藏书结构的一般特征、决定或影响藏书结构的主要因素等。

第二，藏书结构的构成要素。指出藏书结构是一个由多种因素形成的结构，藏书的学科结构、等级结构、实践结构和文献类塑结构是藏书几个基本的构成面，也是重要的分支结构。

第三，藏书结构的规划和设计。探讨了设计藏书结构的基本方法，并对图书馆藏书结构的现状及未来发展方向进行了分析，编制出藏书结构一览表。这种一览表可以看作是信息资源建设政策的一种最直观的表现形式。

第二节　信息资源建设政策的内容

一、图书馆信息资源现状

图书馆是信息资源的主要集中地，制定信息资源建设政策必须要以此为依据。自20世纪90年代以来，各类型图书馆的数字信息资源建设取得了长足的进展，其数量不断增加、类型不断丰富，在信息资源建设经费中所占的比例也不断提高。目前，对图书馆信息资源现状的分析主要包括以下三个方面：

1.印刷型信息资源现状

对印刷型信息资源现状的分析主要应从其数量、类型、语种、出版年代等方面进行。

第一，数量主要是指目前的复本量如何，能否满足读者的信息需求。

第二，类型包括图书、连续出版物、工具书、会议文献、手稿等收藏情况。

第三，语种是指除中文文献外其他语种收藏情况，如收藏文献的语种是否齐全，能否满足读者的需求。

第四，出版年代主要指馆藏文献不仅包括现代出版物，而且还包括各个历史时期的出版物，能否满足读者对不同历史时期的文献需求。

2.非印刷型信息资源现状

对非印刷型信息资源现状的分析主要是对其数量、类型、语种和时间跨度进行分析。非印刷型信息资源主要有缩微制品、视听资料、光盘、网络型资源等。目前，网络数据库尤其是全文数据库，以其内容丰富、检索功能强大等特点日益成为深受读者喜欢的信息资源类型，因此对图书馆网络数据库的现状进行分析研究，显得尤其重要。

3.目前两者的比例是否能很好地满足读者需求

受到印刷塑和电子型信息资源价格上涨的冲击，各个图书馆都受到了经费紧张的影响，要想同时定购两种类型的信息资源就显得异常困难，此时对印刷型和非印刷两者采购比例的确定就显得非常重要。

只有全面地掌握了图书馆信息资源的现状、弄清楚了图书馆信息资源的优势和薄弱环节，把握了目前信息资源满足读者的程度后，才能预测未来馆藏信息资源的发展方向，制定出正确的信息资源建设政策。

二、图书馆信息资源建设目标的确定

目标是想要达到的境地和标准。信息资源建设目标，是图书馆对经过一段时期后信息资源建设应该达到何种水平所做的规定。一般而言，包括：

（一）数量目标

在一定时期内图书馆拥有和可获取的信息资源的增长应达到什么目标，各学科文献的覆盖率应达到什么比例。必须指出的是，由于现代图书馆信息资源结构的变化，信息资源建设数量目标已经不是单纯的印刷型文献入藏的数量目标。它至少应该包含以下内容：

第一，各学科图书的种数、册数。

第二，期刊的种数。

第三，其他特种文献资料的种数。

第四，音像资料和缩微资料的数量。

第五，电子出版物的种类和数量。

第六，可"拥有"的数据库的数量。

第七，通过网络可远程检索的数据库的数量。

（二）质量目标

对入藏文献信息内容的科学价值、现实使用价值提出明确的标准，对入藏文献信息要达到的广度、深度、新度和各类信息载体的比例提出明确的要求。

第一，广度。主要表现在文献的学科、类型、文种及参考工具书的配备是否全面广泛和相互联系，核心书刊的完备程度、相关书刊的广泛程度、外文书刊的比例、期刊及内部资料品种的丰富；程度、各种参考工具书和检索工具的配备程度，各种信息载体的比例和各种文献数据库、事实数据库、数值数据库的覆盖面等，是衡量藏书广度的具体标准。

第二，深度。主要指重点专业文献的系统完整程度，包括各个时期、各个国家、各种主题范围、各种代表性著述的文献是否齐备。

第三，新度。主要是指各学科领域最新书刊、最新学科资料和新型信息载体的资料在藏书中所占的比重，以及能否反映各学科的新进展、最新研究成果，以及最新的知识信息内容，这是衡量信息资源质量中知识信息含量的具体标志之一。

（三）特色化信息资源建设目标

特色化是现代信息环境对图书馆信息资源建设的客观要求。图书馆应根据本地区的地理、历史与文化特点，本地区、本单位赋予图书馆的服务任务，本馆读者的需求等因素，确定本馆的特色藏书与特色数据库，并对标志特色化形成的各项指标做出具体的规定。

三、文献信息资源采访政策

文献信息资源（印刷型书刊）仍然是当前图书馆信息资源的主要组成部分，因此，确定文献信息资源的选择与采访标准，可以看作是信息资源建设政策的主要内容。

（一）图书采访政策

在图书采访方面，要求各个图书馆根据本馆的实际情况制定符合本馆实际情况的图书采访政策，一般来说，图书采访政策应该包括以下因素：

1.确定入藏图书的范围

不同类型的图书馆，其性质、功能和任务，以及服务对象也是不同的。因此，每个图书馆对信息资源的收藏范围和要求也各不相同。图书馆只能选择入藏与本馆藏书的学科或专题范围相符的图书。图书馆必须根据服务任务和服务对象的需求，确定各学科图书的入藏比例。

2.确定入藏图书的类型

图书馆中收藏的文献内容越多，其为人们提供的便利也就越多。但是，受到经费等条件的限制，每个图书馆中不可能收藏所有的文献类型。这就要求各图书馆根据读者的信息需求选择入藏的文献类型，并尽可能地收藏更多类型的文献，以满足读者对文献的需求情况。

3.确定入藏图书的内容深度和质量标准

在内容深度方面，由于读者群的不同，决定了其对图书内容的深浅程度要求也是不一样的。因此，图书馆在选择入藏图书时必须考虑所提供的读者群是否能够接受。任何图书馆都只能选择入藏适合本馆读者阅读水平和需求的文献。

图书的内容质量是图书本身所具有的科学价值、艺术价值、现实价值和参考价值。对图书的内容质量的评价，一般可根据以下信息进行。

（1）著作者

著作者方面主要考察图书的著作者在其所从事活动领域中的知名度。知名度在很大程度上能反映该书在其所涉及的学科领域中所占的学术地位，因此，图书馆应优先选择该学科领域重要著者的重要著作。

（2）出版者及出版记录

出版者和文献的质量之间存在着密切的关系。任何出版社想要树立和维护其声誉，就需要对其所出版的文献进行认真的审查，力争出版高质量的图书。因此，选择那些享有较高声誉的出版社出版的图书，是一种比较可靠的选书方法。

此外，每种图书都有自己的出版记录，用于记录该图书的出版年代、版次、印刷及定价等。通过出版年代可以了解图书所采用资料的新旧；版次记录了图书的出版次数；图书印数多少表明图书的普及程度，但对于满足研究型读者的需要来说，应注意选择那些印数较少而又有价值的图书。

（3）名著

名著大都是经过长期流传被公认为具有独特的科学价值和文化价值，具有较大影响，在科学史、思想史和文化史上占有一定地位的学术著作或文学作品。名著在图书馆藏书中占有重要位置，其数量和所占比例在一定程度上反映了该馆藏书的质量和水平。因此，图书馆在入藏图书时应注意对名著的选择。

（4）影响面

由于种种原因，某些图书往往拥有广泛的读者，成为"热门"图书。对这些"热门"图书，图书馆应当采取积极的态度，选择入藏。因为图书"热门"，实质上就是它具有较高的使用价值，而使用价值，正是衡量藏书质量的标志之一。

4.确定入藏图书在本地区其他馆的收藏情况

图书馆想要靠自己的馆藏来满足读者的全部信息需求是不可能达到的，各图书馆应该积极通过馆际联合等合作方式来进行信息资源的分工采购，尤其是那些价格昂贵的外文原版书刊、大型工具书等就可以通过联合采购的方式获得，这样不仅节约了经费，也保证了特色馆藏，实现了文献资源的共建共享，更好地满足了读者的信息需求。

5.确定入藏文献的复本配置标准

在图书采访政策中，还必须明确文献的复本配置问题，以满足众多读者在同一时间内对同一种图书的需求。

影响复本量的因素很多，且各个图书馆的情况又很不相同，因此，不同图书馆很难有一个共同的规范化复本标准，各馆只能根据自己的实际情况来确定藏书复本量。目前，我国图书馆基本上都是在总结经验的基础上，通过调查研究，综合分析影响藏书复本量的各种因素，找出各类藏书的最佳复本数量，以此为标准，作为配置复本的参数。

6.确定图书的采购规范

图书采购作为图书馆业务中一项重要的商业性活动，不仅要遵循图书馆信息资源建设的一般规律，而且也要遵守国家的有关法律和政策。因此，为了规范图书馆的文献采访行为，越来越多的图书馆开始实行图书招标采购，从中选择资信优良的发行商，从而获得更多的配套服务，同时获得更多的优惠价格。为了保证通过招标采购后图书馆获得的文献的质量，图书馆在图书采访政策中必须对相关的问题做出规定，如图书招标采购的原则、招标的方式、招标采购工作的组织和一般性程序等。

（二）期刊采访政策

与图书一样，期刊也是图书馆信息资源体系的重要组成部分，但是由于期刊的采访有其自身的特点和规律。因此，图书馆的信息资源建设政策有必要对期刊的采访做出专门的规定。

一般来说，期刊采访政策应该包括以下内容：

1.确定期刊的采访标准

不同于图书采访标准，期刊采访标准除了要对期刊内容所涉及的主题学科范围进行考虑外，还必须考虑下面因素：

第一，期刊的使用频率和被引用率。

第二，期刊的价格，包括直接价格和相对价格（全年的订购价格除以每年平均被读者利用的次数）。

第三，通过其他途径，如馆际互借、电子文献传递的可获得性。

第四，期刊从索引、文摘及数码数据库中的可检索性，这是读者使用期刊的向导。

2.确定核心期刊及相关保障政策

核心期刊是某学科、某专业高水平研究成果最集中的刊物，它包含着该学科、该专业领域中最丰富、最前沿的学术信息。但是，对于各学科核心期刊的认定，各图书馆的标准是不同的，如中文期刊主要依据是否成为CSCI、CSSCI等重要检索刊物的来源期刊，有的图书馆则依据北京大学图书馆编撰的《中文核心期刊要目总览》来认定中文核心期刊的。不管采用何种标准，都要在信息资源建设政策文件中明确规定，并且要对保证核心期刊的措施作出具体的规定，以确保核心期刊的完整性、系统性。

3.协调期刊的订购与馆际互借、文献传递关系

现代通信技术的发展，尤其是网络环境的形成，使文献传递方式发生了革命性的变化。读者需要的期刊可以通过馆际互借，电子文献传递等形式获取，也可以从互联网上获取各种各样的网络化电子期刊。显然，读者从其他途径获得期刊的可能性越大，对馆藏期刊的依赖性就越小，这样，图书馆在期刊采访时，对那些价格昂贵且利用率低的期刊可以少订或不订，而通过馆际互借来满足读者的需求是一种可行的策略。对于何种情况下订购印刷型期刊，何种情况下通过馆际互借和电子文献传递获取期刊，则应该在信息资源建设政策中予以明确。

第三节　信息资源建设政策的制定与实施

一、信息资源建设政策的制定

（一）制定信息资源建设政策的目的

制定信息建设政策的主要目的如下：

第一，为图书馆员、用户和图书馆所属的上级领导机构和图书馆长界定图书馆馆藏的性质、任务、范围、发展目标及其任务。

第二，明确参与信息资源建设各方的责任及分工。

第三，明确信息资源选择的标准、优先次序等，保证信息资源建设的一致性、平衡性及可持续发展。

第四，为信息资源建设经费预算和分配提供依据。

第五，为信息资源建设方面的馆际合作提供一个参加、交流的框架。

第六，为图书馆信息资源建设相关工作人员提供参考工具和培训手册。

（二）制定信息资源建设政策的原则

1.系统性原则

信息资源建设作为图书馆系统重要的组成部分，其建设政策必须服从于和服务于图书馆整体发展战略。也就是说，我们不仅要考虑大系统与分系统的关系，还要考虑相同层次系统间的横向关系。只有各项政策相互配合，形成一个有机整体，才能实现系统的总目标。

2.协调性原则

制定信息资源建设政策时，不仅要协调好与图书馆其他子系统的关系，还要着眼于信息资源整体布局，注意与其他馆的协调与合作。

协调性原则就是要求各馆将本馆的信息资源纳入整体信息资源系统，通过分工协调，规定各馆信息资源建设的责任和范围，使不同学科、不同主题或不同类型的文献由不同图书馆分担收藏，通过馆际互借、文献传递，实现资源共享。

3.科学性原则

制定信息资源建设政策时所必须遵循的科学性原则包括两层含义：

第一，信息资源建设政策的制定必须遵循图书馆信息资源建设活动自身的发展规律，不同类型的图书馆，其服务对象及其需求是不同的。因此，一定要根据各自的目标和任务研究来制定信息资源建设政策，以满足读者的实际需要。

第二，制定信息资源建设政策要采取科学的程序和方法，以保证信息资源建设政策的正确性。

4.连续性原则

连续性原则要求政策在有效时间内具有持久性，它是政策稳定性的动态表现。一般而言，政策的制定是需要依据形势的变化而不断发展，但这种发展并不是对前一政策的否定，而应保留前一政策的合理内容。

信息资源建设是一项连续性很强的事业，它的现状不仅要受到历史因素的制约，同时还可能会对未来产生重要影响。因此在制定信息资源建设政策时，一定要对原来的有关政策进行研究，吸收其合理的内容，同时对出台新的政策要十分慎重。

5.务实性原则

信息资源建设政策必须充分考虑图书馆及其所属机构和地区的实际情况，一切从实际出发，制定出满足图书馆所有用户信息需求的信息资源建设政策。不同类型的图书馆，所面向的读者需求是不同的。因此，图书馆必须根据读者的需求和本馆的实际情况制定信息资源建设政策。

6.灵活性原则

制定信息资源建设政策时，除了必须遵循上述原则外，还应该使政策具有灵活性，也就是具有弹性，能随着外部环境和条件的变化而加以调整。

信息资源建设政策不仅是对当前信息资源建设活动的总结和概括，还要具有导向、预示的功能，能对信息资源建设的发展和信息社会日新月异的变化趋势有所预见，对未来发展具有容纳性，对新的情况留有余地，做到与时俱进，适度超前。

（三） 制定信息资源建设政策的程序

信息资源建设政策的制定是一个动态的过程，必须按照一定的程序进行，才能保证政策的正确性和科学性。一般说来，制定信息资源建设政策应该遵循下列程序：

1.成立工作小组

信息资源建设政策的制定应该成立专门的信息资源建设政策制定委员会，由馆长担任委员会的主席，分管信息资源建设的副馆长负责日常的业务工作。该委员会成员必须具备图书馆的专业知识和图书馆服务领域的其他学科知识，熟悉出版情况和文献类型，了解图书馆所服务的社区和读者的信息需求。要确定这个工作小组的负责者、工作任务、完成期限、经费等。

2.收集相关资料

通过多方面的深入调查研究，收集与图书馆信息服务和资源建设有关的各类信息、资料及数据，并进行环境、馆藏、读者信息需求等方面的分析，利用已经得到的信息对信息资源建设活动进行分析、研究和预测。这些调查包括对馆藏现状的调查，以摸清家底，了解本馆各学科文献收藏的强弱情况；通过对读者利用本馆文献现状的调查，以了解读者对馆藏文献的使用情况；向图书馆服务的社区（如大学图书馆对本校读者）了解近期与中长期学习和科学研究对文献信息的需求；读者获取知识、信息常用的方法；对文献时效要求的调查等。最后对这些调查的结果进行定性与定量的分析、评价和确认。

3.拟定政策草案

由于政策文件不仅是本馆的工作文件，而且是要向读者公布的。因此，应该用通俗而易懂的语言阐述政策的内容。初稿的设计一般分两个阶段：一是大胆设想阶段，运用创造性思维构思方案轮廓，根据方案的轮廓确定指导方针、行动原则、政策界限、发展阶段等问题；二是进行精心设计，确定方案的细节，估计方案的实施结果，应进行反复细致的推敲分析。

初稿的编写框架为：

第一，引言：包括信息资源建设政策的定义、编制目的、作用、使用对象。

第二，总论：①图书馆所服务的地区或机构概况的分析；②图书馆性质与任务说明；③读者信息需求的分析；④图书馆信息资源现状的分析；⑤图书馆信息资源建设目标的确定；⑥图书馆信息资源结构的规划；⑦图书馆信息资源建设的责任归属。

第三，实体馆藏的采访政策。

第四，数字馆藏建设政策。

第五，书刊交换与接受捐赠的政策。

第六，经费分配政策。

第七，信息资源管理政策。

第八，信息资源共建共享政策。

第九，相关的附录。

4.广泛征求意见

为了更有效地为读者提供文献信息服务，制定信息资源建设政策需要有图书馆员和读者的参与。读者的满意程度是评价图书馆信息资源建设的一个重要指标。读者的参与，一是在制定政策前的准备阶段，配合调查充分发表对图书馆信息资源建设的意见；二是在政策草稿完成后及时公布，听取读者意见，特别是听取对学科藏书发展和文献信息需求最有发言权的专家学者的意见。对于图书馆员，由于他们的工作与图书馆信息资源建设密切相关，对图书馆的情况也最熟悉。因此，在制定政策的过程中，需要图书馆的各业务部门参与并提出建议，特别是参考咨询部门和流通阅览部门应该积极参与。图书馆员的支持是政策顺利实施的重要保证。

5.试验验证

试验验证也叫"试点"，是执行前进行的局部试验，以验证其方案实际实施的可靠性，为信息资源建设政策的全面推行提供参考。

信息资源建设政策的正确性和可行性需要实践的检验，执行政策的活动需要经验示范。试验验证是一个小规模的信息资源建设政策执行过程，验证的过程和结果不仅对信息资源建设政策规划者们有用，而且也对信息资源建设政策执行者们起到一定的指导作用。试验验证首先就是要选好"各类点"，制订周密的试验方案。若试验成功，则可以进入普遍实施阶段。若试验结果不理想，则必须反馈回去进行追踪检查。因此，要全面考察试验成功与失败的所有因素，弄清这些因素与政策方案的关系，提出修改方案的措施与意见。

6.修改政策草案

在广泛地征求馆员和读者意见，并经过试验验证的基础上，根据得到的反馈信息，对信息资源建设政策的初稿进行修改，并提请某种形式的图书馆咨询委员会（如大学里的图书馆工作委员会）进行讨论，再次进行修改。

7.报批政策草案

由于信息资源建设政策规定着图书馆未来信息资源建设的方向和经费的需求和流向，因此获得图书馆上级主管部门的支持是非常必要的。信息资源建设政策制定完毕后，应该报其上级主管部门审批，只有在获得上级主管部门的批准后，才能公布实施。

8.公布政策

将经过上级主管部门正式批准的信息资源建设政策以各种形式向全体馆员和读者公布,使馆员和读者都知晓。可以采取发布公文、橱窗粘贴、制定小册子、网络发布等方式公布图书馆信息资源建设政策。

9.定期修订政策

随着社会信息化的不断推进,图书馆的任务和目标的变化,以及读者需求的变化等,都会对信息资源的建设产生影响,因此信息资源建设政策也要做相应的调整,定期修订信息资源建设政策,以适应这种变化,保持其生命力。

二、信息资源建设政策的实施

实施是政策制定后的一个重要环节,是信息资源建设政策发生作用的关键环节,是制定信息资源建设政策的目的。信息资源建设政策的实施就是在制定信息资源建设政策完成后,采取一定的方式、手段和措施等实现信息资源建设目标的动态过程。

信息资源建设政策实施的过程如下:

1.充分准备

实施信息资源建设政策前,必须做好相应的准备工作。这种准备工作主要包括:

第一,物质准备。主要是指必需的物力和财力的准备,它是信息资源建设政策实施顺利进行的经济基础。

第二,组织准备。不仅解决组织形式问题,而且还包括建立精干高效的组织实施机构,配备称职的领导者和一般的政策执行人员,制定必要的规章制度,使人力、物力和财力得到最合理的利用。

第三,政策实验。包括选择实验对象、设计实验方案和总结实验结果三个环节,主要任务是验收政策,总结经验。

2.大力宣传

为了使实施者了解和执行信息资源建设政策,必须对信息资源建设政策进行广泛的宣传,只有在实施者了解和理解了信息资源建设政策的前提下,才能积极主动地去贯彻执行信息资源建设政策。

3.全面实施

全面实施信息资源建设政策是实施过程中一个最重要的环节。实施者除了应做好充分的准备工作和宣传工作外,在实施过程中还应该采取正确的实施策略和合适的实施手段,把原则性和灵活性有机地结合起来。

信息资源建设政策实施的手段主要有行政手段、法律手段和经济手段。行政手段,是指依靠行政机构的权威性,采用规定、条例、命令等方式来贯彻执行信息资源建设政策的方法；法律手段，是指依靠法律的强制性来实施信息资源建设政策的方法；经济手段，是指通过奖励、惩罚等触及实施者经济利益的方式来贯彻信息资源建设政策的活动，对认真执行信息资源建设政策的人员予以奖励，反之，则给予惩罚。政策执行过程中，实施者要依据政策和不断变化着的信息资源建设活动，决定自己的行动和措施。

4.正确协调

协调是上一级领导为使下层各实施机构之间、各实施人员之间能分工合作、协调一致地实现共同的政策目标所进行的各项活动。通过协调，可以使每一个实施机构、每一个实施人员的工作都成为实现共同政策目标的整体工作的一部分，从而保证整个实施活动有序地进行。

5.有效监控

监控是信息资源建设政策的一个重要组成部分，是信息资源建设政策顺利实施的重要保障。它能够确保信息资源建设政策贯彻执行活动的合法、合理和有效，及时纠正出现的偏差。监控的内容主要包括：

第一，对改策过程的监控，包括对政策实施的开始到结束全过程的监控。

第二，对政策产出和效果的监控，包括行为监控、审计监控、统计监控、比较监控。

第三，对政策调整的监控，包括问题的重新界定、目标的重新确定和方案的重新拟订。

6.及时反馈

信息资源建设政策的执行过程非常复杂，涉及方方面面，如果想要对信息资源建设政策的实施进行有效的监控，就必须有反馈这一重要环节。通过反馈环节可以及时发现问题，并尽快修改及调整政策，从而保证信息资源建设政策的顺利实施。

第五章　图书馆信息资源建设的方法

第一节　图书馆信息资源的采集

一、信息资源采集的原则

信息资源采集是指根据信息用户的需求，寻找、选择相关信息并加以聚合和集中的过程。不同的用户对信息需求是有差别的，这样在信息资源采集时也会有很多不同之处。尽管如此，在信息资源采集过程中，还是需要遵守以下共同原则。

（一）目的性原则

目的性原则又可以认为是"针对性"原则。信息数据庞大，内容繁杂，但用户的需求又是一定的，因此要求信息资源采集必须具有明确的目的性。在信息资源采集过程中，针对信息服务机构本身的特征、服务对象及信息资源采集的范围，有目的、有重点、有选择地组织利用价值大、适合主要用户群的信息，有计划、有步骤地采集信息，做到有的放矢，以最小的代价最大限度地满足用户信息需求。

（二）主动性原则

信息的时效性特点决定了要采集到能够及时反映事物的最新状态的信息，就要求信息资源采集人员在充分了解用户的实际信息需求的基础上，熟悉信息资源采集渠道和途径，利用先进的信息资源采集技术和方法，建立系统完善的信息资源采集网络，依据不同的对象和条件，针对需要，积极主动地发现和获取最新信息。

（三）连续性原则

从信息资源采集的初始阶段开始，就需要不断补充新的信息，这种补充不仅要采集过去的信息，还要采集现在的信息，并尽可能采集反映未来趋势的信息，保持信息资源的连贯性。同时，信息资源尤其是网络信息资源更新快、时效性强，决定了在信息的传递、增值过程中，可能呈现新的态势，这就需要不断剔除旧的或老化的信息，甚至重新采集。因此，可以说，信息资源采集是一个连续性的工作。

（四）经济性原则

信息资源采集是一项耗费人力、物力和财力的工作，为了提供信息资源采集的效率，必然要注意经济性原则，同样的信息，如果有多种不同的载体形式，就应该注意优先选择较经济的载体。在实施经济性原则时，有以下两个问题要特别注意：

第一，避免信息资源的交叉重复采集，尤其是考虑到大量电子信息资源内容相同，只是载体、形式的差异情况，必须选择合适的信息源和信息资源采集方法与技术。

第二，充分考虑信息服务机构的实际经济水平，量力而行，避免盲目采集造成资源与资金的浪费。在谋求信息真实性的基础上，处理好社会效益与经济效益、整体效益与局部效益的关系。

（五）计划性原则

信息采集时，既要满足当前需要，也要照顾好未来的发展；既要广辟信息来源，也要做到持之以恒。要根据信息采集机构的任务、经费的情况制订比较周密、详细的采集计划和规章制度，详细列明有关信息采集的目的、范围、方式，以及人员配置、时间限定、经费数额和来源等情况。

（六）科学性原则

在信息采集过程中，需要经常采用科学方法研究信息资源的分布规律，选择和确定信息密度大、信息含量多的信息源。例如，图书馆在学术网站选择上，就可以利用布拉德福等文献计量学方法，确定一定数量的有学术价值的网站作为信息源，来进行信息资源采集工作。

（七）可靠性原则

可靠性原则是指信息资源采集人员进行信息资源采集时，要根据用户的需求，以采集真实、可靠的信息为准则。信息资源采集必须坚持调查研究，通过比较、鉴别，采集真实、可靠、准确的信息，在这个过程中，不能将个别当作普通，将局部视为全局，要实事求是，善于去粗取精、去伪存真、由表及里、深入细致地了解各种信息资源的信息含量、实用价值，以及可靠程度。

（八）系统性原则

系统性是指时间上的连续性和空间上的广泛性，应尽可能全面地采集符合本单位所需要的信息，注意重点需求信息的连续性和完整性。用户需求的系统性决定了信息资源采集的系统性。信息资源使用对象是由不同年龄结构、文化结构、知识结构组成的用户群系统，他们对资源的需求和使用，在类别和类型上、在时间和水平上、在范围和深度上，都有一定的专指性和系统性。要满足各种用户的系统需求，就要求在信息资源采集过程中多方位、全面采集信息并始终保持各类信息的合理比例，做好总体规划。

二、信息资源采集的方法

信息资源采集方法是指根据信息采集计划，广泛开辟信息来源，及时将信息采集到手的基本方法。信息采集方法有很多，通常可以按以下标准来进一步细分。

（一）按信息载体形式划分

按信息载体形式，可将其进一步细分为：

第一，文件研究法。文件研究法是指从各种文件中寻找所需信息资源的方法。

第二，报刊摘录法。报刊摘录法是指通过对报刊进行摘录来获取所需信息资源的方法。

第三，广播收听法。广播收听法是指通过收听广播来获得所需信息资源的方法。

第四，电视收看法。电视收看法是指通过收看电视来获取所需信息资源的方法。

第五，电信接收法。电信接收法是指通过电话和电报来获取所需信息资源的方法。

第六，电脑展示法。电脑展示法是指通过电脑来获取所需信息资源的方法。

第七，直接交谈法。直接交谈法是指通过两个或者两个以上人员的面对面交谈来获取所需信息资源的方法。

第八，信件询问法。信件询问法是指通过信件来获取所需信息资源的方法。

（二）按信息采集方式划分

按信息采集方式可将其进一步细分为：

第一，定向采集法。在采集计划范围内，对某一学科、某一国别、某一特定信息尽可能全面、系统地进行采集的方法称为定向采集法。

第二，定题采集法。根据用户指定的范围或需求有针对性地采集信息的方法就是定题采集法。这种方法能使用户及时掌握有关信息，针对性强，但较为被动，而且由于题目具体，涉及面既深又专，难度较大，因此一般应用于科研活动中。

第三，现场采集法。参加展览会、展销会、订货会、科技成果展示会、交易会、现场会、参观访问等，都会接触到一些实际的东西，而且往往有详细的介绍或资料，这是采集信息的好方法。

第四，社交采集法。社交采集的形式多种多样，如参加各种会议、旅游、舞会、聚会、走亲访友、娱乐、网络交流等。通过社交活动获取的信息一般都是最新的，是其他途径得不到的。

第五，间谍采集法。间谍采集法是指利用间谍窃取所需信息资源的方法。目前，该方法广泛用于采集政治、经济、军事等方面的信息资源。

第六，主动采集法。主动采集法是指针对特定需求或是根据采集人员的预测，事先发挥主观能动性，赶在用户提出要求之前即着手采集工作。

第七，定点采集法。定点采集法是指聘请专门的信息采集人员定点采集相关信息资源。此法具有节省费用、采集全面等优点。

第八，委托采集法。由于时间、精力有限，或是不熟悉信息源，可以委托某一信息机构或信息人员进行采集，并且根据采集的质量来支付一定费用。这种方法花费较多。

第九，跟踪采集法。跟踪采集法是指根据需要对有关信息资源（某一课题、某一产品或某一机构的有关信息）在一段时间内进行动态监视和跟踪，及时采集出现的一切新情况、新信息。用这种方法采集的信息连续且及时，有利于掌握事件发生及发展的过程，及时了解关心的问题。这对于深入研究跟踪对象很有用处。

第十，积累采集法。平时读书看报时，应随时做卡片、剪报、藏书等信息积累，这些零星的片段信息，时间长了就会成为系统的信息财富。

（三）按信息采集的渠道划分

按信息采集的渠道可将其进一步细分为以下两种采集方法：

第一，单向采集法。单向采集法是指对特定用户需求，只通过一条渠道来采集相关信息资源，这种采集方法的针对性强。

第二，多向采集法。多向采集法是指对特殊用户的特殊要求，进行多渠道地采集相关新消息资源。这种采集方法的成功率极高，但是容易相互重复。

三、信息资源采集的程序

图书馆信息资源采集包括需求分析、信息源的评价与选择、信息资源采集策略确定、采集活动实施、采集效果评价和解释五个基本程序。

（一）需求分析

信息需求是信息资源采集的动力，在信息资源采集中，明确信息需求就是要清楚目标用户为了何种目的，需要什么样的信息，表现在以下五个方面。

第一，目标用户的确定。不同用户，不同目标，采集内容存在一定的差别，在进行采集活动之前必须明确目标用户及他们使用信息的目的。

第二，确定采集信息的内容。了解采集目标和需求后，还应该进一步明确采集信息的内容。这是通过与信息资源采集目标和需求具有一定相关性的信息的特征来确定。

第三，确定采集的范围。这里的采集范围包括采集信息的时间范围和采集信息的空间范围两方面。其中，时间范围体现了信息的时效性，指信息发生的时间与信息资源采集目标和需求所要求时间的相关性，它决定了所需采集信息的时间跨度。空间范围体现了信息的空间分布特性，指信息发生的地点与信息资源采集目标和需求所要求的空间上的相关性，它决定了所需采集的信息的空间范围。

第四，确定采集量。采集工作的人力、时间和费用等都是由采集的信息数量决定的，因此在这个阶段需要有明确的信息资源采集数量。

第五，其他因素。除了上述因素外，在需求分析阶段需要根据需要确定其他一些因素，如信息环境、信息的可获取性、信息表达的易理解性等。

（二）信息源的评价与选择

信息源指的是获取信息的来源，不同的划分标准就有不同种类的信息源。例如，图书信息源、期刊信息源、特种文献信息源和非文献信息源等是根据出版形式进行划分的；印刷型信息源、缩微型信息源、机读型信息源和视听信息源等是按照载体形式进行划分的；一次信息源、二次信息源、三次信息源是根据信息源的加工级次与加工方法进行划分的；正式信息源与非正式信息源是根据信息源的组织形式进行划分的，内部信息源和外部信息源是根据信息源的范围进行划分的；公开信息源和秘密信息源是根据信息源的保密性进行划分的。此外，还有其他一些划分标准，如根据信息源的形态、用途、信息源与时间的关系等。

为了有效地选择和利用信息源，就必须实现对各种信息源的性能、质量进行评价。信息源评价的标准主要从信息源本身所能提供的信息价值和信息收集的角度两方面进行。具体有以下八个指标。

第一，信息量。信息量包含两方面的内容：一是信息源所含的信息量，如信息源容量大小、信息记录的条数等；二是相对其他信息源，该信息源提供的对用户有用信息的量。

第二，可靠性。信息源可靠性标准是评价信息源的首要标准。可靠性不仅要考察信息源本身，而且还要考察所提供的信息内容，判断指标主要有信息源的公开性和合法性、信息源及其信息内容责任者的权威性、信息源的关联性（被推荐、被引用等）、信息内容的真实可靠性和信息内容是否能真实有效传递等。

第三，新颖性。信息源的新颖性是指信息源中是否包含新观点、新理论、新技术、新假设、新设计和新工艺等新的内容。此外，信息源是否能经常更新也是保证其新颖性的主要措施。没有更新的信息源，在一定时期后，对用户来说会失去其新颖性。

第四，及时性。信息必须在尽可能短的时间内被发布报道和传递，即通过从信息的产生、传播到信息被接收的时差来衡量信息是否及时。

第五，系统性。系统性是指信息源中收集的信息是否系统完整，是否连续出版，能否通过信息的累积反映一定时期内事物的变化。

第六，全面性。全面性指信息源所含信息的广度和深度，包括信息源所收录信息的主题范围是否集中在更宽的领域，是否包括相关的主题，是否包括多语种、多版本信息，以及加工程度等。

第七，易获取性。易获取性指信息源中提供的信息是否能够被用户获取，以何种方式和途径获取，有无技术要求，提供信息是否有阅读设备要求，是否有获取权限要求，以及能否稳定获取等。

第八，经济性。经济性主要指从信息源中发现信息、提取信息，直至传递和使用过程中的经济耗费。衡量信息的经济性主要是以其最低消耗，最小损失，最快地获取信息，以及获得的信息是否符合用户需求，即查准率、查全率、用户满意度指标来反映。

（三）信息资源采集策略的确定

不同的信息资源采集需求和信息源需要采用不同的信息资源采集策略。具体而言就是确定信息资源采集途径、信息资源采集的方法和信息资源采集的技术，并制订采集计划。根据信息资源采集者与信息源的相互关系，可以将信息资源采集途径分为直接和间接途径。其中，直接采集是指采集者对信息源中信息的直接获取；间接采集是指借用采集工具，对信息的间接获取，如搜索引擎技术的使用。

制订信息资源采集计划，主要包括信息资源采集人员分工、采集费用、考核条例、时间安排、采集工具的选择、采集方式、采集频率等。信息资源采集计划要留有余地，保持灵活性，以便进行信息资源采集策略的调整，适应不断变化的采集结果，提高采集效率。

（四）信息资源采集的实施

信息资源采集计划制订后，就要围绕该计划，在一定的范围内，按照既定的内容，采用科学的方法，广泛地搜集信息。当采集过程中遇到事先没预计到的新情况和新问题，要分析原因，追踪搜集过程，及时调整计划，以便获得新的、有价值的信息。

（五）信息资源采集效果评价与解释

完成信息资源采集实施后，还要对采集到的信息集合进行及时评价与解释。若用户对信息资源采集效果评价不满意，则依据相关反馈意见进行调整。调整力度可能触及信息资源采集过程的各个环节。

四、信息资源采集的技术

信息资源采集技术是指从一定的信息源中检索出含有所需信息的内容，供人们利用。它可以是人工采集，也可以通过联机方式形成自动化数据采集系统。

（一）信息获取技术

信息不仅仅是单纯的数值、文字、符号、声音、图形和图像等，还各种形式的信息媒体。这里根据媒体种类，分别从文本生成、图形图像、动画和视频、音频角度进行说明。

1.文本生成

文本是最简单的数据类型，由于它要求的存储空间相对其他元素来说最少，因而成为人和计算机交互作用的主要形式之一。

文本信息输入到计算机一般有人工输入和自动输入两种方法。自动输入时主要采用光学字符识别技术，即采用光电转换装置将汉字或字符转换成电信号，并送入计算机，利用计算机自动辨认和阅读。

2.图形图像

图形也称矢量图，如直线、曲线、圆或曲面等几何图形。图形文件保存的不是像素的"值"，而是一组描述点、线、面等几何图形的大小、形状、位置、级数及其他属性的指令集合。图形文件的常用格式有PIF、SLD、DRW等。

图像是人对视觉感知的物质再现，可以由光学设备获取，也可以人为创作。图像可以记录、保存在纸质媒介、胶片等对光信号敏感的介质上。目前，比较流行的图像格式包括光栅图像格式BMP、GIF、JPEG和PNG等，以及矢量图像格式WMF和SVG等。多媒体计算机通过彩色扫描仪能够把各种印刷图像及彩色照片数字化后送到计算机存储器中。

3.动画和视频

动画指由许多帧静止的画面，以一定的速度（如每秒16张）连续播放时，使肉眼因视觉残像产生错觉，而形成画面活动的作品。

视频泛指将一系列的静态影像以电信号方式加以捕捉、记录、处理、存储、传送和重现的各种技术。数字视频的获取需要三个部分的配合：首先，提供模拟视频输出的设备；然后，对模拟视频信号进行采集、量化和编码的设备，这一般都由视频采集卡来完成；最后，由多媒体计算机接收和记录编码后的数字视频数据。

4.音频

音频实际上是连续信号，用计算机处理这些信号时，必须对连续信号采样并量化。

语音识别技术是让机器通过识别和理解过程，把语音信号转变为相应的文本或命令的技术。一个完整的语音识别系统可大致分为如下三个部分：

第一，语音特征提取。语音特征提取的目的是从语音波形中提取出随时间变化的语音特征序列。

第二，声学模型与模式匹配（识别算法）。声学模型通常将获取的语音特征通过学习算法产生。在识别时将输入的语音特征与声学模型（模式）进行匹配和比较，得到最佳的识别结果。

第三，语言模型与语言处理。语言模型包括由识别语音命令构成的语法网络或由统计方法构成的语言模型，语言处理可以进行语法、语义分析。

（二）文本挖掘技术

随着 Internet 的发展，可获取的大部分信息都是以文本形式存储的，要想从中找到合适的信息，就涉及了文本挖掘技术。

文本挖掘技术是数据挖掘领域的一个分支，它涵盖了文本分析、模式识别、统计学、数据可视化、数据库技术、机器学习、自然语言处理和人工智能等多领域技术。由于文档本身是半结构化或非结构化的，无确定形式并且缺乏机器可理解的语义。因此，数据挖掘的对象以数据库中的结构化数据为主，并利用关系表等存储结构来发现知识。

1.确定文本数据源

确定文本挖掘的目标、应用范围及领域背景知识等相关数据。

2.对搜集到的文本数据源进行预处理

从确定的文本集中，选取待处理和分析的文本，利用分词技术、文本结构分析技术等抽取出代表文本特征的元数据，如文本的名称、日期、大小、类型、作者、机构、标题和内容等，并存放在文本特征库中。

3.选择适当的挖掘分析算法

常用的文本挖掘分析技术有文本结构分析、文本摘要、文本分类、文本聚类、文本关联分析、分布分析和趋势预测几种。文本结构分析主要是用于建立文本的逻辑结构；文本摘要是抽取出文本的关键信息，对文本进行概括和综合；文本分类是将要分类文本的特征项与已有类别的文本特征项进行比较，使其能映射到一个具体类别中；文本聚类是根据文本集合中特征项的相似度分成若干类，并将相似度大的文本尽可能归为一类；文本关联分析是指从文本集合中找出不同特征项之间的关系；分布分析和趋势预测是指通过对文本数据源的分析得到特定数据在某个历史时刻的情况或将来的取值趋势。

4.将结果以可视化技术提交给用户

利用已经定义好的评估指标对获取的知识或模式进行评估，然后根据需要返回前面的步骤进行优化，直到满足要求为止。

（三）自动分类技术

自动分类技术的研究始于20世纪50年代末，IBM公司的H. R. Lupin在这一领域进行了开创性的研究。20世纪80年代中期开始，中国的一些大学、图书馆和文献工作单位也开展了档案、文献、图书的辅助或自动分类研究，并陆续研制出一批计算机辅助分类系统和自动分类系统，这些系统主要集中在中文处理领域。

自动分类是通过抽取信息的内容特征进行统计分析，判别出能代表其信息内容的语言，然后与分类体系的语言类集进行相似性分析，确定其属于哪一个种类或几个类，并赋予一定的知识分类标识的过程。

自动分类按实现途径可以分为自动聚类和自动归类两种方法。

1.自动聚类

自动聚类是指利用计算机系统从待分类对象中提取特征，再对这些提取出来的全部特征进行比较，根据一定的规则将具有相同或相近特征的对象定义为一类。

2.自动归类

自动归类是指利用计算机系统从待分类对象中提取特征，通过与事先定义好的各种类别具有的共同特征进行分析比较，再将分类对象划归为特征最接近的一类并赋予相应的分类标识。

（四）自动文摘技术

自动文摘也称自动摘要，指的是利用计算机自动地从原始文献中提取文摘。

自动文摘按内容压缩程度，可以分为报道性、指示性、报道指示性、评论性和组合式五种。报道性文摘适用于那些描述实验性研究的报告和单主题的文献，能够提供原始文献中的重要信息，包括研究方法、使用设备、论据、数值数据和结论等；指示性文摘也称描述性文摘，由于所含信息量较少，因此一般不提供具体内容；报道指示性文摘又称混合性文摘，兼具报道和指示功能，其将原始文献中价值高的作为报道性文摘，将其他的作为指示性文摘；评论性文摘也称评论，其价值往往依赖于文摘员的专业水平；组合式文摘是文摘员写出一组文摘，二次服务机构可以根据需要选取。按面向用户需求的不同，可将文摘分为一般性文摘和偏重文摘。一般性文摘是指对所有用户都提供一般性的摘要；偏重文摘也称为用户聚焦文摘、主题聚焦文摘或查询聚焦文摘，可以依据特定用户的需求（如询问用户感兴趣的主题）有重点地产生专属摘要。按文摘处理的对象集合个数，可以将文摘分为单文档文摘和多文档文摘。单文档文摘处理的对象是单篇文档。多文档文摘处理的文本对象是由多篇文档组成的文档集。按文摘处理对象的载体，可将文摘分为文本自动文摘和多媒体自动文摘。除了以上分类标准外，还可以按文摘处理语言的数量分为单语言和多语言类型；按文摘长度是否可调节分为用户可调文摘长度和固定文摘长度类型等。

按照生成文摘的句子来源，自动文摘可以分成两类，一类是完全使用原义中的句子来生成文摘，另一类是可以自动生成句子来表达文档的内容。按具体技术可以有以四种常用方法。

1.基于统计方法

基于统计方法也称为基于抽取的方法或自动摘录，它只是利用了文档的外部特征，如词频、词（或者句子）在文档中的位置，是否有线索词（短语、字串、字串链）及其统计数量等来进行文摘的生成，并不对文档内容做深层次理解。

基于统计方法实现容易、速度快、摘要长度可调节，但以句子（或段落）为基本抽取单元的抽取方法没有考虑句子间的关系，致使生成的文档不连贯，甚至前后矛盾，可读性差。

2.基于理解的方法

基于理解的方法运用自然语言处理机制，分析过程中的常识、领域知识和领域本体等，对句子和篇章结构进行分析和理解，进而生成文摘。具体的实施步骤如下：

第一，语法分析。借助词典中的语言学知识对原文中的句子进行语法分析，获得语法结构树。

第二，语义分析。运用知识库中的语义知识将语法的结构描述转换成以逻辑和意义为基础的语义来表示。

第三，语用分析和信息提取。根据知识库中预先存放的领域知识在文中进行推理，并将提取出来的关键内容存入一张信息表。

第四，文本生成。将信息表中的内容转换为一段完整连贯的文字输出。

基于理解的方法产生的摘要质量较好，具有简洁精练、全面准确、可读性强等优点。但是，由于受到知识不足的限制，其文摘技术只能适用于某个狭窄的领域，如用于处理有关地震情况的新闻等。

3.基于信息抽取的自动文摘

基于信息抽取的自动文摘也称为模板填写式自动文摘。这种文摘的产生先要对文本进行主题识别，再选择已编好的该领域的文摘框架，对文中有用的片段进行有限深度的分析，提取相关短语或句子填充文摘框架，再利用文摘模板将文摘框架中的内容转换为文摘输出。

4.基于结构的自动文摘

基于结构的自动文摘将文本信息视为句子的关联网络，选择与很多句子都有联系的中心句被确认为文摘句。由于语言学对于篇章结构的研究还不够深入，可用的形式规则很少，这使得基于结构的自动文摘到目前为止还没有一套成熟的方法，不同学者用来识别篇章结构的手段也有很大差别。

第二节 图书馆信息资源的配置

一、信息资源配置的特点及意义

信息资源配置是根据人们的信息需求对当前的信息资源分布和分配预期进行调整的过程。信息资源配置主要是对信息资源中的能动部分即信息、人及信息设备和设施进行合理分配与布局，达到信息为人所高度共享，并产生政治、经济或其他效益的目的，促使信息价值最大化，使用户的信息保障率较高，以最大限度地为人类谋福利。

（一）信息资源配置的特点

信息资源配置的特征主要体现在以下六个方面。

1.层次性

信息资源配置的层次性是由信息资源本身的层次性和用户需求的层次性决定的。信息资源本身的层次性包括内容目的层次性和载体目的层次性两个方面。内容目的层次性是指信息资源开发的程度有深有浅，可以是一次信息，也可以是二次信息，也可以是二次信息；载体目的层次性是指信息资源具有不同性质的载体形式。用户需求的层次性是指用户的文化结构、年龄结构、知识结构等不同，对信息资源需求的不同，也就形成了不同层次的需求系统。

2.动态性

尽管信息资源的配置有其相对的稳定性，但总的趋势是不断发生变化的。信息资源的动态性随着信息资源共享环境、条件和要求的变化而不断发生变化，信息资源配置结构和模式需要重新改变，否则就不能实现配置过程和配置结果的有效率。

3.渐进性

在信息资源系统中，信息资源不论是通过政府配置，还是通过市场配置或者产权配置，其基本的配置过程本质上都是一个从不合理逐步趋向合理、从无效率或低效率逐步趋向有效率的过程。这里的"合理"或"有效率"指的是经济上的合理或有效率，即用一定的配置成本取得尽可能大的配置效益，或用最小的配置成本取得一定的配置效益。合理或有效配置是信息资源配置过程中矢志不渝的追求目标。

4.连环性

信息资源的配置过程并不是孤立存在的，它往往与发生于其前后的配置过程存在逻辑目的关联性。就图书馆而言，图书馆通过书的征订、现场采购、邮购、复制等购入方式和交换、赠送等非购入方式进行资源配置的过程就是一个收敛配置的过程。接下来，图书馆需要对保管的文献资源在加工、整序的基础上进行排列、布局和组织，这是一个重组性配置过程。最后，图书馆要通过多样化的服务方式沟通信息资源和各类用户的联系，使信息资源能够充分地被用户消化和吸收，这是一个发散性配置过程。上述三个过程紧紧衔接，缺一不可。

5.时效性

信息资源所具备的时效性决定了在信息资源配置过程中，要善于把握时机，只有时机适宜，才能最大化信息资源配置的效益。当然，这里所谓的把握时机，并不是指越早投入，开发利用越好，而是要根据信息资源的特点和其投入利用带来的使用价值综合考虑，在合适的时间进行配置。

6.人工性

信息资源配置是一种人类活动，它的整个生命周期都离不开人的参与，可以说，信息资源配置人工性的特点是信息资源配置的前提和理论依据。

（二）信息资源配置的意义

信息资源是信息化社会的重要基础。随着信息技术的广泛应用，国民经济和社会信息化进程的不断加快，信息资源的作用日益显著，已经成为现代社会生产力的基本要素和重要的战略资源，与物质资源、能量资源一起构成现代社会发展的三大支柱。信息作为社会资源的流动和重新配置，必然会引起社会各要素之间的互动作用，激励相应的社会行为反应，引起物流运动和人的思维活动，从而创造出新的物质和智力财富。

1.提高社会效应，需要信息资源配置

信息资源的重新配置必然会引起相应的社会知识资源的改造和更新。由于信息的传播是不断转移新知识的传递过程，信息的流动会向缺乏这种资源的地区、社会或个人移动。这会使获得新信息的社会重新审视知识储藏，增加知识库存并推动知识向社会个体转移。尤其随着经济信息资源的加速分配，对社会生产活动也将会产生决定性的影响。

2.缩小国与国之间的数字鸿沟，需要信息资源配置

"数字鸿沟"是由对现代信息技术和信息资源掌握的多寡而造成的信息富有者和信息贫困者之间的鸿沟，是一种在信息技术普及的过程中呈现出的极不平衡的扩张状态，发展中国家与发达国家的差距很大。

目前，"数字鸿沟"正日益成为信息时代全球性的问题。中国也面临着很大的数字鸿沟。在社会信息化方面，中国同先进国家的差距是相当大的，还是一个数字化很低的国家，因此，我们有必要加大投入，进行信息资源的优化配置，缩小同先进国家的差距。

3.缩小中国区域间的数字鸿沟，需要信息资源配置

新中国成立以来，我国一直存在很大的城乡收入差距问题，互联网时代的城乡数字鸿沟问题是城乡经济贫富差距的延伸和反映。发展不平衡成为摆在我们面前的严峻问题。"公平的信息社会"是"和谐社会"的重要内容和有力保障。在经济全球化和社会信息化的今天，信息就是机遇和财富，没有信息的公平，就不会有发展的公平，更不会有社会的和谐。因此，进行信息资源的配置，优化信息资源配置就显得尤为重要。

4.提高用户的需求，需要信息资源配置

通信技术和计算机技术迅速发展的同时，也为图书馆界创造了一个全新的信息环境网络环境。网络环境给图书馆带来的影响是广泛而深刻的，使图书馆的资源基础突破了传统的"馆藏"局限而扩展到整个世界，从而极大地丰富了可提供服务的信息资源。

但是，由于网络信息增长迅速，没有统一的标准和规范，使得当前信息价值良莠不齐，存在状态多为无序性和不稳定性。这种变化无常、不稳定的网络信息给用户带来了诸多不便。因此，必须配置网络信息资源、调整网络、信息资源的分布和流向，以尽可能小的配置成本取得尽可能大的配置效益，即在网络建设的基础上，进一步规划不同"节点"和信息资源的重点、范围、类型、时间和数量分布，保证网络信息资源的全面性、针对性和及时性，最大限度地满足用户的需求，便于用户使用信息。

二、信息资源配置的原则

信息资源配置的根本目的是使全社会信息资源在公平的条件下得以充分地利用。可以说，信息资源配置对有效、合理、科学地利用信息资源，促使信息资源效用最大化，以及信息产业的可持续发展具有非常重要的意义。通常，在进行信息资源配置时需要遵循以下原则。

（一）效用性

资源效应最大化是整个信息资源配置过程中应该遵循的一个基本原则，尤其是在网络传输时代，要求信息与信息产品生产者，不断提高自身的水平，使其所生产的信息和信息产品在获利能力一定的前提下，降低成本。由于只有从信息生产者、信息传播者和信息利用者多方面考虑，才能真正体现效用最大化原则。因此，在强调"社会经济福利最大化"的同时，我们还应该强调信息资源的整体效应最大化。

（二）系统性

系统性主要是从用户研究需要的角度出发来考虑的，只有从时间、空间、数量各方面尽可能保持整个网络中信息资源的全面性、完整性，才能满足用户多方面的信息需求。目前，这一点主要是通过共享网络资源来实现的。信息资源共享实质上就是信息资源配置问题，要调整文献资源在时间、空间、用途、分类和数量上的分布关系，使其成为网络资源，才能满足更多的用户需求，取得最优的社会、经济效益。

（三）公平性

公平性主要是指在信息资源配置的过程中，要充分考虑全社会的信息资源利用者的权益。无论是何种类型、地位、层次等方面的用户，只有在公平的前提下才能有效地实现信息资源的获取与共享。

（四）快捷性

快捷性是指对信息资源进行配置时，不仅要考虑信息资源中的本体资源建设的系统性和科学性，同时还需要对信息传播所需要的基础设施等进行考虑。

（五）一致性

要使信息资源共享得以顺利进行，信息资源的开发、加工、标引的统一化、标准化是非常重要的。在制定标准时，只有与国际接轨才不至于影响全球范围内网络信息资源的交流和使用，当然这也是信息资源最终得以共享的根本保证。

（六）易操作性

由于无论采用何种标准与规范，对信息资源进行配置，都是要以提供利用为根本目的的。因此，在信息资源配置中首先要实现的一个很重要的问题就是信息搜集、信息资源组织、聚类、检索等标准规范的易操作性。

（七）发展性

网络信息资源有效配置是一项复杂持久的工作，是一个动态的、渐进的过程，社会发展、科技进步乃至信息网络空间的生成也是渐进的过程。只有将其与现代技术相结合，建立稳定的专业队伍，并有专门的资金支持，才能实施社会信息化、网络化进程，更新发展。

（八）增值性

增值性是信息资源的一个基本特征，在信息资源配置过程中，这种增值性应该体现在信息的多元利用方面，增加信息的整体价值。同时，这里还需要强调增值性，即在资源配置的过程中如何运用现有的信息资源，使其重新产生新的信息与信息产品，并成为信息资源的扩充。

三、信息资源配置的内容与模式

（一）信息资源配置的内容

信息资源在时间、空间矢量上品种类型、数量等方面的配置状况、特征和要求构成了信息资源配置的内容。

1.时间上的配置

时间是事物运动、变化的持续性的表现，时间具有一维性即不可逆性的特点。信息资源的时间矢量配置是指信息资源在时间坐标轴上的配置。信息资源在时间上配置的经济意义是由信息资源内容本身的时效性决定的。例如，一条及时的信息可能价值连城，使沉睡良久或濒临倒闭的经济部门复苏，而一条过时或过早的信息则可能一文不值，甚至在使用后产生极其严重的恶果。虽然信息效用的实现程度与时间起始点和时间段大小的选择密切相关，但不同的网络信息资源，其时效性大小和变化情况是不同的。

此外，还有些信息（如某些商务信息）资源强烈地受制于各种不定型因子的干扰和影响，表现出波动性和无规律性。有的信息表现为逐渐过时规律，有的信息表现为快速过时规律，还有些信息强烈地受制于各种不定型因子的干扰和影响，表现出波动性和无规律性。对于过时规律明显的信息而言，其在时间矢量上的有效配置目标的实现较为容易；信息资源有效配置的难点在于控制和协调无过时规律的信息在时间矢量上的配置，因为这不仅仅需要理论上的知识做基础，更需要有丰富的实际配置经验，是配置者多方面、高素质的完美结合。

2.空间上的配置

信息资源的空间矢量配置是指信息资源在不同的地区、不同的行业部门之间的分布，即在不同使用方向上的分配。由于信息资源存在着严重的不均衡性，其在行业、地理区域的信息量分布和网络技术水平上也存在着很大的差距，因此，要保证信息资源在空间上的合理配置就必须充分认识到国家经济发展在不同区域、不同行业的不平衡因素，有重点地配置信息资源。

按空间矢量配置信息资源就是要运用一切市场的、非市场的手段调节和控制信息资源在不同国家之间，以及同一国家内不同地区或行业部门之间的分配关系，目的是追求信息资源在按空间矢量配置后能产生最大化的社会福利。信息资源按空间矢量配置后所产生的社会福利的大小取决于多种因素。

3.品种类型的配置

信息资源在时间和空间矢量上的配置必然要涉及信息资源的品种类型。对于既定的信息资源系统，其规模的大小和服务能力的强弱应当综合性地以信息资源品种类型的多寡及其对用户信息需求的满足程度作为主要评判依据。

互联网是信息资源存在的主要形式，它所具备的开放特性使得任何入网者都可以在网上自由存放信息，并方便地获取网上信息。随着互联网上信息提供者和使用者的不断增多，必然会刺激大量冗余信息在无"主管"的网络上迅速地膨胀，而迅速膨胀的信息冗余又在网上形成了新的、巨大的信息干扰，它们或被重复配置，造成信息资源品种类型十分丰富的假象，或在真正的有共享价值的信息资源表面形成一层面纱，使人们难识其庐山真面目。由此可见，尽管当前信息资源品种类型很丰富，但其配置仍有相当大的难度。信息资源有效配置的目标仍然需要借助一定的市场或非市场手段经过艰苦的努力才能最终实现。

4.数量上的配置

信息资源的数量配置包括信息的存量配置和增量配置，总量配置和个量配置。

信息资源的存量配置是指按一定的原则和模式，通过不同的方法和手段，将业已产生的各种信息资源合理分布和存储在不同信息机构。存量配置主要表现为载体形式的信息资源的再配置，侧重于解决当前不合理的信息资源分布状况的调整问题，不考虑总体容量的增减，仅就现有信息资源在不同地区、行业和组织间进行流动和调剂。

信息资源的增量配置是指新增信息资源的配置问题，主要表现为配置经费的切分和调整，它意味着信息资源的总体容量有所增加，核心在于如何在不同地区、行业和组织间实现均衡配置。信息资源增量配置的经济意义在于它在应对千变万化的用户信息需要方面发挥了重要的作用。

在信息资源的数量配置中，解决存量配置的关键就是制定有关信息资源的政策法规，提倡信息资源共享观念、建立信息资源的定期申报和评审制度、确立信息资源的有偿调剂准则、建立网络信息资源存量配置信息系统等。解决增量配置的关键就是全面分析信息资源在不同地区、行业或组织的实际状况，预测信息需求的变化倾向及其在不同地区、行业或组织的差异，深刻理解和领会国家信息化的战略方针和重点，合理配置信息活动经费，加强信息资源的宏观调控等。

（二）信息资源配置的模式

信息资源分布的广泛性，致使信息资源配置工作也具有多样性，这就要求在对各时期、各地区、各行业组织配置过程中，为了达到最大配置效益，必须采用标准统一、互联互通、相互协调等资源配置模式，使信息资源能够顺畅地在不同领域间流动和交互，参与配置的主体应相互协作，形成一个有机结合的整体，即信息资源配置体系。

1.信息资源配置的目标模式

信息资源配置的目标模式包括观念思维全新化、组织专业集团化、配置手段多元化、运行机制灵活化、运作目标高效化等。

第一，观念思维全新化。对信息资源配置进行配置，需要按照市场经济的基本要求，从感性思维逐步过渡到理性思维，同时还需要逐步强化细腻资源配置的竞争观念、开放观念、可持续发展观念、科学决策观念和效益最大化观念。

第二，组织专业集团化。在信息资源配置中，要求配置主体以专业集团化的规模优势形成竞争实力和优势，从而扩大市场占有率，实现优势信息资源的优势配置。

第三，配置手段多元化。配置手段多元化要求根据市场情况和国家有关产业政策，既吸收市场机制配置手段的自动性，同时又借鉴政府计划配置手段的自觉性，并将二者有机结合起来。

第四，运行机制灵活化。进行信息资源配置时，需要依据市场机制的特点和规律，改革传统的供求机制、分配机制和奖惩机制，建立灵活高效的商业化运作机制。

第五，运作目标高效化。要达到信息资源运作目标的高效化，就需要按照专业化、集团化重组资源，并依据相应的手段来自动和自觉配置资源，实行灵活高效的运作机制。

2.信息资源配置的内容模式

信息资源配置的目的使信息资源为全社会所享用，从而获得最大的经济效益。

第一，信息主体资源。信息主体是信息化测度体系中一个很重要的指标体系。这里就以主体的概念来阐述信息主体资源，包括信息资源中的元资源（信息与信息产品生产者）、信息与信息产品中介者、信息与信息产品的主要利用者。

由于很大部分用户仍然是信息与信产品的生产者，因此，在资源配置过程中，可以仅局限于元资源，而不用完全考虑信息资源中的人力资源。

第二，信息本体资源。信息本体资源也就是传统意义上的信息资源，主要是资源库中具体存在的，当然也可以是传输的信息与信息产品。若将信息资源的本体资源以载体和传播途径划分，则可将其分为实体信息资源和虚体信息资源。

实体信息资源主要是指以纸介质、磁介质为载体，保存在一定物理空间中，供用户使用的信息资源；而虚体信息资源则是以磁介质等为载体，保存在不同物理空间中，通过计算机网络传播，以供利用的信息资源。

第三，信息表体资源。表体是与信息本体，信息主体相对而言的。信息表体资源主要是指信息与信息产品传输的资源。在网络环境下，研究信息资源的配置，必然会涉及信息、信息产品，以及资源流动的问题。因此，如何增加信息与信息产品的流量和提高流速，并能较好地控制信息流，就是研究信息的表体资源主要目的。

在信息资源配置过程中，除要考虑信息元资源、本资源和表资源的一般意义外，还需要研究元资源本资源和表资源中具体包含的内容，尤其是需要研究这些内容之间的内在逻辑关系。也就是说，既然信息资源包括元资源、本资源和表资源，那么就需要对这三种不同类型资源中的人力资源进行统一讨论。

3.信息资源配置的具体模式

目前，对信息资源配置的具体模式主要有集中型、分散型、多元型三种：

第一，集中模式。集中模式是一种行政管理式的职能型组织结构，倾向于高度集中的中央集权化管理，其体系内各信息资源开发服务机构相互依存，且在业务上相互补充。

由集中模式组成的体系对信息资源配置规划、计划、机构设置、人员与经费、业务范围等实施的是单一化的管理。其信息资源配置的各部门之间层次分明、相互协调，各自接受上级机构下达的任务，从而构成了有序的信息资源配置网络。

第二，分散模式。分散模式是一种以市场经济为依据的市场调节型组织结构。该资源配置体系内各单位之间是相互独立的经济实体。

分散模式体系使信息部门与信息用户之间的供求关系完全由信息市场的价值规律自行调节，形成竞争机制。由于国家对网络信息资源部门控制手段是通过政策、法规，以及必要的投资。因此，采用这种模式可充分发挥市场机制的调节作用，使信息市场充满竞争和活力。但是这种模式缺乏统一管理，容易导致重复建设和资源的浪费。

第三，多元模式。多元模式介于集中型和分散型之间，是一种具有双重效能的信息资源配置组织模式。其体系内各部门之间是相对独立的，但这些相互独立的部门之间又保持着协调发展，即各部门之间既有分工合作，又有平等的竞争。

多元模式既受国家统一指导、调控，同时在规划活动上又可以独立自主地开展工作。因此，在经费来源渠道上，既可以通过国家投资获得，又可以通过市场的多渠道获得，并且还可以通过市场调节，调整信息资源结构。由于多元模式的整个体系是由国家集中进行宏观管理的，在运作上受市场的分散控制，因此，整个信息资源配置活动可以持续、稳定、协调地发展，从而可以充分发挥整体效益。

四、信息资源配置的策略

（一）宏观调控，统筹规划

我国地区文献信息资源分布严重失衡，集中与分散的矛盾非常突出，例如，北京地区集中了我国科技文献的70%以上，而其余部分则主要分布在沿海地区大城市和省会所在地，内地的文献存储量很少。另外，各地区外文原版期刊的分布差别也很大，北京、上海、四川、陕西、天津、广东、辽宁、湖北和江苏9个省市，占全国外文原版科技期刊总量的92.4%，其他20个地区仅占其总量的7.6%。除此之外，各馆之间缺乏协调合作，存在严重的浪费现象。

针对上述情况，国家运用宏观调控手段制定目标与规划，各级政府的信息管理部门也应积极采取各种法律的、经济的、行政的手段加以实施，协调信息资源的配置方向和配置方式，保证重点和避免重复浪费，形成我国信息资源独有的特色，提高信息资源的总体效应和共享水平。

（二）加强科学管理资源，提高信息资源的利用率

科学管理是信息资源利用与配置的基本保障。一般而言，需要从宏观和微观两个层次对信息资源进行科学管理。宏观就是从大方向着手，解决存在的普遍问题；微观则是各图书馆情报部门研究、掌握各自部门内部各层次用户对信息资源的真正需求，合理引导各部门内部信息资源的流向，对实体资源和虚拟资源进行合理配置，科学管理。

网络信息资源作为当前信息资源的主要形式，其种类繁多，信息海量，结构复杂、良莠不齐，为用户的使用带来了诸多不便，因此，科学管理信息资源显得尤为突出。为了更好地利用网络信息资源，人们开发了搜索引擎。用户输入自己的检索式，搜索引擎自动将其存储在网上的一次信息特征进行匹配，将符合用户要求的信息记录以超文本的方式显示出来，供用户浏览。可以说，搜索引擎实现

了对网上信息的控制，在逻辑上序化和优化了网络信息资源，为利用网上资源提供了便利。

但是，搜索引擎的针对性不强，面向大众的资源覆盖面广，而面向科学技术的则相对较少，同时其检索结果中包含大量相关性很小的内容，用户必须花大量的时间进行剔除，检准率很低，且它们对资源不具有选择和价值判断的能力。为了满足用户专业性较强的深度的信息需求，图书馆、情报机构一直在寻求更高级的信息资源的组织形式。

第一，采用都柏林核心集元数据网上资源编目的方法，逐渐实现有用的所有载体文献信息有序化控制。目前，这一方法还有待进一步完善。

第二，建立学科资源库。图书馆可以组织专业馆员通过对网上信息的浏览，重点收集参考价值较高的信息进行加工、组织、分类标引，分门别类向用户提供如学术动态、科研成果、会议信息、电子论坛、科研论文等信息资源。

第三，组织专题资源库。首先，根据用户需求有针对性地做好选题工作，其次，确定某一专题信息的收藏范围和标准，最后，对收集到的信息进行去粗取精、去伪存真的查重、过滤和整序，并发布在网页上。

第四，建立重点学科导航数据库。重点学科导航库是以学科为单元对网络上的相关学术资源进行搜集、评价、分类、组织和序化整理，并对其进行简要的内容解示，动态链接学科资源数据库和检索平台，发布于网上。

总之，图书馆、情报部门要对本部门的信息资源进行科学组织管理，提供针对性强的、适时对路的信息，以供用户使用，提高服务水平，提高用户的满意率。

（三）加强信息技术的发展和应用

信息技术是现代化图书馆信息服务发展的技术基础，也是信息资源的有机组成部分。信息技术的基本功能包括信息的获取技术、信息的传递和存储技术、信息的分析处理技术，以及信息的标准化技术四个方面。信息技术的发展和广泛应用减少了人类的手工劳动，从根本上增强了人类的信息能力，提高了人类有效配置信息资源的水平，是信息资源有效配置最有力的支撑手段。

尽管目前我国的信息技术已经取得了很大的发展，但相比于发达国家还是比较落后，信息设备特别是计算机，远程通信设备等核心设备的社会普及程度低，大部分图书馆的现代化设备还比较落后，这些成了制约我国现阶段有效配置信息资源、加速发展信息化程度瓶颈。当前，我国应积极借鉴国外先进经验，加强信息技术的发展和应用，加大对图书情报信息服务机构的投入力度。

第三节　图书馆信息资源的整体布局

一、信息资源整体布局的基本原则

同其他资源一样，图书馆信息资源也有一个合理配置、合理布局的问题。信息资源的布局是指在实践、空间和数量三个方面的有效配置。时间上的配置是指信息资源在过去、现在和将来三种时态上的配置。信息资源的价值对实践具有很高的灵活性，即实效性强。信息资源的空间配置是指其在不同部门和不同地区之间的分布，即在不同使用方向上的分配。信息资源数量上的配置包括存量配置和增量配置，即对已有信息资源的配置和不断产生的信息资源的分布。

（一）适应国情原则

信息资源整体布局必须与我国的国情相适应，这是一条最基本的原则。只有立足于国情，信息资源整体布局才有坚实可靠的基础，才具有科学性和可行性。

第一，作为一个发展中国家。我国信息资源整体布局要紧密与科学、教育、文化事业及国民经济发展水平保持同步发展，并且要有一定的超前性，即必须走在教育、科学、文化事业的前面，当然也不能过于超越经济发展所允许的速度和规模，盲目追求高速度、大规模。

第二，长期以来，我国信息基础设施处于一个比较落后的状态，并且还将在相当长的时期内成为制约信息资源整体布局的因素之一。从这一国情出发，我们应该强调以区域发展为核心，建立地区性的信息资源保障体系。各个专业与系统的信息资源布局应融于全国或地区的信息资源布局之中，强化地区的信息资源合作。

第三，我国各个地区间的经济、科学、教育、文化发展不平衡，这种不平衡分布状况呈现出强烈的梯度差。因此，我们不能忽视原有的基础。应该在进行信息资源整体布局时，根据地区差异，按照地区文献需求梯度理论，让一些先进的、信息吸收能力强的地区和部门首先较多地获得国外最新的信息资料，通过他们的吸收和转化，逐步将先进的科学技术向比较落后的地区转移。要从实际需要出发，才能促进整体信息资源建设的发展。

（二）协调共享原则

信息资源保障体系是一个相互联系的整体，具有一定的层次性。由于组成这个体系的信息资源保障体系的各图书馆的类型、性质和任务不同，其信息资源的收集水平与服务内容则有所不同，任何一个图书馆、信息机构的信息资源都是有限的, 不可能满足社会所有的信息需求, 因此必须加强联合, 协调发展。

我国在信息资源整体布局中采取了地区协调和系统协调的方式。地区协调, 是指在一定区域范围内, 由各系统、各类型图书馆和信息机构参加的横向协调活动。一般由地区综合性协调组织领导, 根据本地区发展的实际需要进行统筹规划和合理布局, 建立区域信息资源保障体系。系统协调, 是指在同一系统内进行图书馆和信息机构之间的信息资源协调建设。它在系统内部建立起自上而下的组织协调与业务协调关系, 统一部署, 统一布局, 根据学科和专业发展的实际需要, 构建协调补充、互为利用的信息资源保障体系。

(三) 需求导向性原则

信息资源整体布局的最终目标是要达到资源的共享, 最大限度地满足任何社会成员对信息资源的需求。因此, 以需求为导向是信息资源整体布局所要遵循的重要原则。

信息资源的整体布局必须抓住当前最为迫切、最有实效的领域, 一切以需求为导向, 有条不紊地进行。就我国当前形势而言, 仍然存在一定的地区差异, 地区发展不平衡, 但我们不能盲目地以信息资源数量的平衡来衡量地区发展的水平。而要根据不同地区、不同系统、不同层次的发展需求, 从最迫切的信息需求和最有可能取得实际效果信息服务内容入手, 统一规划, 协调发展, 并充分运用新技术的发展培育新的需求。此外, 信息资源整体布局还要与社会的信息需求规律相符合, 针对信息需求的规律, 用不同的文献保障层次来满足不同的信息需求。

(四) 效益原则

效益原则要求在进行信息资源整体布局时, 充分考虑到经济效益和社会效益。经济效益主要体现在文献资源收藏的完备性、信息资源的利用率, 以及单元信息利用的消耗上等方面。在投入相对稳定的条件下, 能尽可能地提高文献资源收藏的完备程度, 并最大限度地利用这些资源, 最大限度地满足用户的信息需求。通过合理的规划与协调, 减少重复建设, 满足地理分布的合理性, 方便对文献的利用。社会效益是指建立了优化的信息资源整体布局, 实现信息资源的共享, 并充分利用信息资源对社会的发展和进步产生的影响。社会效益难以用具体的准确的数据来衡量, 但它的影响却不容忽视。

总之, 经济效益和社会效益并重, 是建立优化的信息资源整体布局的一个重要原则。

二、信息资源整体布局的作用

信息资源整体布局是信息资源共享的重要前提, 也是提高信息资源保障能力的有效措施。自20世纪90年代以来，我国国家信息化建设进入快车道，金桥、金关、金卡等一系列重大信息工程取得巨大进展的前提下。信息资源作为社会资源体系的重要组成部分，其建设与分布状况直接关系到国家信息化发展的程度，此时实施信息资源整体布局是非常必要的。

信息资源整体布局的作用主要体现在以下几个方面：

第一，充分有效地利用与协调各地区的信息资源，更好地为我国现代化信息建设服务。

第二，促进信息资源的共建与共享。

第三，加强各个信息机构、图书情报系统之间的联系与合作，形成多层次、多功能的信息资源体系。

第四，减少重复建设，提高信息资源建设的经济效益。

第五，缩小地区信息贫富差距，促进边远地区、落后地区的发展。

总而言之，信息资源整体布局的理论研究与实践，对我国的信息化建设具有深远的战略意义和现实意义。

三、我国信息资源整体布局的模式

经过许多学者的探讨，人们将信息资源整体布局的模式总结为集中控制型、分散控制型和等级结构控制型三种理论模式。

1.集中控制型模式

集中控制型模式是建立一个具有绝对权威的信息资源管理与控制机构，对各类型图书馆和信息机构进行统一指挥，集中调度。这种模式的关键在于建立集中决策机制，充分发挥整体的系统功能。

2.分散控制型模式

分散控制型模式由若干分散的图书馆和信息服务机构共同承担信息资源建设的任务。这种模式的核心是充分调动各图书馆和信息机构的积极性，从整体的利益出发，正确处理局部利益与整体利益的关系。

3.等级控制型模式

等级控制型模式是逐级建立信息资源保障系统，并通过系统间的协调与合作，优化信息资源结构，形成相互依存、共同发展的共享体系。这种模式的重点是建立系统间的互动与联动机制，注重图书馆和信息机构之间分工与协调，以保障信息资源的整体功能得到最充分的发挥。

等级控制模式能够建立系统间的隶属关系，既便于信息资源建设的协调和控制，又拓展了信息资源利用的范围，是我国信息资源整体布局的最佳选择。目前，我国在等级控制模式理论的基础上，又提出了信息资源整体布局的三级保障体制，即第一级是建立国家信息资源保障体系，包括全国信息资源的协调与控制，制定国家信息资源发展政策和规划等任务；第二级是建立地区信息资源保障体系，承担区域的信息资源协调与合作任务，积极调动本地区图书馆和信息机构的信息资源，满足大部分本地用户的信息需求；第三级是建立省（市）、自治区各种类型图书馆与信息机构的信息资源保障体系，通过信息资源的组织与布局，最大限度地满足用户的信息需求。

我国信息资源整体格局已经初步形成，具体的实施内容如下：

中国高等教育文献保障系统："211工程"中两个公共服务体系之一，建设了文理、工程、农学、医学四个全国文献信息中心，华东、华中、华南等七个地区中心和一个东北地区国防信息中心，并开展了多种服务。目前，CALIS各成员馆建设了一批特色数据库，联合购买了一些国外著名的数据库，并提供给成员馆联机使用。

国家科技图书文献中心：由中科院文献情报中心联合中国科技信息研究所等八个科技信息机构共同组建。同时，还建立了国家科学数字图书馆，在其数字信息服务的平台上，我们看到联合服务系统（包括联合编制系统、馆际互借系统、读者网上服务系统和联合采购系统）和海外图书采购系统等几个模块，构筑并支撑科学研究和国家创新体系建设的开放、联合的信息服务体系，提供一站式检索、网上借阅、网络参考咨询、信息推送服务、网络定题服务等。

与此同时，地区内跨系统的信息资源协作网也开始投入建设，如上海市文献信息资源共建共享协作网成功地实现了区域文献信息资源的采购协调、联机联合编制、计算机网络和数据库建设、馆际文献的互阅与互借、网上信息资源共享等方面的共建共享。广东珠江三角洲地区建立了珠江三角洲公共图书馆网络，实现集中编制和联机检索，提供远程服务。同时，广东地区高校系统也建立了广东高校图书馆文献信息网络系统（NULG），并与CERNET和互联网相连，在全省高校范围内实现信息资源的整体化建设。

第四节　图书馆信息资源的整合

一、信息资源整合概述

信息资源整合属于宏观意义上的信息组织。"整合"作为术语最先在数学和物理学中，表达部分与整体的关系。20世纪80年代后，在文学、社会学、心理学、生物学、哲学等学科中也出现了"整合"。在不同的学科中，"整合"的含义是不同的。在"信息资源整合"中的"整合"包括了综合、融合、集成、整体化、一体化等。信息资源整合是由于社会步入信息化、网络化数字化时代，数字信息资源大量出现，各种数据库大量产生，各种类型的网络资源检索工具层出不穷，数字图书馆日益增多的缘故。

（一）信息资源整合的含义

信息资源整合是信息资源优化组合的一种存在状态，它是在符合一定条件的前提下，根据一定的需要，对各个相对独立的已经实现了一定程度有序化的信息系统进行融合、类聚、重组，重新构成一个新的效能更好、效率更高的信息资源体系的发展过程和结果。

经过信息资源整合后而形成的信息资源体系，既可以是逻辑的，也可以是物理的。物理的信息资源体系是指除各成员信息系统拥有自己的数据库系统以外，整个信息资源体系还拥有一个中央数据库，为各个信息系统所共享；逻辑的信息资源体系中不存中央数据库，它只是各个信息系统整合以后的逻辑意义上的统一表达。

信息资源整合活动一般是在信息资源组织发展到一定程度后才能够进行的。信息资源整合是宏观意义上的、横向的信息资源组织，它所强调的是单个信息系统之间的横向联系，信息资源之间的融合重组，以及整体之间的资源共享。

（二）信息资源整合的必要性

由于对于信息资源的开发和利用长期以来往往都有独立的信息资源组织方法、检索系统和发布系统。它们彼此独立，各自为政，缺乏交流，造成信息资源环境整体分散无序的状态，但用户的信息需求又呈现多样性、复杂性的特点，这就给用户检索和利用信息资源带来不便，具体表现在：

第一，缺乏交流，各信息系统收录的信息系统资源存在交叉重复，影响用户对信息资源的选择与获取。

第二，标准不同，导致了检索途径和方法的差异，再加上不同的检索软件，风格迥异的检索界面，用户面临不轻的学习负担，造成精力与时间的浪费。

上述两方面表明，如果不对信息资源进行合理有效的整合，必然使用户陷入不得门径而入的困惑境地，这与以用户为中心的信息服务原则背道而驰，也严重影响了信息资源的有效利用。因此，深入研究与解决信息资源整合问题是十分必要的。

此外，我们还可以从信息资源整合带来的作用进一步说明信息资源整合的必要性，信息资源整合实现了不同信息系统之间的沟通，揭示了相关信息资源之间的关联，为用户获得高质量的信息资源提供方便；整合后的信息资源体系囊括了各个独立信息系统的信息资源，并且拥有风格一致的用户检索界面，用户无须在不同的信息系统之间来回切换，节约了时间，减轻了学习负担，也一定程度上提高了信息资源的利用率和检索效率；信息资源整合促进了信息资源组织过程中整合意识的形成，推动信息资源组织标准化的进程。

（三）信息资源整合的目的

对于信息资源组织的目的，我们可以总结为：为了实现信息环境自局部有序化到整体有序化转换。具体包括以下内容：

第一，减少信息资源的混乱程度。各个独立的信息系统之间存在着内容交叉重复，或拖沓冗长，关联程度低等问题，这就在某种程度上造成了信息资源的混乱。通过信息资源整合，就可以在原有的各个信息系统的基础上进行信息资源的融合、重组，形成一个新的、有序化的信息资源体系，减少了信息资源的混乱程度。

第二，加强信息系统与用户的联系，提高信息资源利用率。原有的各个独立的信息系统之间所存在的差异造成了用户信息检索的不便，使用户面临沉重的学习负担和时间浪费，因此，要求在原有信息组织的基础上，根据用户的需要，以及信息系统之间的差异，疏通信息渠道，提高各个独立信息系统与用户的接触率，进而提高信息资源的利用率。

第三，节约社会信息活动的总成本。信息资源整合节省了广大用户穿梭于不同的信息系统之间所造成的时间和精力耗费，从而提高整个社会信息活动的效率。

当然，信息资源整合后，可能会限制各个独立信息系统强大的个性化检索功能的发挥。但这绝对不是信息资源整合的目的，随着信息资源整合理论与实践的不断深入发展，这些局限性会逐渐被克服。

（四）图书馆信息资源整合的背景

随着数字图书馆的出现，人们猜测未来的图书馆发展方向将是复合图书馆，即"实物馆藏+虚拟馆藏"形式，且两者构成相互联系的有机整体，不能割裂开来。

实物馆藏是长期以来图书馆的主要形式，其组织、技术与方法都趋于成熟。在计算机技术与自动化技术的促进下，图书馆对信息资源的组织由手工阶段向自动化、现代化阶段转变。但是，由于受到图书馆性质、任务和经费等条件的限制，馆藏信息资源还需要以馆际合作、资源共享的模式来扩大信息资源的来源，以更好地满足用户的信息需求。而实际上各个图书馆在信息资源的组织过程中，各自为政，彼此之间的编目条例、著录格式存在一定的差异，产生的书目数据只能局限在本系统使用。在这种情况下，对不同图书馆之间的书目信息资源进行整合就提上了日程。

除了实物馆藏外，虚拟馆藏也是图书馆资源的重要组成部分，这些虚拟资源数量大且相当丰富。它们以数字化的形式记录，存贮在网络，计算机，磁、光介质以及各类通信介质上，用户必须通过计算机网络通信方式进行访问。目前，图书馆的这类数字资源主要包括数据库、电子期刊、电子图书三种。其中，数据库是图书馆数字资源的主体部分，既有联机数据库，也有网络数据库，从数据库的内容来看，全文数据库是数据库发展的方向，目前这类数据库已逐步在概念上脱离源数据库，日益成为一种独立的电子资源类型。电子期刊有两种类型：一种是印刷型期刊的电子版，以印刷型期刊为底版，内容大致相同；另一种是严格意义上的电子期刊，即期刊从投稿、编辑、出版发行到订购、阅览都是通过网络实现的。在图书馆的书目数据库中，每种印刷型期刊的书目信息构成一条记录，只能实现到刊名信息的检索；而在电子期刊中，每篇期刊论文就是一条记录，可以实现到篇名信息的检索。电子图书大多都是对已出版图书进行电子化，电子图书没有统一的格式，阅览不同格式的电子图书，需要下载安装相应的专门阅读浏览器，且这些电子图书馆的阅读浏览器是互相不兼容的。关于电子图书的检索，目前市场上普遍实现的是到书名的查询。同电子期刊一样，图书馆对电子图书的收藏也主要是通过购买一定期限的使用权实现的。

二、信息资源整合的基本原则

信息资源整合的原则应是对全局和整个整合过程都起指导作用的准则。信息资源整合应遵循的原则主要有五个方面。

（一）前瞻性原则

信息资源整合的前瞻性原则就是要求立足现在，放眼未来，即在进行信息资源整合的过程中，不仅要从信息资源机构未来的发展需要出发，用前瞻性的眼光，采取各种方式方法调整现有的信息资源结构，使其更加科学合理，同时还需要最大限度地开发现有的信息资源，使其得到充分的利用。

需要注意的是，坚持前瞻性原则也需要根据国家、地区、系统，以及本单位信息资源的实际情况，对信息资源整合重组，以达到提高信息资源的利用率，促进信息资源的开发，满足社会复杂的多样化需求。

（二）特色化原则

受到地缘、业缘等关系的影响，信息资源机构所收集到的信息资源大都是经过长期积累，并具有其特色的资源。因此，在进行信息资源整合过程中，一定要注意优先开发本单位有特色的信息资源，如地方特色、专业特色、类型特色、文种特色等，充分重视这些资源优势和特色；在信息资源整合项目的选择上要分清主次，突出自己的重点和特色，在信息资源整合的方式、方法、技术手段上要鼓励创新，形成自己独特的方法、技术。

（三）效益性原则

信息资源整合必须讲求经济效益和社会效益，要求对信息资源整合追求以最少的投入得到最多的产出。信息资源的整合过程，也是信息资源的再次增值过程，因此能带来一定的经济效益。此外，信息资源整合还需要创造良好的社会效益，促进整合意识的形成，提高人们的信息意识和信息素养。

（四）需求导向原则

信息资源整合并不是盲目的，而是有针对性、有目的的，它从用户对信息资源需求的角度出发，以适应新形势对信息资源机构的新要求。信息资源整合应该遵循用户导向和需求导向原则，开展用户信息需求调查和分析，并把它作为开展一切工作的出发点。如果整合后的信息资源体系给用户有效利用信息资源带来障碍，那么信息资源整合就失去了意义。当然，需求导向并不意味着被动迎合用户的需求，还应积极主动地去培育用户的新需求，使信息资源得到更充分的利用。

（五）安全性原则

信息资源机构在进行信息资源整合过程中，所需要遵循的安全性原则如下：

第一，注意对信息资源载体的保护。

第二，树立产权意识，在开发信息资源时不损害所有者的知识产权。

第三，有保密意识，在信息资源整合中不泄露国家或单位的有关机密。

第四，要注意对用户乃至公众精神的保护，开发健康、有益的信息产品与信息服务，避免给用户和公众带来信息污染和消极影响。

三、信息资源整合的层次与方式

在具体的信息资源整合实践中，并非所有的信息资源整合都在同一水平上进行，而是呈现多层次性。根据不同的划分标准，信息资源整合具有不同的层次结构。这里所涉及的信息资源整合层次划分标准是按照信息资源整合对象的加工深度进行的，并且采纳龚亦农先生用于三个层次的称谓。

（一）表现层的信息资源整合

信息资源在表现层的整合主要是针对信息源进行的。它在一定标准的前提下，为分布式存在的信息系统的信息源提供了逻辑组织和导引。由于信息源即信息的来源通常是以链接的形式表现的，因此表现层的信息资源整合就表现为按照一定的逻辑主线，对各种不同的信息系统的链接进行排列组合，从而构成"信息地图"。这里的逻辑主线也就是信息系统地址排列组合的标准，可采用的逻辑导引的标准有资源类型、学科主题、字母顺序等。用户在一定的标准指引下，能够方便地从汇聚了多样化的信息资源体系中快速定位到目标信息系统，从而发挥信息资源体系的指南或导航作用。

这种整合方式多用在具有指南或导航性质的网站或网页中，其类型比较丰富，有综合性质的信息系统指南或导航，也有专业性质的、地区性质的。实现信息资源表现层的整合，其技术和方法相对比较简单，只要在同一个网站或网页中创建所有信息系统的地址链接，并根据一定的标准将这些链接进行有序化排列，便可勾勒出一幅信息资源地图来。当然，为了方便用户的使用，创建人性化的用户界面、加入信息系统的内容介绍和引导用户的详细说明也是非常必要的。为了确保信息资源的时效性，链接地址还需要及时更新和维护。

元搜索引擎被称为搜索引擎之上的搜索引擎，其所采用的也是信息资源表现层的整合方式，它将多个搜索引擎集成在一起，提供统一的检索界面。此外，指引数据库也属于信息资源在表现层的整合，它首先对数据库等信息系统进行集中、分类、整理，然后再以主题树的形式指引用户利用。

从上面几种信息资源表现层的整合方式来看，信息资源表现层的整合还只是信息资源整合的初级形态，它整合的对象还只是停留在信息源的层面，确切地说是各独立的信息系统的地址等信息，而没有触及信息系统的内容和检索层面。然而，存在即为合理，表现层的信息资源整合之所以深受特定用户群的欢迎，与它汇聚了经过人工选择的多种信息系统，不仅数量齐全，而且形成逻辑体系，起到良好的导引作用，极大地方便了用户在大量相关的信息系统中发现和选择符合自己信息需求的目标信息系统是分不开的。当然，这种表现层的信息资源整合对信息资源的加工深度是有限的，因而提供给用户的导引作用也是有限的。

（二）应用层的信息资源整合

信息资源在应用层的整合主要是针对信息系统的内容及其易用性进行的。为了从互异的各个信息系统中获取满足用户需求的信息资源的元数据和数字对象本身，首先需要构建中间访问层。应用需求不同，中间访问层的构建方式也存在差异，但其大体上的构建原理却是大同小异的。

1.Agent机制

Agent是一种具有局部决策能力的技术，可以实现与终端用户、资源以及其他Agent的交互。基于Agent的方法通常使用三种类型的Agent，即用户Agent、中介Agent和资源Agent。其中，用户Agent向用户提供一致的接口，接受用户输入的检索请求并转换成内部所使用的语言，交给合适的中介Agent；中介Agent负责与用户 Agent、信息 Agent 以及其他 Agent 的交互，根据用户提交请求的形式和内容，选择合适的资源 Agent，并将请求发给资源 Agent；资源 Agent 负责实现对异构的信息系统的检索，并对检索结果的数据进行包装，以隐藏各个信息系统之间的异构性。

2.中介方法

中介方法是指利用一个称为中介层的构件为各个信息系统提供一种通用的数据模型和检索界面，并使用包装层隐藏各个信息系统之间的异构性。

元搜索引擎作为一种应用层的信息资源整合方式，也是通过中间访问层来实现对各个成员搜索引擎的调用。其基本的实现原理是：当一个检索请求到来时，元搜索引擎按照各个成员搜索引擎的检索格式做相应的转换之后，再分发给各个成员搜索引擎，各个成员搜索引擎返回结果后，元搜索引擎对检索结果进行归并、选择、排序等处理，最终通过统一界面输出给用户。一个真正的元搜索引擎是由检索请求提交机制、检索接口代理机制和检索结果显示机制三个部分组成。其中，检索接口代理机制是实现对成员搜索引擎调用的关键，作为一种代理机制，它必须具有较强的字符和转换功能，使用户的检索请求为具有不同语法特点的成员搜索引擎所认知和接受。

通过应用层的信息资源整合，用户可以实现在统一化的界面中，对各个异构的信息系统的内容进行"一站式"的检索与利用，提高了对信息资源的利用率。但是，需要注意的是，在新的信息资源体系中，各个信息系统之间只是一种松散的整合关系。同时，整合后形成的这个信息资源体系并不拥有各个信息系统，而只是"调用"各个信息系统的内部资源，各个信息系统在某种程度上制约着整个信息资源体系。

（三）元数据层的信息资源整合

元数据层的信息资源整合是从信息资源组织的源头对信息资源进行比较彻底的整合，是整合程度最高的一种整合方式。其基本的整合过程，就是使各个信息系统采用的元数据格式在事实上趋于一致或者相互之间通过元数据互操作能够相互转换，进而实现各个信息系统之间事实上趋于一致。这样，再将它们整合到同一个信息资源体系中就变得相对容易了。

这里，各个信息系统之间事实上的同构指的是整个信息资源体系采用统一的元数据格式。一般是事先基于共同遵循的标准，构建各个信息系统及其内部资源，并采用统一的元数据格式描述信息资源。而各个信息系统之间形式上的同构则主要指各个信息系统之间能够实现互操作，并允许存在异构性的各个信息系统之间能够通过某种转换机制取得形式上的一致性。

实现各个信息系统之间事实上或者形式上的同构是目前元数据层的信息资源

整合的两种表现方式。这种方式大大减小了各个信息系统间异构性所带来的负面影响，基本实现了统一化、无缝化的高度整合。然而，就目前而言，元数据层的信息资源整合也存在一定的问题。第一种整合方式在为各个成员提供全面的互操作性时，要求每个成员也必须为此付出代价，而且由于成员之间趋同程度较高，也就相应地减弱它们的个性化发挥余地。因此，其对商业化经营运作吸引力不大。第二种整合方式，进行无数据互操作实现不同元数据格式之间的相互转换的过程中，也会对整个信息资源体系的数据存储造成一定的压力，同时大大增加了其维护的成本。

第五节　中文图书与期刊的信息资源建设

一、中文图书信息资源建设

（一）我国中大纸质图书出版业的变化与发展

1.出版业的发展与动态

总体而言，我国中文纸质图书出版机构数量倍增。1978年，我国出版社（不含港澳台）只有105家，到2011年，全国共有出版社（不含港澳台）580家（包括副牌社33家）；其中，中央级出版社220家，地方出版社360家，出版社的数量增长了5倍多。为适应社会主义市场经济的需要，我国许多出版社的出版以一个或几个专业的图书为主，同时兼有其他学科、专业的图书，如地震出版社除有关地震方面的图书外还出版如股票、期货、营销等方面的经济类图书，以及励志、休闲、生活类的图书。而大型专业出版社更是全面发展，逐渐形成各类图书均有出版的态势。如电子工业出版社原是以出版电子学、电信技术、电工技术、自动化技术、计算机技术等工业技术类图书为主的出版社，现今已发展成为出版几乎各类图书，除电子、电工、计算机等工业技术类图书出版较多外，社科类图书出版面也较广，如心理学、伦理学、统计学、管理学、营销学、会计学、物流学、平面设计、摄影等艺术类图书以及语言、文学等类目图书。再如科学出版社，该社原是我国最大的科技类图书出版综合性出版社，现今已发展成人文、社科、自然科学均有出版的综合性出版社，但科技类图书还是占多数，约占年出版总数的77%，而人文、社科类占23%。有的大塑科技类出版社科类图书较多，如人民邮电出版社2011年出版的社科类图书所占的份额为38%，其出版围书数量较大的类别依次为计算机类、经济类、电子学、电信技术和艺术类。其余各类均有涉及，同时各类图书无论是社科类还是自然科学类的出版较为均衡。化学工业出版社原是一家以出版化学化工类图书为主的中央级出版社，现今发展成社科、自然科学各学科门类均有出版的综合性出版社，其社科类图书出版所占的份额稍小些，约为17%，而在科技类图书出版面拓展得很宽。例如，农业类图书原先主要由农业类出版社出版，现今化学化工出版社年出版农业类图书数量仅次于中国农业出版社，已位居全国第二。总之，在市场经济体制下，尤其是出版社改制后，出版社的创造力被大大激活，图书出版面也大大拓宽。除上述提到的出版社外，机械工业出版社、中国建筑工业出版社、国防工业出版社、石油工业出版社等出版社也全方位拓展业务，出版了大量各类优质图书。

2.各类型出版机构图书出版动态

（1）少部分专业出版社坚持出版本专业图书

少部分专业出版社恪守出版社的出版原则，坚守自己的出版阵地，始终如一地出版本专业图书，其出版的图书专业性强、学术价值高。如地质出版社2011年出版许多有关全国重大地质灾害、国土资源形势分析、城市环境地质调查、地震波理论、地下水动力学、构造地质学、环境与工程地球地理、矿产勘查学、裂谷盆地火山活动与油气聚集、沙漠风积砂岩土力学特性、三维地质建模方法及程序实现、岩石矿物分析、中国生态环境问题等诸多学术性强、品质高的专业图书。又如法律专业，有法律出版社、中国法制出版社、知识产权出版社等，其出版了大量有关中华人民共和国合同法、婚姻法、金融法、劳动合同法、民事法、能源环境法、商务法、食品药品法、卫生法、刑法、刑事法、行政法、行政强制法、证券期货法，以及旅游法学、公益法学、律师艺术学、律师法学等方面的法律图书，还出版了大量国外法律研究方面的图书，内容涉及法国民法外观理论研究、德国联邦最高法院商事判例译评、法学前沿问题，外层空间法前沿问题研究、司法的创新与发展、审判前沿、城市与社会管理立法、金融法治前沿等方面。再如测绘专业有测绘出版社，专门出版有关测量学、城市地形图的持续更新方法、大地测量学、地图设计与编绘、地图制图学与地理信息工程学、空间大地测量学中大气折射理论等十分专业的图书。气象专业有气象出版社，专门出版诸如大气科学、大气涡旋动力学、地面气象观测、恶劣空间天气事件、荒漠生态气候与环境、黄河环境与水患、气候变化与中国极端气候事件图集、气象信息系统、气象哲学、强对流天气分析和预报、天气预报技术与方法、突发气象灾害应急管理研究与实践等气象专业或跟与该专业密切相关的图书。医学专业的出版社有人民卫生出版社、人民军医出版社、中国中医药出版社、中国医药科技出版社等，都是专门出版医学方面的图书，只不过出版的方向、范围有所差别而已——人民卫生出版社、人民军医出版社出版的出版物较为全面，而中国中医药出版社、中国医药科技出版社的出版面则较窄。人民卫生出版社出版有组织胚胎学、主动脉疾病、传染病学、虫类药剂的应用、皮肤病治疗学、情志病学、龋病学、肿瘤血液病理学、中医诊断学、中医养生学、中医外科临床技能、中医内科学、中药炮制学、中华影像医学、中国心律学、中国推拿治疗学、运动损伤的预防、应急护理学、移植学、医院管理学、医学文化学、医学美学、医学沟通学、药物毒理学等方面的图书。人民军医出版社出版有眼科学、药学、超声医学、儿科护理学、儿童药膳、妇产科护理、肝门静脉高压症外科学、肝脏肿瘤外科学、骨关节功能解剖学、骨质疏松症影像学、护理伦理学、护士修养与护理艺术、激光美容外科治疗学、甲状腺病理诊断、颈椎病、老年护理学、中国肛肠病诊疗学、中西医结合眼底病学、中医男科临床治疗学等方面的图书。而中国中医药出版社主要出版有针灸学、中药学、中华眼针、针刀医学临床研究等方面的图书；中国医药科技出版社主要出版有中药鉴定学、中药化学、制药工程、药物分析、药剂学等方面的图书。美术专业有人民美术出版社以及地方美术出版社如广西美术出版社、山东美术出版社等，其中人民美术出版社出版的美术图书类别较为全面，如出版有艺术概论、名家画集、中外美术史、艺术效应与视觉心理、绘画技法、书籍的封面设计、包装设计、广告设计、产品设计图学、风景装饰设计等；而广西美术出版社、山东美术出版社等地方美术出版社图书出版面较窄，包括字体设计原理、漆画作品、图形设计、速写，如苏轼、黄庭坚的行书，王羲之、王献之、颜真卿和柳公权的行草书等。

（2）中央级出版社、大学出版社学术性图书出版较多

中央级出版社出版的图书学术性较强，学术性图书出版数量也大。学术图书是指反映本学科的最新研究成果及前沿研究状况和发展趋势，对本学科领域具有较大影响或推动作用的学术性著作。依此界定，较之于其他出版社，中央级出版社、大学出版社、专业出版社出版的图书学术性较强。这些出版社出版的图书都是有关学术前沿问题和社会热点问题。如法律出版社出版的《国际商事合同通则法律功能研究》一书，是目前国内外第一本有关该方面的专著。它以《国际商事合同通则》的法律功能为视角，站在大国际私法的立场，剖析了《通则》法律功能的立法实践和司法实践，是法律专业实践性极强的一部不可多得的好书。法律出版社还出版了外层空间法前沿问题研究、审判前沿等图书，这些都是代表法律方面前沿领域的高品质图书。这类高品质的出版社有人民出版社、人民交通出版社、人民军医出版社、人民美术出版社、人民日报出版社、人民体育出版社、人民卫生出版社、人民文学出版社等，这些出版社大多于新中国成立初期成立，具有较深厚的文化积淀，多次被评为优秀出版社。学术水平最高的出版社当属科学出版社，该社出版的无论哪个类别图书的学术性都是最强的，尤其是自然科学方面的图书，其每年出版的科技学术著作占全国同类书的12.5%。此外，科学出版社出版的有关社会科学方面的图书也颇具新意，如《数字政府》，该书运用案例分

析、公众与政府官员的问卷调查、电子邮件反应测试、预算数据和加权分析等方法，对电子政府的运作、效果和影响因素进行了迄今为止最为完整的研究，揭示了技术、社会、政治和经济因素对电子政府发展的影响，因此，该书颇具时代感。再如《中国特色管理学》一书，该书是一部探索中国特色管理，试图建立中国特色管理理论体系的著作，因此特色鲜明，具有创新性。目前，我国中央级出版社，是高质量纸质图书的出版源，图书馆中文纸质图书文献信息资源采访必须首先关注这些出版社的出版动态。

除这些中央级出版社外，大学出版社出版的图书学术性也是极强，尤其是国家重点大学出版社。这些出版社年出版图书数量大，学术水平高，如北京大学出版社、清华大学出版社、浙江大学出版社、南京大学出版社、复旦大学出版社、武汉大学出版社、华中科技大学出版社等。虽说它们都是综合性大学，但多数以出版人文、社科类图书为主，如北京大学出版社、浙江大学出版社、南京大学出版社、复旦大学出版社、武汉大学出版社等出版的图书大多为人文、社科类。北京大学出版社出版的人文、社科类图书约占年图书出版总量的84%。而以出版科技类图书为主的大学出版社较少，其中著名的出版社有清华大学出版社、华中科技大学出版社等。清华大学出版社出版的科技类图书占较大比重，约占年出版总数的71%。目前我国大学出版社数量约占出版社总数的17.8%，因此图书馆也要特别关注大学出版社的图书出版动态。

（二）中文图书资源出版特点

1.我国中文纸质图书资源出版特点

中文纸质图书是图书馆信息资源建设的重要内容之一。数字信息环境下，中文纸质图书出版数量不仅没有减少，反而逐年增加。2006年至2011年中文图书年均增长率为8.96%，其中2011年增幅最大，为12.53%。2011年中文纸质图书出版量高达369523种，除去课本78281种，图片883种，共有图书290359种，其中新版图书19万种左右。图书供应商提供的自编采访书目及新华书目报"三目"征订书目收录了全国众多出版社适合图书馆藏书的采访书目，是图书馆日常采访工作的主要工具，其具有广泛性和可操作性且具有实际意义，从这些书目的统计情况来看，中文纸质图书出版具有如下几大特点：

（1）各类图书出版数量悬殊甚大

从2011年中文纸质图书出版情况看，中文社科类图书出版量较大，约占图书出版总量的59%，自然科学类图书约占出版总量的41%。2011年中文社科类图书数量最大的是经济类图书，占社科类图书年出版总量的22.63%。人文、社科类图书出版数量较多的还有文学类图书，为15.83%，政治、法律类为12.17%，历史、地理类为9.83%，语言类图书为9.26%，哲学类图书为9.12%，余下的3个社科类图书均不足1%。2011年自然科学类图书年出版量最大的是工业技术类图书，其次是医学类图书，其分别占科技类图书年出版总量的58.18%和19.23%，其余各科技类图书大多在6%之下，有的还在1%之下。

（2）多数类目的图书出版出现"长尾现象"

从2009年中文农业类纸质图书的出版情况看，存在着明显的"长尾现象"，而2011年中文农业类纸质图书的出版同样存在"长尾现象"。出版农业类纸质图书有159家，年出版农业类图书2850种，但绝大部分的图书高度地集中在中国农业出版社、化学工业出版社、科学出版社、中国农业科学技术出版社、中国林业出版社、中国农业大学出版社、金盾出版社等出版社，其年出版量占农业类图书出版总数的63.43%，29家出版社年出版图书在10~60种之间，122家的出版社年出版图书在10种之下，其中54家出版社除农业类纸质图书出版出现"长尾现象"外，科技类其他类目图书同样也存在"长尾现象"，如生物科学类图书，2011年共有113家出版社出版生物科学类图书，年出版量1753种，出版量最大的出版社有科学出版社、化学工业出版社、上海科学技术文献出版社、高等教育出版社，其年出版量占生物科学类图书出版总量的55.39%；海洋出版社、人民卫生出版社、中国林业出版社、北京大学出版社、上海科学技术出版社、清华大学出版社、浙江大学出版社、华中师范大学出版社等19家年出版量在10~50种之间；其余89家年出版量在10种之下，其中46家出版社年出版量在3种之下。

此外，社科类图书也出现长尾现象，如法律类图书。2011年有221家出版社出版法律类图书7801种，其中49.15%法律类图书主要集中在法律出版社、中国法制出版社、中国政法大学出版社、北京大学出版社、中国人民大学出版社、知识产权出版社、中国人民公安大学出版社、人民法院出版社、中国检察出版社、人民出版社、清华大学出版社等12家出版社。年出版法律类图书10~100种之间的有66家出版社，另有143家出版社年出版法律类图书在10种之下，其中85家年出版量在1~3种。

从以上2011年农业类、生物科学类及法律类图书出版统计情况看，其共同之处在于"龙头"所占的比重较大，大约占年出版图书总量的50%左右。同时"龙尾"较细长，年出版这三大类图书10种以下的出版社所占的份额分别为76.72%、78.76%、64.71%，由此可见"尾巴"是多么细长。不同之处在于，"龙身"有长短和粗细之别：相比较之下，法律类图书"龙身"较长也较粗，其所占的出版社份额较大，为29.86%，且"龙身部位"年出版图书量为10~100种；而农业类和生物科学类图书"龙身"都较细短，其所占的出版社份额分别为16.81%、18.23%，且年出版图书量为10~50种，因此显得相对细短。总之，中文图书出版普遍存在着

"长尾现象"，即大部分图书出版高度集中在数量极少的大型综合性或多科性出版社，而小部分图书则分散于众多各类型的出版社出版。这种图书出版分布规律十分类似布拉德福的期刊文献集中分散规律。

2.中文电子图书资源出版特点

中文电子图书于2005年左右开始盛行，主要来源由电子图书集成商提供。其中主要包括超星中文电子图书、书生中文电子图书、中数图中文电子图书以及方正阿帕比（Apabi）的中文电子图书。目前超星数字公司电子图书数量最大，达百万册，涉及各个学科门类。而方正阿帕比中文图书也具有相当规模，共有电子图书近60万册，其中有十余万册的教学参考书，因此，其图书学术性较强，适合广大研究型图书馆，尤其是图书馆收藏。鉴于此，以下就以方正阿帕比中文电子图书为例来探求中文电子图书的特点。

（1）出版年限跨度大。

最早的出版年为1961年，但出版年限早的电子图书数量不大，每年只有几种或十几种；2000年后出版的图书逐年增多，从每年几百种发展到2010年以来年均两万多种的教学参考类电子图书出版。

（2）电子图书特点。

与纸质图书相比较，电子图书有其明显的优势：一是图书出版年跨度大，在利用图书文献信息方面，读者对各学科的利用情况是不同的，对于图书文献半衰期短的学科文献，如计算机类图书，读者总是想利用最新年份的图书文献，而一些半衰期较长的学科，如农业科学等，年份较早的图书文献也经常为读者所用，而这类图书一方面出版较少，另一方面纸质图书容易破损，因此电子图书就显示出其优势；二是中文电子图书与纸质图书形成互补，由于现在绝大多数图书馆中文纸质图书采访主要是依靠中文图书供应商提供采访书目进行采选，有的图书馆中文纸质图书年采购量不大，只跟2~3家书商合作，而书商所提供的书目不可能十分齐全，因此图书馆就难以采购到所需要的图书，而中文电子图书则可以弥补纸质图书收藏的缺漏；三是中文电子图书在价格上也具有相当的优势，如方正阿帕比电了图书每种均价为13.35元人民币；四是电子图书具有多种独特的功能——图片可在动静态中切换，如在动态下可以看到花蕾绽放的整个过程，阅读外文图书时，不会念的单词可经点击发出读音，读者研读时还可在电子图书上做批注等；五是便于携带阅读，现在许多电子图书可下载到手机上，且可以携带较多数量的电子图书，便于用户出差时阅读；六是电子图书资源便于用户利用，用户可以同时穿梭于几种不同的电子图书中对照阅读；七是电子图书便于文献传递，便于远程资源共享。

（三）中文纸质图书出版发行信息

中文图书出版发行信息主要通过书目、书摘与书评等渠道进行传递和报道。我国的书目报道范围广，权威性较高。目前中文新书目主要有四个类型：一是新华书店总店负责编制的新华书目报（《社科新书目》《科技新书目》）；二是各省、市、自治区新华书店编制出版的地方版新书目；三是全国性民营图书馆供应商编制的书目；四是出版社新书目。四大类型的新书目相互搭配，构成了我国中文新书发行目录的完整报道体系。

1.新书书目

（1）《社科新书目》与《科技新书目》

两种新书目是新华书店总店主办的《新华书目报》的子报，为旬报，通过邮局公开发行。两种书目分别报道中央一级和北京以及全国其他地区出版社将要出版的社科和科技图书以及标准的信息，包括新版和重版图书的信息，介绍将要出版的每种社科图书与科技图书的书名、编著者、出版者、出版时间、开本、定价、内容提要、装帧等主要项目。这两种新书目包含了我国主要的出版社，如：人民出版社、商务印书馆、人民文学出版社、高等教育出版社、科学出版社、清华大学出版社、北京大学出版社、电子工业出版社、机械工业出版社等出版社的出版信息及动态。原先这两种书目收录图书品种较丰富，介绍详细，信息量大，以新书为主，每期预告初、重版图书信息约600种，而现在这两种书目报道量日渐萎缩，每期只有200种左右，但仍是图书馆广泛使用的书目工具。两书目还在书目版面中辟出了文字版面。这些版面以书摘、书评、书荐、专访等生动活泼的形式将更多更好的新书介绍给读者，对原有的征订目录予以新颖别致的补充，使《新华书目报》既有实用性、又有可读性。

（2）地方性书目

地方性书目较出名的有《上海新书目》《全国地方版科技新书目》《天津新书目》《浙江新书目》《重庆新书目》《广东新书目》等二十多种书目，其中《上海新书目》《全国地方版科技新书目》在报道新书目方面都起了重要作用，如《上海新书目》作为一份反映上海地区出版图书信息的地区性征订书目，是图书馆采访人员掌握沪版文献出版动态的重要渠道之一。但随着图书出版业发行的发展，地方性书目大多都归并到《新华书目报》。

（3）图书供应商编制的书目

目前我国图书供应商的新书目主要有人天书店编制的《人天书目报》、湖北三新书业有限公司编制的《湖北三新书目》、百万庄图书大厦有限公司编制的《百万庄书目》等，其社科类书目每期逾1000种，科技类书目每期在500种左右。这些书目在保证常规图书品种和数量的同时，也都在打造自身的特色，如：人天书店书目以综合性见长、百万庄图书大厦有限公司的书目在综合的基础上体现了科技类图书的特点，武汉三新书目着力收集地方版图书的信息等，相比较而言，图书供应商提供的目录最全、报道量最大。

（4）出版社书目

随着图书出版事业的发展，出版社也开始编制自身出版的图书书目，并主动、及时发送给相关的书商、图书馆采访部门，让它们及时了解自己出版的新书以及特色，达到宣传自己图书的目的，如：清华大学出版社、人民邮电出版社、化学化工出版社、机械工业出版社、电子工业出版社等都主动将本社的新书数据以印刷版、电子版、图像版和 MARC 数据格式等方式发送给书商和高校图书馆采访人员，为这些人员提供他们最新的出版信息。

2.回溯性书目

《全国新书目》由新闻出版署信息中心主办，《全国新书目》杂志社编辑出版，北京市报刊发行局公开发行的半月刊。该书目创刊于1951年8月，一直是国内唯一公开发行的大型书目信息刊物，重点刊登国家出版物样本库一个中国版本图书馆到馆登记书目、由统一供货商提供的《中国可供书目》和该刊征集的"重点图书"，并配以专题书目及音像制品、电子出版物目录。此外，还有《重点图书》《专家论坛》《书业资讯》《畅销书策划》等栏目。《全国新书目》是报道性书目，图书著录项目包括书名、著者、出版社、出版日期、开本、定价，一些重点书还有内容简介。该书目报道的是已经出版的新书，可以用来补充预订书目的不足，及时发现未订购的图书并加以补充。该书目的累积便可汇编成《全国总书目》。

《全国总书目》由新闻出版署信息中心与中国版本图书馆主办，《全国总书目》编辑部编辑，中华书局出版。《全国总书目》是图书年鉴性质的综合性、系列性图书目录，自新中国成立以来，逐年编纂，已完成1949-2003年各卷次的编纂任务。它主要依据全国各正式出版单位当年出版发行的各类图书，是反映我国图书出版情况的综合性书目，是目前我国收录图书最全的一种图书目录，具有国家总书目的性质。从2001年开始，《全国总书目》为适应网络化时代对信息服务的需求，每年出版一套数据检索光盘，该光盘共收录当年图书书目数据12万余条，光盘界面格式含中图法分类索引和全国各出版社索引，光盘中媒体书目数据包含书名、著者、出版者、出版日期、关键词、主题词、分类号、ISBN，内容提要等内容，提供全方位的组合检索和单项检索。2004年卷还推出了网络版，为图书馆查询、学术研究和出版发行部门的工作提供权威的数据库检索支持。

3.主要书评、书摘

目前，我国出版的影响比较大的书评、书摘类报刊主要有《读者新书目·购书指南》《读者导报》《中华读书报》《文汇读书周报》《书摘》《博览群书》《中国图书评论》《读书》等。它们各具特色，如《读书》文章的内容一般都是围绕著名学者、作家的作品和著作展开论述的，这就使读者能从中学到许多古今中外的图书知识，开拓了图书馆采访人员视野。此外，《新华书目报》定期出版的各种有针对性的专刊，为图书馆采访人员了解出版动态提供了重要的渠道。

（四）读者对中文图书需求特征

在信息时代，读者对图书信息的需求是多方面的。2011年《文汇读书周报》记者在"世界读书目"到来前夕对复旦大学、西安交通大学、同济大学、华东师范大学、华东理工大学、上海大学、上海师范大学生中进行的读书调查中发现大学生对各类图书都有较大的需求。在"您喜欢读哪种类型的课外书（可多选）"一题中，排名第一的是"实用类"图书，占46.8%；排名第二的是"传记类"图书，占43.3%；排在第三的是"其他类"图书，占37.1%；接下来的依次是"学术类"图书，占28.7%；"言情类"图书，占27.8%；"科幻类"图书，占23.7%；"武侠类"图书，占23.1%；"网络类"图书，占19.3%；"动漫类"图书，占16.1%；"体育类"图书，为10.8%。由此可见，读者的阅读意愿是很强烈的，同时需求也较为全面。另一方面也表现出对"实用类"图书的关注，表现出大学生读者对现实生活的重视。但在大学生对图书信息的实际需求中又表现出与潜在需求的不同。如在"您最近（或正在）看的书的类型"这一选题中，排名第一的是"学术类"占22.4%，以下依次是"其他类"占16.9%，"实用类"占15.2%，"传记类"占12.8%，"言情类"占9.6%，"网络类"占8.7%，"科幻类"占5.0%，"动漫类"占4.4%，"武侠类"占3.8%，"体育类"占1.2%。可见，喜欢看与看什么并不完全相等，当代大学生还是较为理智、成熟的。选择"学术类"排名第一，说明学生认识到在学习期间，认真读一些重要的学术专著将对自己终生有益。总之，读者对中文纸质图书呈现多方面的信息需求态势。

（五）中文图书信息资源保障体系建立

中文图书信息资源是我国读者、用户使用量最大的一种信息资源，同时中文图书资源也是占全球出版量比重最大的信息资源之一。为满足读者、用户对中文图书信息资源的需求，图书馆必须建立起一个相对完备的中文图书信息资源保障体系。在数字信息环境下，电子图书资源越来越多，因而在中文图书信息资源保障体系里，电子图书资源的份额也应越来越大，从而建立起一个数字资源与传统资源相互补充、资源相对丰富的中文图书信息资源保障体系。以充分满足读者、用户最基本的信息需求。

（六）中文图书信息资源建设原则

1.大陆与台湾图书资源互补的原则

大陆与台湾在经济、文化、科技方面都有相似之处，同时又各具特色，可借鉴之处很多，尤其现在我国大力发展海西经济，更需要有关台湾方面的图书信息。因此，图书馆中文图书配置要坚持大陆与台湾图书资源互补的原则，有重点地收藏本馆重点学科、特色学科需要的台湾图书资源，从而进一步提升馆藏质量。

2.纸质与电子图书资源协调发展的原则

数字信息环境下，电子图书出版数量越来越多，而且当年版的图书份额也在加大，同时随书光盘数量也在加大。中文电子图书在电子资源里也是利用率最高的资源之一。因此，图书馆中文图书配置要坚持纸质与电子图书资源协调发展的原则，以满足读者、用户各种载体信息的需求。

3.发展重点与兼顾一般的原则

图书馆信息资源建设强调重点学科和特色学科的资源入藏，但鉴于中文图书数量庞大，同时中文图书较之于外文图书、外文期刊价格相对便宜。因此图书馆在中文图书配置时应坚持发展重点与兼顾一般的原则，尽可能地满足各方面读者的需求。

（七）中文图书信息资源配置策略

1.根据图书馆实际情况配置

通过对图书的流通情况进行调查发现，各种图书的利用率相差甚多，相当一部分书的流通率很低，这样势必造成财力、物力的浪费，有些图书的利用率则很高，很多读者借阅，因而图书馆须运用"二八规则"的原理，来确定这"20%"的图书主要是哪些学科的、哪些出版社出版的，这样抓住主要矛盾进行处理，就会达到事半功倍的效果；同时，参照布拉德福定律来确定核心出版社，将核心出版社的图书作为重点采访对象，这对于提高图书采准率，提升馆藏水平有很大帮助，同时还能优化购置经费的利用。因此，图书馆要根据本馆的实际情况来配置图书资源，特别是中、小型图书馆经费紧缺，中文图书配置也只能在"精"上下功夫，以提高图书馆利用率。

2.严格控制图书入藏质量

近年来，每年纸质图书出版数量都有大幅度增长。但图书出版整体水平偏低，主要表现在好作品、高品位的书偏少——由于受经济效益至上的思想支配，出版社"市场意识"浓厚，多卷书、丛书、古典书、重版书充斥市场，动辄就是上下集、大全、全书之类的大作，图书供应商要求图书馆只能整套购买，而不能配置其中的某种图书，这样无形之中图书馆就支付了不该支付的经费。此外，有些出版社热衷于"焦点问题""热门话题"图书的出版，争先恐后地抢点出版。这类书的品种一下子就出版了不少，造成选题雷同、内容重复现象。而一些使用范围较窄的基础科学、工程技术及理论学术性较强的专业性、学术性图书因无利润而受出版社冷落，造成许多专业图书难以出版或出版很少的后果，不但影响了国家科学研究和教育事业的发展，也影响了图书馆的藏书质量与专业图书信息资源收藏的系统性和完整性。因此，图书馆对于那些"热门图书"应精挑细选，不要认为这些图书一概适合图书馆藏书，从而导致经费大量浪费，却不能给读者带来更多新的信息。而对于专业性、学术性强的图书，则要多关注相关出版社，尤其是中央级出版社和大学出版社的出版动态。

3.建立读者信息资源决策采购机制

长期以来，图书馆信息资源采访都是依靠图书馆员自身的学科背景对书商提供的目录进行圈选、订购，但是近年来这一传统模式，尤其是在国外，受到了挑战。读者决策采购作为一种新型的信息资源建设模式风靡美国大学图书馆界，并逐渐在西方国家的图书馆界受到推广。读者决策采购也可以称为"需求驱动采购"，是赋予读者决策权的信息资源建设模式，即根据读者的实际信息需求来确定信息资源的配置。这样能有效补充馆藏资源并提高了馆藏资源的利用率，从而保证资金投入的效益。因此，图书馆要建立读者信息资源决策采购机制。实际上，近年来我国读者参与图书馆信息资源采访活动也是常有之事，如邀请学院教师到书市参加图书现采活动，图书馆平时也会定期或不定期给学院的专家提供书目，让其为图书馆圈选图书，或是在图书馆网站上设置读者书刊推荐栏目，让读者在网上向图书馆采访部推荐图书等，读者也可以直接在图书馆集成系统里向图书馆推荐图书。总之，读者参与图书馆信息资源采访是越来越多了，但务必使其落到实处，尤其是学术性图书、电子图书的PDA采购。

4.广泛地收集图书出版信息

我国出版社改制后，新的运行机制更有利于出版社的发展，学术性图书也会有更多的出版社出版。"长尾理论"的一条重要原则就是应有尽有，长尾就是必须有足够长的"尾巴"，让用户尽可能获得所有需要的资源，而前提则是要有足够供应产品的数量聚合。因此，图书馆要注重新书出版信息的收集，只有尾巴足够长，才能充分利用"长尾"资源。图书馆图书采访工具除了"科技新书目""社科新书目"外，最主要的还是图书供应商提供的自编采访书目，因此要激励图书供应商为图书馆提供尽可能多的新书出版信息，使其成为信息聚合器，源源不断地向图书馆输送最新书目信息，图书馆就能因此获取更多的"长尾"资源。此外，图书馆还应同出版社建立广泛的联系，通过网络让其不断地为图书馆传输新书出版信息，其提供的书目还应包含有图书的封面、封底、书名页、版权页、目次、前言、后记、索引等信息。因此，图书馆应积极主动地与更多的出版社取得联系，尤其是一些偏远出版社，让其将最新出版信息传送给图书馆。只有在丰富的书目资源基础上才能配置出更为优质的馆藏。

5.参加全国性图书现采活动

从出版社分布区域来看，存在高度集中和广泛分散的现状：北京和上海两地共聚集了277家出版社，占总数的48.3%，成为全国出版社最集中的地方；占出版社总数51.7%的其他296家出版社则广泛地分散在29个省、自治区和直辖市，承担了约50%的出版任务。另外，占出版社总数约17.8%的大学出版社分布同样较为分散。中标书商提供最多的则是北京和上海两地出版社的采访书目数据，而边远城市出版社的书目则收集得较少，有的书商甚至没有收集，因而图书馆对许多出版社的图书都无法配置。为此，为了建立特色资源和重要资源保障体系，图书馆就必须多参加全国性图书博览会，因为几乎所有的出版社都会参展全国性图书博览会，我国举办的各种书市、书展、图书博览会和图书订货会中，最具代表性的有每年一届的"全国图书交易博览会"（原名："全国书市"）、"北京图书订货会"、"沪版图书订货会"、"全国大学出版社图书订货会"等。全国图书交易博览会参展的出版物最多，最多的一次各类参展出版物达到三十多万种，北京图书订货会参展的是当年新书，是当年出版情况的"风向标"和"晴雨表"。近些年新书品种多达13万种，品种覆盖人文社科和科技等各个学科领域，全国大学出版社图书品种稳步上升、出书质量好、层次品位高，获奖图书多，特别符合高校教学和科研的实际需要，是图书馆馆藏建设的重点。沪版图书订货多是沪版图书和地方版图书，是图书馆采集地方版图书最好的机会；现已定位为"面向全国"，因而除上海出版社外，还吸引了全国各地的出版单位参加。为此，参加书市购书是补充馆藏的一个绝好机会。图书馆要尽可能补充平时图书预订中不可能订到的图书，从而为图书馆的特色资源和重要资源保障体系添砖加瓦。

6.严加把关图书供应商提供的书目

20世纪80年代末，我国的出版发行业开始变革，逐渐开始市场化运作。民营书商如雨后春笋遍地丛生，图书发行由新华书店独家发行的局面转变为多渠道发行的市场化运作，图书馆也由跟新华书店单一合作的模式转为与多种图书供应商合作的模式，这一转变一改图书馆图书资源配置总是处于被动的局面，从而图书馆图书资源配置的路子就活了，不得不说出版发行业的变革给图书馆信息资源建设带来了生机。但在与各种图书供应商合作中难免会出现许多新的问题，特别是其提供的图书采访书目数据，存在着如数据不规范、著录不完整等诸多情况。另外，有的供应商提供的书目学科不全面，社科类书目偏多，科技类图书偏少，这便造成图书馆图书信息资源收藏不够系统、不够全面，致使一些学科图书信息资源不足，从而不能满足读者的需求，甚至影响到学校教学、科研工作的开展。为此，图书馆应重视对供应商所提供图书采访书目的质量控制；图书馆在新的图书供应环境下，应牢牢掌握图书采访的主动权，及时与图书供应商沟通，使其提供的采访书目完全符合图书馆的需求。

二、中文期刊信息资源建设

中文期刊应是大多数图书馆中利用率最高的文献信息资源之一，尤其是中文学术性电子期刊，其利用率更是位居榜首，因而在图书馆馆藏文献中的作用也更为明显。

（一）中文期刊出版业的变化与发展

1.我国出版业的发展与动态

数字信息环境下，我国中文电子期刊发展迅猛，但纸质期刊也在不断发展。以我国2011年中文纸质期刊为例，品种数量就达到近1.2万种，我国中文纸质期刊出版机构也不断增加和扩大，除了原有的杂志社、编辑部、出版社及学协会外，还出现了许多出版公司。这也是期刊数量逐年增多的原因之一。

（1）杂志社是期刊主要出版机构之一

这类期刊出版机构出版的期刊涉及社会生活的各个方面、各个行业。杂志社出版的期刊较为单一，种类也较少，一般只有1至2种，如人民文学杂志社出版的《人民文学》、人权杂志社出版的《人权》、演讲与口才杂志社出版的《演讲与口才》。但也有少数杂志社出版多种期刊，如中国农村教育杂志社出版4种期刊：《中国农村教育》《中国农村观察》《中国农村经济》和《中国农村科技》，其中《中国农村观察》《中国农村经济》为核心期刊。一般说来，各行业的杂志社都有其优秀的期刊产品，如财贸经济杂志社的《财贸经济》《财贸研究》、电气时代杂志社的《电工技术学报》《电气应用》、法学论坛杂志社的《法学论坛》、高压电器杂志社的《高压电器》、国际金融研究杂志社的《国际金融研究》等，都是该行业的核心期刊，也是目前我国行业性的期刊。

（2）各行业编辑部也是期刊主要出版机构之一

这类期刊出版机构主要为各行业的编辑部、学报编辑部，尤其是大学学报编辑部，数量较大。但多数编辑部出版的期刊较为单一，一般也只有1至2种，如排灌机械编辑部出版的《排灌机械工程学报》、人民音乐编辑部出版的《人民音乐》、眼科杂志编辑部出版的《眼科》、药物生物技术编辑部出版的《药物生物技术》、医学与社会编辑部出版的《医学与社会》等。

从总体看，这类型的出版机构，尤其是学报编辑部、大学学报编辑部出版的期刊学术性较高，且多为核心期刊。学报编辑部方面，如农药学学报编辑部的《农药学学报》、农业工程学报编辑部的《农业工程学报》、农业环境科学学报编辑部的《农业环境科学学报》、气象学报编辑部的《气象学报》、草地学报编辑部出版的期刊《草地学报》，都是核心期刊；大学学报编辑部方面，如北京大学学报编辑部的《北京大学学报》（哲学社会科学版）、《北京大学学报》（自然科学版）、《北京大学学报》（医学版）均属核心期刊；武汉大学学报编辑部有9种期刊，其中6种是核心期刊；复旦大学出版的8种期刊中有5种是核心期刊；长安大学有7种期刊，其中4种属核心期刊。目前大学学报编辑部出版的大学学报有两千多种，是我国重要的期刊信息源。

行业性编辑部出版的期刊质量较高，多数是核心期刊：如电影文学编辑部的《电影文学》《电影新作》《电影艺术》、建筑结构编辑部的《建筑结构》、建筑科学编辑部的《建筑科学》、暖通空调编辑部的《暖通空调》。

（3）除杂志社、编辑部外，出版社也是一支重要的期刊出版队伍

出版社除了出版图书外，也出版大量期刊，少则几种，多则十几种，有的甚至几百种，如山西人民出版社出版的《编辑之友》、上海科学技术出版社出版的《科学》《车迷》《大众医学》《科学画报》《无线电与电视》、上海书画出版社出版的《公共艺术》《书法》《书与画》《艺术当代》、上海外语教育出版社出版的《阿拉伯世界研究》《国际观察》《外国语》《外语界》《中国比较文学》《外语电化教学》；世界知识出版社有15种期刊；外语教学与研究出版社有10种期刊；中国美术出版总社也有10种期刊；而出版期刊最多的当属科学出版社，现已出版各类科技期刊300余种。

出版社出版的期刊学科涵盖面广，特别是名牌出版社出版的期刊学术价值高，报道大量前沿的科研成果。如科学出版社出版的期刊目前已形成了以地学、生命及生态环境科学、技术科学等为主体的科技期刊集群，截至2011年4月，科学出版社出版的期刊被SCI收录的刊物有29种，被EI收录的刊物有34种。科学出版社出版的期刊大部分是核心期刊，如《分子催化》《干旱区地理》《干旱区研究》《湖泊科学》《大地构造与成矿学》《低温物理学报》《地层学杂志》《地球信息科学学报》《地球化学》《地球科学进展》《地球与环境》《地震工程与工程振动》《地质学报》《分析化学》《红外技术》《热带亚热带植物学报》等，再如其他出版社也有其核心期刊，如上海科学技术出版社的《科学》、文物出版社的《文物》、上海外语教育出版社的《阿拉伯世界研究》等。

出版社期刊出版的另一特点是出版年鉴较多，如中国财政杂志出版有《中国财政年鉴》《中国会计年鉴》等年鉴；中国农业出版社出版有《北京农村年鉴》《中国茶业年鉴》《中国奶业年鉴》《中国农产品加工业年鉴》《中国农业年鉴》《中国水产品进出口贸易统计年鉴》《中国乡镇企业及农产品加工业年鉴》《中国畜牧业年鉴》《中国渔业年鉴》等十余种年鉴。有的出版社出版发行年鉴较多且学科面

较广，如中国财政经济出版社出版有《中国政府采购年鉴》《中国循环经济年鉴》《中国区域经济发展年鉴》《中国期货市场年鉴》《中国农业综合开发年鉴》《中国纳税百强年鉴》《中国留学人员创业年鉴》《中国开发区年鉴》《中国工业经济年鉴》《中国改革年鉴》《中国彩票年鉴》等有关经济方面的年鉴。

（4）随着成国期刊出版事业的发展，公司出版发行期刊的现象也越来越多，逐渐成为期刊出版的主力军，且有的公司出版发行的期刊学科涵盖面广

如北京弗戈咨询有限公司出版发行有《电力》《流程工业》《汽车制造业》《实验与分析》《现代包装》《现代塑料》《现代制造》等多方面的期刊。再如北京东方燕园科技发展有限公司出版的期刊涵盖较多学科，2011年出版发行年刊233种，且出版光盘版，如《中华礼仪》《政务礼仪》《心理制胜》《糖尿病的家庭防治》《精确管理》《儿童口腔保健》等。而有的公司出版发行的期刊学科较为专一，如上海科文信息咨询服务公司出版的《中国细胞生物学学报》。有的公司出版的期刊虽然学科较为专一但品种较多，如北京东森蓝盾科技有限公司出版发行军工方面的期刊，如《国际防务译萃》《国际军工研究》《国际军事研究》《国际时事研究》《军事新观察》《世界军工军贸》6种期刊。再如北京市鼎金文化艺术有限公司出版发行摄影方面的期刊，如《大众摄影》《人像摄影》《上海摄影》《摄影世界》《中国摄影》《中国摄影家》6种期刊。

（5）研究所、研究院出版发行的期刊也日渐增多，且品种也较丰富

如中国农业机械化科学研究所出版有《今日工程机械》《工程机械与维修》《矿业装备》《农业机械》《汽车导购》《汽车与驾驶维修》《商用汽车》《越玩越野》8种期刊，中国印刷科学技术研究所出版有《包装财智》《标签技术》《数码印刷》《印刷技术》《印刷经理人》5种期刊。此外，研究机构出版的期刊学术价值较高，如北京矿冶研究总院出版期刊7种，其中3种是核心期刊：《有色金属》《选矿部分）、《有色金属》（冶炼部分）及《有色金属工程》；再如上海材料研究所出版有6种期刊，其中3种是核心期刊：《机械工程材料》《理化检验》（化学分册）及《腐蚀与防护》。

（6）较之于以上几种类型期刊出版机构，学（协）会出版的期刊数量相对少些，但仍不乏出版期刊数量较多者

如中华现代预防医学会就出版有《中华现代护理学杂志》《中华现代临床护理学杂志》《中华现代临床医学杂志》《中华现代医院管理杂志》《中华现代影像学杂志》《中华医学研究杂志》6种期刊。学（协）会出版的期刊也不乏优秀的期刊，如中国造纸学会有3种期刊：《国际造纸》《中国造纸》《中国造纸学报》，其中2种就是核心期刊。中华医学会出版期刊21种，其中有16种是核心期刊。

2.我国期刊发行渠道的发展变化

期刊的发行方式直接影响到图书馆期刊信息建设。良好的发行方式有利于图书馆尽可能地入藏所需要的期刊文献，反之，就会影响图书馆期刊信息资源采访工作的有效开展，并削弱图书馆期刊馆藏质量。美国期刊出版发行有许多特点：一是无垄断的发行企业，订阅期刊由专门的发行公司经营而不是由邮局垄断发行，这种发行方式有利于公司间开展竞争，提高服务水平；二是发行、征订、收款、邮寄一条龙服务；三是处处方便读者，如定价优惠、电话订购、专人负责读者投诉、补缺刊等；四是期刊发行代理商起着枢纽作用。期刊发行代理商是期刊发行链中最重要的环节之一，是期刊编辑部和图书馆等订户之间的纽带，有了期刊发行代理商这个中介，期刊编辑部就无须同成千上万的订户打交道，免除了复杂的订购办理手续，图书馆或其他订户也不用同无数个期刊编辑部进行联系。美国有很多知名度很高的期刊发行代理商，如法克逊公司，现在为6万多家学术机构和公共图书馆、大学图书馆提供服务；再如艾伯斯可期刊订阅服务公司（EBSCo Subscription Services）在美国国内设立了9个分公司，在世界上7个国家和地区设立了办事处。

我国的期刊发行工作长期以来处于邮政局独家发行的局面，其发行率约占期刊种数的80%以上。随着我国市场经济发展的不断深入，国家也逐步放开对报刊发行的一些限制，允许一些私营销售公司参与期刊发行工作，期刊的发行机制也随之发生着变化，由邮政局单一的发行渠道变为多种形式的期刊发行渠道。相继涌现了北京华教快捷期刊经销中心、北京海天华教文化传播有限公司、北京国图书刊公司、北京世纪在线图书销售公司、北京人天书店、国铁传媒公司、湖北三新书业等类似国外的期刊代理商。由此，我国中文期刊发行呈现出邮发、代理发行、联合征订、期刊公司代理商发行、个体书店发行和编辑部自办发行等多种发行渠道并存的局而。期刊发行代理商的出现和迅速发展使得图书馆中文期刊采访工作更为便捷、效率更高，图书馆的馆藏质量也更上一层楼。

（二）中文纸质期刊出版特点

1.我国中文纸质期刊出版特点

（1）我国（不含港澳台）中文纸质期刊近年总体出版情况

自2008年到2010年这三年期刊出版总量逐年增加，2008年我国共有期刊9549种，2009年共有期刊9851种，与上年相比，种数增长3.16%，而2010年共有期刊9884种，与上年相比，种数增长0.33%。除期刊总量逐年增长外，大部分类目的期刊也在逐年增长，如综合类期刊，2008年共有479种，2009年为485种，与上年相比，种数增长1.25%；2010年为495种.与上年相比，种数增长2.06%。哲学、社会科学类期刊，2008年为2339种，2009年为2456种，与上年相比，种数增长5%；2010年为2466种，与上年相比，种数增长0.41%。自然科学、技术类期刊，2008年为4794种，2009年为4926种，与上年相比，种数增长2.75%；2010年为4936种，与上年相比，种数增长0.20%。文化、教育类期刊，2008年为1175种，2009年为1204种，与上年相比，种数增长2.47%；2010年为1207种，与上年相比，种数增长0.25%。文学、艺术类期刊从增加逐步转为持平，2008年为613种，2009年文为631种，与上年相比，种数增长2.94%；2010年为631种，与上年相比，种数持平。而少儿读物则每年持平，均为98种。画刊类期刊也是如此，每年持平，均为51种。由此可见，我国大部分期刊的出版数量也是伴随着社会的发展，特别是经济的发展和科技的进步在逐年增长。

（2）我国科技类中文纸质期刊出版情况

工业技术类（T）期刊占科技类图书比重最大，为39.01%，位居第二的是医药、卫生类（R），所占比重为26.56%，农业科学类（S）期刊所占比重位居第三，为10.31%。此外，除了自然科学总论所占比重为6.67%，其余5个类目的期刊所占比重仅在5%以下，特别是生物科学和环境科学、安全科学类目期刊出版数量较小，所占比重分别仅为2.13%和2.08%。由此可见，科技类期刊各类出版数量悬殊甚大，期刊出版数量主要集中在工业技术类、医药、卫生类和农业类等类目，尤其是工业技术类，几乎占据科技类期刊出版总量的五分之二，而其余各类期刊出版数量就少得多。

（3）我国核心期刊发展变化情况

2011年版核心期刊总数为1982种，其中人文、社科类为750种，占总量的37.84%；自然科学为347种，占17.51%；医药卫生为248种，占12.51%；农业科学为141种，占7.11%；工程技术为496种，占25.03%。与2008年版核心期刊相比较，二者数量相同，均为1982种，继承率高达90.7%，这表示我国的期刊已形成一个比较稳定的核心区，期刊发展变化总体较为稳定。

2.我国台、港、澳中文纸质期刊出版特点

（1）我国台、港、澳期刊总体数量有所提高

从中国图书进出口（集团）总公司1993年版（台、港、澳报刊目录）与2010年的报刊收录的数据看，报刊数量明显增多，1993年共收录1563种，2010年共收录2142种。这17年里，台、港、澳报刊也在不断增长，共增长期刊品种579种。1993年版（台、港、澳报刊目录）共收录社会类期刊923种，科技类640种；2010年版（台、港、澳报刊目录）共收录社会类期刊1159种，科技类983种；1993年台、港、澳科技类期刊较少，比社科类期刊少了283种；在2010年，科技类期刊比社科类期刊少了176种。显然，台、港、澳科技类期刊所有增长。

台、港、澳地区中，中文纸质期刊出版数量最多的是我国台湾地区，现期刊

出版量超过5000余种，香港也有1000余种，澳门只有60种左右。因此，图书馆中文纸质期刊馆藏若缺少台、港、澳中文纸质期刊信息资源，中文纸质期刊信息资源保障体系就显得不完整，也不能满足读者对中文纸质期刊的信息需求。

（2）台、港、澳各类中文纸质期刊出版特点

台、港、澳社科类中文纸质期刊出版物中，社会科学总论（C类），政治、法律（D类），经济（F类）及文化、科学、教育、体育（G类）占有较大比重，它们分别占社科类中文纸质期刊总量的10.87%、11.99%、29.51%和22.26%；而这四类期刊数量总和占总量的74.63%，其余的几类期刊仅占总量的25.37%。而这数量较多的四个类目期刊里，有些方面的期刊较多，有些方面的则较少，如社会科学总论类目中，社会学、管理学和统计学的期刊数量较多；政治、法律类目中，法律与司法、政论时事方面的期刊较多；经济类目中，综合经济、贸易经济、交通运输经济、财政金融等方面的期刊较多；文化、科学、教育、体育类目中，文化娱乐与消遣、教育、体育等方面期刊较多，尤其是教育类期刊。

台、港、澳科技类中文纸质期刊出版物中，医学、卫生（R类），农业科学（S类），工业技术（T类）所占的份额较大，分别占科技类中文纸质期刊总量的20.35%、10.27%和49.44%，而这三类期刊数量总和占总量的80.06%，其余的几类期刊仅占总数的19.94%。而这数量较多的三个类目期刊里，有些方面的期刊较多，有些方面的则较少，如医学、卫生类目中，预防医学、卫生学、药学、内科学、五官科学、眼科学方面的期刊数量较多；农业科学类目中，林业、畜牧、狩猎、蚕、蜂、水产渔业等方面的期刊数量较多；工业技术类目中，工程技术、电信工程、电子技术、计算机与计算技术、机械、仪表制造、仪器、仪表、精密机械、高分子化学工业、食品工业、纺织印染工业、其他轻工业、手工业、服装鞋帽、土木建筑工程、建筑艺术、市政工程等方面的期刊较多。

3.中文电子期刊出版特点

随着互联网和信息技术的发展，期刊的载体已由传统单一的印刷型载体出版发行方式发展到纸质期刊与电子期刊一并出版发行的方式和纯电子版期刊。所谓电子期刊，是指以数字形式将图、文、声、像等信息存储在光、磁、电介质上，并通过网络与计算机设备在本地区或远程读取使用的连续出版物。电子期刊作为一种新型的文献资源以其传递速度快、检索手段便捷、信息存储量大、体积小等优势，越来越受到人们的关注和青睐。我国电子期刊起步较晚，1995年1月12日，中国教育报刊出版了《神州学人》，可谓我国第一份纯网络型电子期刊。1996年12月，清华大学出版社出版发行了《中国学术期刊》（光盘版），是我国第一个以电子期刊方式按月连续出版的大型集成化期刊。随后又出现了《今日中国》《化学通报》等网络电子期刊。现今纸质期刊都有相应的机构出版发行电子期刊，如重

庆维普资讯公司出版发行的科技类电子期刊、清平同方的学术性电子期刊及万方数字化期刊、人大报刊复印资料的人文及社科类电子期刊以及龙源社科类电子期刊（其中多是知识性、娱乐性期刊），总数已超过1万种，各学科门类的电子期刊都相当齐备。

（三）中文期刊出版信息

中文期刊出版信息主要是有三种渠道，其一是邮局编制的《收订报刊目录》，其二是天津半导体杂志社的非邮发期刊目录，其三是中文期刊供应商编制的中文期刊征订目录。

1985年以前中文期刊出版信息主要有各省、市、自治区邮政局编制的《全国报刊目录》，其收录了我国从中央到省（市、自治区）、市（地区、州、盟）各级公开发行的报刊，是图书馆订购报刊的主要依据。1985年开始，图书馆开始以《中国报刊大全》作为主要参照工具，以各省、市、自治区邮局编印的《收订报刊目录》作为选订期刊的最终根据。《中国报刊大全》的内容包括各报刊邮发代号、统一刊号、主办单位、总（主）编姓名、创刊年月、出版日期、发行量、发行渠道及范围、而向的读者群、报刊社电话、地址、邮编、网址、电子邮箱、栏目简介、包括社简史及历任社长、总（主）编名单、年度主要获奖作品。书中还附有邮发代号索引、汉字笔画索引，以及分类索引。《中国报刊大全》是目前我国最全面、系统地介绍各种报刊的大型工具书，其坚持每年或隔一年新版一次。因此，它能及时反映各种报刊的变化情况，是掌握报刊出版发行信息最可靠的工具。

天津半导体杂志社全国非邮发报刊联合征订目录于1986年随计算机征订系统的投入使用，使非邮发期刊的联合征订正式拉开序幕。当时征订的目录中只有214种期刊；2000年，参加联合征订的期刊数量已达到3432种。

自2002年起，期刊联合征订的品种更是迅猛增加，邮发和非邮发期刊合计达到8000余种。

目前，图书馆中文期刊采访采用的目录主要还是邮局编制的《收订报刊目录》、天津半导体杂志社的非邮发期刊目录和中文期刊供应商编制的期刊征订目录，因中文期刊供应商的目录包含了更多非邮发期刊（其目录多达一万余种），因此，这三种目录是图书馆中文期刊采访常用的目录。

港、澳、台报刊征订主要采用由中国图书进出口（集团）总公司编印《港、澳、台报刊目录》，该目录是目前收录港、澳、台地区出版的报刊中最全面的一种征订目录，所收报刊按中国香港特别行政区、中国澳门特别行政区、中国台湾三部分分别排列。除此之外，还有"索引""参考索引"部分。"索引"是将前三部分的报纸和期刊按汉语拼音字顺排列，"参考索引"所列报刊是供参考用的，包括所有编过刊号的报刊。

（四）中文期刊评价体系与评价方法的确立

1.中文期刊评价体系的确立

中文期刊信息资源建设的首要环节就是对众多期刊进行选择，而期刊选择是一项学术性很强的工作。它不能只凭经验办事，更多的是要运用科学的理论与方法对期刊进行评价。期刊评价的实质是对期刊的总体认识，即从定性研究和定量分析两方面着手。对期刊进行评价的结果是图书馆对期刊进行选择的重要依据，因此，图书馆中文期刊信息资源建设首先要确立中文期刊评价体系。

现如今，中文期刊评价工具越来越多，也越来越完善，但中文期刊评价体系必须由《中国科学引文索引》《中文社会科学引文索引》《中国科技论文与引文分析数据库》《中国学术期刊综合引证报告》《中国科技期刊引证报告》《中文科技期刊数据库》（引文版）、《中文核心期刊要目总览》等评价工具构成。《中国科学引文索引》（CSCI）是评价我国中文科技期刊质量的重要评价工具之一。《中文社会科学引文索引》（CSSCI）是评价我国中文人文社科期刊质量的重要评价工具之一。《中国科技论文与引文分析数据库》是了解历年来我国科技论文和科技期刊统计分析与排序结果的工具，也是评价我国中文科技期刊质量的一种重要评价工具。《中国学术期刊综合引证报告》是对我国正式出版的学术期刊引用与被引用情况的分析报告，是评价我国学术期刊的一种重要工具。《中国科技期刊引证报告》是我国中文科技期刊质量重要的评价工具之一。《中文科技期刊数据库》（引文版）是我国科技文献计量研究和科学活动定量分析评价的工具，也是评价我国中文科技期刊质量的重要评价工具之一。这些评价工具都是采用多种定量数据进行统计分析的，如CSCD、CSSCI提供的定量数据有被引频次、影响因子、即年指标、期刊影响广度、地域分布、半衰期等，通过多种定量指标的分析统计，从而为期刊信息资源配置提供科学依据。又如《中国科技期刊引证报告》，选择总被引频次、影响因子、即年指标、他引率、引用刊数、扩散因子、学科扩散指标、学科影响指标、被引半衰期等多种指标，根据不同的权重系数对期刊进行综合评价。其中影响因子是一个国际上通行的评价指标，计算方法为该刊前两年发表论文在统计当年被引用的总次数与该刊前两年发表论文总数的比值，能够较好反映期刊在其学术领域中的地位。通常，影响因子越大，它的学术影响力和作用也越大。《中国科技期刊引证报告》是我国权威的期刊质量评价报告之一，被称为CJCR。再如《中文核心期刊要目总览》（2011年版）评价指标体系是在2008年版的《中文核心期刊要目总览》指标基础上新增

2个指标之后形成的9个指标体系：被索量、被摘量、被引量、他引量、被摘

率、影响因子、被国内外重要检索工具收录、基金论文比、Web下载量，其评价指标的统计源由六十余种数据库及文摘刊物构成。为图书情报部门对中文学术期刊的评估与订购提供了重要参考依据。

2.中文期刊评价方法的确定

图书馆要选择期刊、首先必须对各种期刊进行评价，经过各种标准的评价，对其学术价值和利用价值有一个全面的了解，才能保证所选择期刊的质量。期刊的评价方法可以从两个大的方面来进行：

一方面是对期刊的一般评价，主要包括五个方面的内容：

（1）外观

期刊一般由刊物的名称、出版频率、开本、页数、容量、定价、发行方法、发行范围等基本元素构成。它们受期刊性质、内容、发行数量、经费等因素的影响。

（2）编辑方针

无论什么类型的期刊，在其诞生之前必须首先确定期刊的编辑方针、风格及总体构想。具体包括办刊宗旨：创办刊物的指导思想和目标、方向等；期刊性质：期刊内容的学科类别属性和层次；读者对象：由期刊的宗旨、性质决定的社会读者群体；期刊内容：根据期刊的性质和读者对象确定的刊登内容、范围和层次，以及重点刊登的稿件性质。

（3）板面设计

主要指期刊封面、封二至封四、刊芯页面的设计。版面的设计也是至关重要的，它实际上是形式与内容的统一。一般讲究实用、经济、美观，但更为重要的在于要体现期刊的个性，给读者一种爱不释手的感觉。

（4）索引

期刊论文的索引必须包含三个项目——题名，即该论文的标题名称；责任者，包括该论文的作者、译者、校注者；文献出处，即该期刊的卷、期标识及页码。

（5）期刊的发行

这是期刊传播的重要环节。我国目前的期刊发行已形成多元化的局面，主要有邮局、私营期刊代理商，以及编辑部自办发行。

图书馆在评价中文期刊时应综合考虑各个因素。研究型图书馆更注重中文期刊编辑方针等方面的评价。而公共图书馆较为注重期刊版面设计等方面的评价。因此，图书馆配置期刊时更应根据本馆的实际情况来配置。

另一方面是对期刊的实质评价，这也是对期刊质量的评价方法，主要有七种评价方法：

①利用布氏定律测定核心期刊法

　　世界著名的英国文献学家和化学家布拉德福发现的文献离散定律也称布拉德福定律，是选择和确定核心期刊最基本的方法之一。利用布氏定律测定核心期刊，可以分为三步：首先对所有相关期刊刊载某一学科或专业领域的论文进行全面统计；其次对所有相关的期刊按其刊载某一学科或领域的论文数量做递减等级排列；最后根据具体情况，选择排在最前面的若干种期刊为核心期刊。但是布氏法是一种纯客观的测定核心期刊的方法，忽略了客观世界的变化和主观世界的状况。比如，在数量方面，只是以刊载一定主题的论文决定数量对期刊进行排列，这样可能会导致小型期刊和出版频率低的期刊被排除在核心期刊外；在质量上，完全以相关文献数量的多少来衡量某些期刊是否为核心期刊，而不管这些文献产生的效益如何，这些都值得商榷。

　　②引文分析法

　　所谓引文分析法就是利用各种数学、统计学及逻辑学方法对期刊、论文、著者等各种研究对象的引用或被引用的对象进行分析，以便揭示其数量特征和内在规律的一种文献计量研究方法。它以来源文献的引文（或参考书目）作为处理和操作对象，实际上也是反映期刊被利用的状况，这种方法比较完善，应用较广。期刊文献被引用多少，是对期刊质量和学术价值的极好测度，利用它可以科学地选择和测定核心期刊，这是研究核心期刊的重要方法，但也有缺陷。比如期刊文献的引用，受期刊出版规模、频率及期刊管理工作水准等方面因素的影响，期刊文献的互相引用是一种复杂的思维过程，许多论文实际上已被利用，如已激发了著者的思维，但未实际引用任何文字、数据等。因此，没有标出引用这也影响了统计数据。

　　③流通统计法

　　流通统计法是指根据用户阅览和外借期刊的次数来评价期刊质量的方法。这种方法主要靠读者借阅档案来进行统计，而对于室内开架阅览的期刊简化或取消填卡手续的情况，只能通过对读者当天阅览的期刊来集中统计。因此，流通统计评价期刊质量的方法有时具有一定的局限性。

　　④二次文献分析法

　　这是通过主要文摘或索引所摘引的各种期刊论文篇数的多少来评价期刊质量高低的方法。一般而言，摘引率越高的期刊其质量也就越好。

　　⑤载文量法

　　载文量法是指通过对期刊文献每一个分册刊载的专业论文数量的多少来评价期刊质量的方法。

　　⑥编辑单位分析法

　　不同的编辑机构所出版的期刊质量也不同，著名的学者所组成的编辑部或著名的科研机构、学术团体、大学等出版的期刊，其质量一般都较高。另外，一些著名的商业性出版社出版的期刊，一般质量也较高，这类期刊往往都为一些著名学者或研究机构提供资助，以取得其文献及研究成果的出版权。

⑦电子期刊的点击数统计法

就是在某一时间段对某种电子期刊点击数进行统计分析，从而得到某种电子期刊在某一时间段里的点击率。

在具体的分析评价中可根据工作的实际情况单独采用其中一种，也可采用两种或两种以上的方法，参考多种评价指标进行综合分析，以确定每一种期刊质量的优劣。

（五）中文期刊读者、用户利用特点

目前我国高校图书馆，除了"双一流"建设大学外，大部分读者对中文期刊的需求量都是最大的。近几年《福建农林大学学报》（自然科学版）中文期刊引用量所占比重最大，占总引文量的48%左右，《福州大学学报》（自然科学版）中文期刊引用量占总引文量的43%左右，也是位居第一。福建农林大学是福建省重点大学，福州大学是国家"双一流"建设大学，其学报中文期刊引用量均占最大比重，福建省其他本科院校学报对中文期刊的引用量更是占据最大比重。另一方面从福建农林大学图书馆网站中外文数据库点击统计表可知，2012年同方、维普、万方等三种中文期刊全文数据库日均点击数均在400~1000次之间，其点击率排名也是第一，而福州大学图书馆2012年同方、万方等两种中文期刊全文数据库日均点击数均在600~1500次之间，也是排名第一，这说明用户对中文电子学术期刊需求量很大。然而，《龙源电子期刊阅览室》的日均点击数均在10次之下，龙源电子期刊是社科类期刊，且多是娱乐性、知识性期刊。由此可见，读者更多使用电子期刊来进行学术性期刊的查阅，而非对娱乐性、知识性期刊的查阅。

（六）中文期刊信息资源保障体系建立

鉴于读者、用户对中文期刊信息资源的高利用率，大、中型图书馆必须在建立一个资源相对丰富的中文期刊信息的同时又突出本馆特色和重点学科特点的信息资源保障体系。由于台、港、澳中文期刊资源也相当丰富，尤其是台湾中文期刊，在中文期刊保障体系里要占据一定的比例，以充实本馆特色和重点学科馆藏。

（七）中文期刊信息资源建设原则

1.纸质与电子期刊资源相结合的原则

读者、用户利用中文期刊资源有着不同的目的，做学问、搞科研的读者，其信息需求量大、需求面广、利用信息意在便捷、信息检索要求查全率、查准率高，电子期刊特别能满足这种用户的需求。而对于只是为了消遣、娱乐或者扩大知识面的读者而言，纸质期刊则是更好的选择，因纸质期刊具有欣赏性、方便性、随意性，尤其是年长的读者更喜欢纸质期刊。因此，图书馆中文期刊配置应本着纸质期刊资源与电子期刊资源相结合的原则，正确处理好电子期刊与纸质期刊的入藏比例，学术期刊尽可能配置电子版，消遣、娱乐、知识性的期刊尽量配置印刷版。另外，从出版物的性质看，中文学术性电子期刊出版发行时间一般都要比纸质期刊晚，时滞大约在3个月至6个月。而教学、科研人员需要及时了解学科发展前沿的最新学术动态和最新科研成果，因此常用的学术期刊也要相应地配置纸质期刊，这样才能全面满足读者用户的实际需求。

2.与中文图书资源互补发展的原则

我国近几年中文图书出版量逐年增长，但也存在着这样的现象：有些类别的图书出版数量很大，甚至达到泛滥成灾的地步，而有些类别或冷僻学科的图书出版得较少，有的甚至极少。如农业类的图书出版得相对较少，而在农业类中园艺类图书出版最多，而农作物类别的图书又出版得极少；由此可见，各类文献出版资源总是不平衡的。因此，中文期刊配置要本着与中文图书信息资源互补发展的原则，中文图书出版量较少的类别、学科，应尽可能多配置这些类别、学科的中文期刊，使得图书馆这些类别、学科的文献资源不至过于短缺，从而影响读者、用户教学、科研工作的正常开展。

3.与台、港、澳期刊协调发展的原则

台、港、澳期刊有其独特之处，其中，台湾期刊学术价值较高，同时在许多学科上都是强项，如农业。加之我国大陆正在加大海西经济区建设的力度，对台湾期刊文献资源也是相当需要的。但相对而言台湾期刊价格较贵，每份期刊年价均在几百甚至千元。

（八）中文期刊配置策略

1.综合考虑期刊的各种属性

对学术期刊应多考虑其编辑方针和编辑部的性质。一般而言，科研院所、学术性出版社、大学出版社编辑出版的期刊学术价值较高。如科学出版社出版的期刊不包数量多而且质量高，现已出版三百余种期刊，被SCI收录的刊物有29种，被EI收录的有34种。目前我国大学学报有两千多种，且核心期刊占据较大份额。因此，在采购经费的分配上，要多分配一些经费配置这些期刊，以增强馆藏期刊的学术价值。而消遣性、娱乐性应多考虑其外观及装帧等因素，从而使配置的期刊充分满足读者的需求。

2.参照相关的期刊评价工具

中文期刊评价工具是一种对期刊科学、公正的评价方式，因此图书馆中文期刊资源配置时应认真参考相关的期刊评价工具。例如，《中文核心期刊要目总览》是对中文核心期刊的评价工具，它每隔3或4年就有新版问世，因此要注意参看最新的《中文核心期刊要目总览》。《中文核心期刊要目总览》（2011年版）的评价指标体系由9个指标组成：被索量、被摘量、被引量、他引量、被摘率、影响因子、被国内外重要检索工具收录、基金论文比、Web下载量，其评价指标的统计源由60余种数据库及文摘刊物构成。每个版本的《中文核心期刊要目总览》无论是核心期刊数量还是名次都会有所变动，如2011年版的《中文核心期刊要目总览》为1982种，而2008年版则为1800种，2011年版与2008年版相比就多了182种。另外在名次上也有所变动，如2008年版《大学图书馆学报》在图书馆学核心期刊里排名第四，而在2011年版就跃居第二位。为此，图书馆在配置期刊资源时应参照期刊评价工具，补齐新增的核心期刊，只有这样才能提高馆藏质量。

3.从读者、用户实际需求出发

要达到有效地配置中文期刊，必须从读者、用户实际需求出发。台、港、澳期刊，尤其是台湾期刊学科涉及面相当之广且价格比大陆期刊来得高，因此，要根据学科建设的需要来配置。需求量大的学科多配置，反之，少配置。学术性的期刊用户更多是利用电子期刊，而科普性、娱乐性的期刊读者则更喜欢纸质期刊；因此，科普性、娱乐性期刊应多配置纸质期刊，而学术性期刊应多配置电子期刊，对重点学科的期刊最好是二者都要配置，因为电子期刊虽然便捷，但存在时滞问题。

第六章　图书馆信息资源建设的共建共享

第一节　信息资源共建共享概述

一、信息资源共建共享的重要意义

（一）实现效益的最大化

如何利用有限的经费获取尽可能多的资源，是信息资源建设的一项基本原则。在没有进行整体规划和协调的前提下，各图书馆通过"自给自足"和各行其是的信息资源建设方针，必然会带来信息资源的重复建设问题，无法达到对有限经费的合理利用。

尤其是近年数字化进程的加快，各图书馆在数字化资源建设中，存在着多个图书馆对同一文献进行数字化处理的现象，这在很大程度上造成了资金的严重浪费。针对这一严重的浪费现象，实行信息资源共建共享，从而对各成员单位馆藏进行合理布局、分工协调，突出各成员单位馆藏文献信息资源的基本特色，通过馆际互借、文献传递等共享方式，使用本馆没有馆藏的这部分资源，将信息资源建设经费发挥到最优。

此外，许多图书馆通过图书馆联盟，以集团购买的形式采集数字化资源，也可以大大节约信息资源建设的成本，提高经费的使用效益，增加信息资源的价值。

（二）避免信息资源的重复建设

信息资源共建共享实现了各图书馆信息资源之间的相互流通、分享利用，可以在很大程度上弥补自身信息资源的缺乏和不足。参与信息资源共享的图书馆可统筹规划规划，其信息资源建设，可以避免重复购置、建设那些能从其他图书馆共享到的信息资源，从而可将更多的资金用于发展自身的特色信息资源建设这样，既可从整体上最大限度地避免信息资源的重复建设，又能提高各图书馆的信息资源建设水平和质量，提高信息资源系统的保障能力。

（三）实现信息资源的公平获取

地区发展水平的差距也使得信息资源公共获取上存在一定的差距，而这种信息的不公平又加剧了地区间的贫富差距。在我国，信息资源的分布出现了东部多西部少，且集中在少数几个大城市的不合理布局。这不仅容易造成信息资源的重复建设，还形成了"信息鸿沟"。所谓信息鸿沟，即"信息富有者"和"信息贫困者"之间的鸿沟。

信息鸿沟的出现日益影响着全民生活素质的提高和全社会的协调发展。要缩小信息鸿沟，就需要在经济欠发达的地区加大对信息资源建设的各项投入，建立起具有一定规模的信息资源库。但是，由于信息更新快的特点决定了要求欠发达地区的信息资源建设步伐跟上信息资源的更新速度，无疑给原本经费等社会资源不足的欠发达地区的信息资源建设雪上加霜，从而造成信息资源的重复建设和严重的浪费。要解决发展需要与现实之间的矛盾，只有建立和完善信息资源共建共享，才能不断缩小信息鸿沟，逐步实现信息公平。

（四）提高信息资源的利用率

信息资源共建共享对于开发系统、科学的信息资源系统，最大限度地避免了重建具有重要意义。同时，还使参与共享活动的各图书馆之间形成信息资源建设各有特色的局面。

各图书馆之间实现信息资源共享，但就其中的某一个图书馆而言，利用这种信息资源共享局势，不仅可以为其用户提供本馆所拥有的信息产品和信息服务，还可以为其提供共享合作单位的信息产品和服务。这样，在更好地满足用户信息需求的同时，还可增加该馆所拥有的用户数量和使用范围，提高其信息资源利用率，对社会整体信息资源利用率的提高也具有很好的价值。

（五）满足用户需求的最有效途径

随着生活水平的提高，人们对信息资源的需求不再仅仅满足于单一的服务方式和服务内容，而是开始寻找那些内容全、形式多样、来源广泛的信息资源。图书馆想要满足现代信息用户多样、复杂的信息需求，只有在各图书馆之间实现信息资源共享，将其他图书馆丰富的信息资源作为自身信息资源建设的有利补充和无限延伸，才能真正为用户提供高效率和高质量的服务。

实现全社会信息资源的共建共享，有利于将各个图书馆的信息资源集合起来共同构成一个大而全的数据库。在这个大而全的数据库中，各个图书馆相当于其不同的"入口"，用户可以利用其中任何的一个"入口"获得所需要的信息资源。

二、信息资源共建共享的模式

信息资源共建共享模式是一直以来备受关注的问题，它是指某种事物的标准形式或使人照着做的标准样式，只要是两个或两个以上的机构或地区，或系统之间通过分工合作，统一标准，统一规划，统一服务，相互协调等方式而开展信息资源建设和服务就可以称为共建共享。信息资源共建共享没有固定的模式。近年来，人们更习惯以共享活动所涉及的系统和地区范围的大小来划分信息资源共享的模式。

（一）垂直型共建共享模式

系统内部的各机构，通过不同层次之间的协作，进行信息资源共建共享就是垂直型共建共享模式。例如，下属单位与中心（或上级）机构建立联系，以此利用中心（或上级）的信息资源。

在垂直信息系统中，由于各个成员之间只有行政和业务上的隶属关系，因此，组织起来相对比较容易得多。但是，由于垂直型结构是相对封闭的，它排斥了横向（即跨系统）之间信息资源的充分共享。尤其是当成员之间地理空间的距离比较远时，要进行必要的管理和联系就可能带来不便。

（二）水平型共建共享模式

同一地区内的不同系统，不同行业之间的信息系统进行信息资源共建共享的模式就属于水平型共建共享模式。水平型（横向）共建共享机构之间的隶属关系是不同的，当这些机构对信息的需求不同，且彼此之间缺乏合作的强烈动机和有力协作机制时，实施起来就显得较为困难了。

（三）网络型共建共享模式

全国范围内或地区范围内的所有不同机构系统或成员之间建立的可以直接相互连接，实现共建共享信息资源的模式就是网络型共建共享模式，也称纵横联合共建共享模式。这是一种最理想的模式，但在实践的操作中难度最大，不容易实现。

（四）多网共建共享模式

两个或两个以上网络信息服务机构通过合作，将不同环境中大量的、分散的信息资源进行整理、优化，以形成有利于各个信息服务机构，有不同用途的网络信息资源，供社会共享的方式称为多网共建共享模式。

多网共建共享模式的产生首先是出于对网络信息服务机构参与社会竞争的考

虑，通过多网合作共同建设，信息服务机构不仅可丰富自己的网络信息资源，实现网络信息资源共享，还可以减少费用，提高经济效益和生产力。此外，随着信息技术和网络技术的发展，其他类型网络的信息服务出现了互相交叉融合的趋势。当然，用户需求的多样化、个性化与集约化，也是实现多网共建共享模式，满足用户需求的最佳途径和必然要求。

1.多网共建共享模式的类型

目前，常见的多网共建共享模式的类型主要有：

第一，互补型。

互补型模式充分利用了各方优势和劣势的互补，共同合作建设网络资源实现共享。在互补型模式中，各方之间是一种互补关系，通过合作扬长避短，可以有效降低成本，优化自身资源结构实现双赢效应。

第二，聚集型。

聚集型模式中合作的一方一般是已经具有了良好的技术、人才和信息资源基础的。在这个前提下利用聚集型模式可以提高自身网络信息资源的质量，优化资源结构，扩大资源的种类和数量，与相关的机构合作号整合，聚集优势资源形成规模效应，提高信息服务的水平，加强竞争力。

第三，共享型。

为了合作各方避免重复建设，可以运用共享型合作模式将各自相同的资源部分进行整合与利用，以节约成本，使之集中力量开发具有自己服务特色的网络信息资源。

第四，开发型。

开发型模式主要是为了充分利用网络信息资源，开拓新的服务项目而进行合作的一种模式。在这种模式中，合作各方是以网络信息资源的开发利用为基本点，带动经营、管理、服务等方面的创新。

2.实现多网共建共事模式的方法

第一，联合建立网络信息服务机构，这样就可以避免因单独技术所带来资金、技术、信息资源、人才等方面的不足。而目通过资源整合还可以丰富网上信息资源和网上共享水平。

第二，对网络信息资源整合，使合作的双方能够在网络信息资源开发利用的基础上实现互补，进而丰富自己的网络信息资源。同时，这种方式还有利于建立具有自己特色的网络信息资源，节约重新开发网络信息资源的费用。

第三，超链接作为网络的特点之一，其除了能够为信息服务机构提供丰富本身内容或技术等服务项目合作外，还有利于合作双方的共建共享。

总体而言，多网共建共享模式主要是具体的企业之间的合作。组织形式分为一对一，一对多，多对多三种形式。一般情况下，网络信息机构共建共享不管以何种方法实现，合作对象都不会只有一个。

3.多网共建共享的途径

第一，对等交换。即网络信息服务机构双方在相互为谋求发展、共同受益，互相合作所采取的一种多网共建共享途径。

第二，利益分成。合作本身就是一种互惠互利的关系，但受到资源整合比例不平衡的影响，可能还会产生一些不同的经济、社会效益，此时合作就具有了一定的差异性，在此差异的基础上，双方为达到合作目的，还必须对产生的效益按一定的方式和比例进行分配。

第三，购买。当需求方与资源拥有方之间的差距较大，用合作的方式不能完全实现资源共享时就需要采用购买的方式来实现。

第四，互置股权。主要是合作双方在资源的利用、整合上有互补的特点或者跨地域、跨媒体的双方均有向对方领域渗透的意向。

信息资源共享是人类的理想，它需要我们克服狭隘意识，积极探索更多更好的信息资源共建共享模式，努力实现现代信息资源的共建共享目标。

（五）镜像站点共享模式

对于一些专门从事信息服务的机构而言，由于对数据库的访问量很大，且对数据库的及时性、准确性、全面性要求很高，原始的数据库可能难以满足更多的用户需求，此时就可以考虑采用镜像站点的方式来开展信息服务。镜像是在获取资源网站的许可后，将资源网站的相关数据库完整地下载到本地站点服务器上，建立一个与源站点相同的数据库，用户可以在镜像站点上获取与访问源站点完全相同的信息服务。这种模式比传统的服务方式具有更显著的优点，突出表现在提供全文信息服务方面。

由于镜像站点的数据资源集中保存在本地的服务器硬盘或磁盘阵列上，并且具有独立的IP地址，极大地节省了网络通信和客观费用。此外，建立镜像站点还可以进行本地化服务，根据本地区的实际情况发展自己的客户端，所有这些客户自然地成为镜像数据库资源的用户，使信息资源共享。目前，镜像站点共享模式已被许多信息机构采用。

（六）小共建大共享模式

小共建大共享包括两个方面的内容：一是系统共建，全国共享；二是区域性共建，全国共享。就是说，信息资源共建共享应采取全国性系统内的共建共享和地区性跨系统的共建共享相结合的模式。

在这里要实现全国性系统内的共建共享模式，就需要在全国性各行业系统中分别建立本系统的信息资源建设体系、信息资源保障体系、信息资源存取体系、信息资源利用体系和信息资源传递体系，以最大限度地实现全国性各行业系统的信息资源共享。而地区性跨系统的共建共享模式主要针对的是以省为系统，建立一省范围之内的跨系统的共建共享网络。

小共建大共享模式的优势主要表现在以下两个方面：

第一，便于协调。

在全国范围内建立信息资源共建共享模式，对于减少信息资源共建共享中无谓的重复现象，整体提高国家信息资源的保障能力具有重要的意义。尽管这种模式在实现全国的大统一过程中也可能会出现系统之间的信息资源重复现象，但它实实在在地实现了系统内的信息资源共建共享。同时，在允许的范围内，可以一定程度地实现全国的共享。

第二，区域性跨系统的共建共享已取得一定的成功。

由于实行一省之内跨系统的信息资源共建共享的难度远远小于实现全国性跨系统的信息资源共建共享，目前，区域性跨系统的信息资源共建共享已取得了显著的成效。

第二节　信息资源共建共享的形式——图书馆联盟

一、图书馆联盟概述

图书馆联盟是指两个或两个以上的图书馆结成的联盟，其核心是"联盟"。最早的资源共享形式自人类社会产生图书馆起就开始了，此时的共享是图书馆之间的合作。图书馆合作又称为馆际合作，是指两个或两个以上的图书馆为了增进服务及降低成本共同从事的合作采访、合作编目、合作储存、馆际互借、相互允许合作组织内的其他图书馆读者利用本馆资源以及合作人员训练等活动。

图书馆联盟无论是在我国还是世界上其他图书馆业比较发达的西方国家都还是一个新生的事物，至今没有统一固定权威的定义。随着资源共享的理念日益深入人心，图书馆合作的内容不断增加，图书馆联盟作为一种共建共享的有效模式被提出并得到广泛采用。图书馆联盟作为联盟的一种，可以通过联盟的定义为其进行界定。因此，图书馆联盟可以看作是以实现资源共享、利益互惠为目的，受共同认可的协议和合同制约的联合体。

现代图书馆联盟强调的是网络环境下的资源共享，突破传统图书馆网的范畴，把图书馆视为信息系统中的重要一环，将图书馆与其他信息处理部门连接起来，共同完成对信息的处理。实现信息资源的共享是图书馆联盟的最终目的，一定的技术和硬件支持是图书馆联盟的基础，所有缔结的协议、条约或者合同是图书馆联盟的基本保障，各个参与联盟的图书馆共同遵守所有缔结的条约是图书馆联盟得以正常运行的前提，每个图书馆都必须严格遵守缔结的条约，否则联盟很难实现。

图书馆联盟在信息资源收藏、建设、利用等方面具有独特的特点，这些特点决定了在信息时代图书馆联盟能够发挥较大的效应，以有限的资源去满足知识经济时代人们对知识的需求。

（一）资源共享的公益性

资源共享的公益性是图书馆联盟资源共享区别于其他联盟的资源共享的最大特点。图书馆联盟不同于其他联盟，其资源共享不是供图书馆自己使用，而是为了最大限度地满足用户的需求，最大限度地发挥资源的效用。因此，我们认为图书馆联盟资源的共享性并不只是联盟成员之间的共享，而是其服务对象所享有的共享，显然这种资源共享具有很强的公益性。

（二）资源建设的协调性

图书馆联盟的最终目的就是通过实施共建共享，使有限的资金或尽可能多的资源种类，去满足最大范围的用户的需要。当然，要达到这一目的，就要求图书馆联盟的各个成员在资源建设上能够相互协调、互通有无，避免资源建设的重复。因此，资源建设的协调性是图书馆联盟的重要特点。

（三）联盟各成员馆发展的特色突出

图书馆联盟的目的是以有限的资源满足读者最大的服务需求。信息发展的速度是任何图书馆都无法赶上，无法以充足的资金购买所有的资源，这导致很多图书馆只能以有限的经费购买最常用的资源，从而导致资源的重复。建立图书馆联盟以后，各成员馆在资源建设中相互协调，扬长避短，形成自己的特色，既可以使本馆得到最大的发展，又可以满足任何服务对象的需求。

二、图书馆联盟的类型

（一）按组织形式划分

按组织形式划分，可以将图书馆联盟分为紧密型的图书馆联盟和松散型的图书馆联盟。

1.紧密型的图书馆联盟

在紧密型图书馆联盟中，各参与联盟的图书馆之间存在紧密的联系，形成了一个较为正式而且固定的联合体，并实现了较为完全的信息资源共建共享。一般而言，这种类型的图书馆联盟常常有具体同一的组织机构，即便没有组织结构，参与联盟的图书馆业都设有专门联系图书馆联盟事宜的专门的业务部门或者工作人员，协调联盟各方实现馆际互借、联合编目、共同检索，甚至实现联合采购等。紧密型的图书馆联盟是未来图书馆联盟发展的趋势。

2.松散型的图书馆联盟

在松散型的图书馆联盟中，各个图书馆之间的联系较为松散，且很少有实际的组织结构，参与的各个图书馆也很少设有专门的业务部门或者工作人员负责联盟的事宜。松散型联盟具有快速、机动、富有弹性、无须专职人员协调的优势。但是，它缺乏共同的要求、统一的领导和稳固的资金保障，服务项目也很少。

（二）按地理范围划分

按地理范围划分，可将图书馆联盟分为地区性的、全国性的、国际性的图书馆联盟。

1.地区性的图书馆联盟

地区性的图书馆联盟一般是由同一地区内的图书馆结合而成。由于这种类型的图书馆间地理距离较近，服务对象也较同一，且参与联盟的各方比较容易协调，因此，成了当前传统图书馆联盟的主要形式。

2.全国性的图书馆联盟

全国性的图书馆联盟，就是全国范围内图书馆参与的图书馆联盟。

3.国际性的图书馆联盟

国际性的图书馆联盟一般是由两个或者两个以上国家的图书馆结成。全国性和国际性的图书馆联盟受网络技术的影响较大，参与的各方一般是技术比较先进，电子化、数字化程度较高的复合型图书馆或者是数字图书馆。图书馆联机计算机中心就是著名的国际性图书馆联盟。

（三）按参与联盟图书馆的性质划分

按参与联盟的图书馆的性质划分，可以分为综合性的图书馆联盟和专门性的图书馆联盟。

1.综合性的图书馆联盟

参与综合性的图书馆联盟的图书馆一般具有多种性质，这些图书馆可能有专业图书馆、系统图书馆、单位图书馆或者是大型综合性图书馆。

2.专门性的图书馆联盟

参与专门性图书馆联盟的一般是那些性质比较专一的图书馆，如美国协作机构委员会虚拟电子图书馆计划就是校际联盟的图书馆联盟。

（四）按参与联盟的图书馆文献的种类划分

按参与联盟的图书馆文献的种类划分，可以将图书馆联盟划分为传统图书馆联盟、数字图书馆联盟和混合图书馆联盟。

1.传统图书馆联盟

传统图书馆联盟一般是指那些由收藏传统纸质文献为主的图书馆所组成的联盟。由于受地域等诸多条件的限制，这类联盟影响的范围较小，随着时代的发展必将为其他类型的图书馆联盟所取代。

2.数字图书馆联盟

数字图书馆联盟是指那些由数字图书馆组成的图书馆联盟。数字图书馆联盟中的信息资源的共建共享都是通过网络和相应的终端来实现的。由于数字图书馆联盟是随着信息时代而逐渐发展起来的，符合时代的要求，因此，其必将成为信息化时代图书馆联盟的发展趋势。

3.混合图书馆联盟

参与混合图书馆联盟的图书馆形式比较多样，有数字图书馆，也有复合型图书馆，还可能有传统的图书馆，这类联盟是当前我国采用的最为普遍的形式。

三、我国图书馆联盟发展现状与策略

（一）我国图书馆联盟发展现状

20世纪90年代后，计算机技术、网络技术、多媒体技术，以及数字化技术等都得到了迅猛发展，为图书馆联盟的建立提供了硬件基础。在建立图书馆联盟过程中引入这些技术，可以有效地提高图书馆自身的自动化、电子化建设，而且还能够促进图书馆间、图书馆与广大读者间的网络化即时通信联络。技术的发展除了为图书馆建设提供帮助外，还为广大读者提供了便利，使读者随时随地利用文献成为可能，也为图书馆联盟的建立提供了巨大的顾客群。当前，全国各地的图书馆都在积极进行自动化、网络化建设，为建立图书馆联盟实现联合目录、公共检索积累了相当数量的书目数据，为实现资源共享奠定了基础。

科学文化水平的提高也是促进图书馆联盟发展不可忽视的重要因素。当前，自动化办公已经成为社会的潮流，图书馆也不例外，图书馆的办公自动化程度在历史潮流的推动下日益加快。在这种形势下，各图书馆正在通过各种途径建立起一支结构和类型基本合理，能基本满足本馆自动化工作需要的专业技术队伍，为图书馆联盟的建立提供了较强的人力资源基础。

当然，在图书馆联盟形成并发展的过程中，作为由两个或两个以上的图书馆联合而成的图书馆联盟的建立还会面临着经济、思想的制约，严重地影响图书

联盟的建立。我国图书馆性质非常复杂，有公共图书馆，也有非公共的图书馆，公共图书馆之间建立联盟的条件较为成熟，但是其管理机制尚未健全。而其他非公共性质的图书馆由于服务对象只限定在本系统，本单位内部没有合作或协作的观念和意识，严重制约了文献信息资源的共建共享，也严重影响了图书馆联盟的建立。而不同性质的图书馆之间，由于技术设备相差悬殊，绝大多数难以满足建立图书馆联盟的技术要求，严重制约图书馆联盟的建立。

（二）我国图书馆联盟发展的策略

1.理顺图书馆的管理体制

我国的图书馆大体可以分为公共系统、科学（专业）系统、高校系统三种性质，这些图书馆之间由于隶属的地区、系统或单位，主管部门各不相同，且文献收藏品种、数量、质量、范围也各不相同，导致图书馆之间协调困难，严重影响了图书馆联盟的建立。为此，要求这些图书馆必须以单位体制改革为契机，理顺图书馆的管理体制。各个图书馆之间统一规划、统一技术标准、统一运行规则，包括作业流程、业务处理、信息交换、行为准则等技术和非技术的协议和标准，为图书馆联盟的建立做充分的准备。

2.加强图书馆工作队伍建设

图书馆联盟除需要一定技术的支持外，其成败在很大程度上取决于人，取决于图书馆工作人员的技术水平和思想水平。尽管当前我国图书馆工作人员已经具有了一定的技术素质，但是与其他图书管理事业发达的国家相比，还存在很大的差距。因此，在加大图书馆自动化设备建设的同时，必须加大人力资本的投入，加强图书馆工作人员的培训。

3.建立特色化馆藏

图书馆联盟的目的是实现图书间的互补，这就要求参与联盟的各个图书馆馆藏不同，从而实现馆际之间的馆藏互补，以充分实现文献信息资源共建共享。但是，当前我国的许多图书馆还存在严重的"重藏轻用"观念，在经费有限的情况下，各图书馆在文献上无法求全的情况下，以通用的"核心""重点"为标准，进行馆藏建设。很多图书馆都收藏"核心""重点"书刊，导致图书馆之间收藏大同小异，无法实现或者根本没有必要实现资源共享。为此，各个图书馆应该在统一机构的协调下，合理进行文献信息资源建设。例如，以需求为导向，建设特色化馆藏；集中财力，围绕某一学科领域系统收集。各馆可按学科专业、文献类型、文献文种方面，实行分工购藏。特色化馆藏是图书馆信息网络化建设及文献信息资源合理布局与协调发展的必然趋势，要使文献信息资源建设尽快由自然发展状态变为宏观指导下的合理布局，减少不必要的重复与缺漏，为图书馆联盟的建立奠定基础。

四、图书馆联盟的发展趋势

考察国内外各类型图书馆联盟的发展历程和现状，结合图书馆联盟发展的环境和条件，可以发现图书馆联盟的某些发展态势。

（一）图书馆联盟开始相互渗透和融合

受到网络信息技术不断发展，以及联盟活动日益深化的影响，一些图书馆联盟开始与不同类型图书馆联盟相互融合，吸收其他类型的成员馆的特色馆藏。例如，美国许多基于公立大学图书馆的联盟现在都在某种程度上扩充了它们的服务范围，如乔治亚州的 GALILE。现在的成员馆已包括私立大学图书馆、职业技术院校和公共图书馆，弗吉尼亚州的 VIVA 包括了私立大学图书馆，并开始向州内的其他行业图书馆扩充。

（二）图书馆联盟呈现多极化趋势

图书馆联盟的渗透和融合并没有显现联盟无限扩大的趋势。而是一方面在购买电子资源数据库，联合目录等基本服务方面参加大型的联盟，另一方面也在组建或加入一些小的联盟以解决专门的共享需求。

就国内的图书馆联盟而言，人们已经意识到，加入图书馆联盟只是作为满足不同需要的手段，因此，他们会根据自己的需求选择参加多个不同的联盟，并在其中扮演不同的角色。图书馆根据自己的资源和服务特点有选择地参与多个联盟组织的集团采购以获得优惠，使得国内图书馆联盟的数量近年来有了快速的增长。

（三）图书馆联盟向数字图书馆的方向发展

当前图书馆联盟活动开始向电子资源集团采购和基于 Web 方式进行的馆际互借和文献传递方向发展。许多图书馆联盟通过互联网将其目录或其他信息资源链接在一起并提供获取原文的服务。有些联盟则采取更进一步的措施将原本不兼容的系统协调在一起，实现了联盟内各成员馆馆藏和借阅信息的无缝链接，开始逐渐向图书馆的无墙化、网络化转变。

就国内图书馆联盟而言，其启动和建立大多数集中在 20 世纪 90 年代中期以后。随着中国互联网技术的高速发展，这些联盟从一开始就基于网络进行设计并开展，如联机编目、联合目录、公共检索、专题数据库，以及馆际互借和文献传递服务等功能。同时，还有许多图书馆联盟已经开始尝试向数字图书馆转型。

五、发展图书馆联盟建设的意义

随着现代信息技术的发展，图书馆为了在社会信息化进程中求得生存和发展，逐渐形成并发展起来新的合作形——图书馆联盟。图书馆联盟作为一种信息资源共建共享的重要形式，对当前图书馆事业的发展具有十分重要的意义。

（一）带来直接的经济效益

图书馆联盟使资源运筹从图书馆内部扩大到外部，使联盟图书馆的各种投入要素重新组合并实现更多的产出，形成联盟的规模产出效应，实现了对各种资源的有效组织和利用。图书馆联盟通过集团采购、合作编目、馆际互借、文献传递、参考服务等各个环节的合作，降低了资源建设成本和服务成本，由此所带来的经济效益十分明显。

（二）最大限度地满足了读者的信息需求

在社会信息化的今天，读者的信息需求已发生了巨大的变化。传统的图书馆的封闭独立特性，已经不能满足读者对文献或信息服务的要求。读者的需求开始向多元化信息包括视频信息（包括静态的信息如文本信息、图像信息，动态信息如动画、电视、电影、交互式媒体）、音频信息（包括声音、音乐等）和超视声频信息（包括超声频、视频信息）等多元化的需求转变。并且，这种信息需求也不再局限于具体的图书馆、信息研究所、文献中心等机构，而是超越国家、地区的限制转向全球信息需求。显然，任何一个图书馆仅仅利用自己的资源来全面满足读者的需求是不可能完成的事，而通过图书馆联盟在一个国家、地区或系统内部有计划、分层次、有侧重地协调合作地收藏文献资料，建立联合目录和文献数据库中心，联合开展多种形式的文献信息服务，形成强有力的信息保障体系，才可能最大限度地满足读者需求。

（三）我国图书馆宏观管理领域的制度创新

我国图书馆事业的管理体制的不完善，导致长期以来各区域图书馆之间缺乏协调和联系，跨系统跨地区的信息资源共建共享存在诸多障碍。尽管在过去数十年间，各图书馆之间也有过不同形式的合作，但受到计划经济体制的影响，这些合作基本上是由行政力量主导的，各参与者缺乏经济利益的驱动，合作者之间缺乏利益平衡机制，责、权、利不明晰。因此，合作的效率低下，合作的实际效果也很有限。

针对上述状况，迫切需要建立一个统管全国各类型图书馆的行政职能部门，对全国的图书情报事业，包括信息资源共建共享进行集中管理。当然，基于我国经济体制和行政管理体制改革的方向而言，其可行性并不高。因此，我们更倾向于建立横向协调的图书馆联盟，即在自愿的基础上，由政府实施宏观管理，参与的成员主体地位平等，参与的程度由成员自主决定，参与的利益由成员分享。这种联盟既与国际接轨，又符合中国的实际情况，是我国图书馆事业宏观管理领域的制度创新。

第三节　国内外信息资源共建共享实践

在数字化的信息时代，单凭一个信息服务就想拥有全世界的信息资源是不可能的。可以说，开展广泛的分工协作与资源共享不仅是各国信息服务机构的必然选择，也是各个国家信息政策中必不可少的一项重要内容。

一、国外信息资源共建共享实践

（一）美国信息资源共建共享实践

1942年至1972年，美国数十家图书馆参与了图书馆界提出的在全国范围内协调国外信息媒体采集的"法明顿计划"。他们按《国会图书馆图书分类法》把所有学科分成804个类目，在60家大型图书馆成员馆中按类和地区分配信息媒体的采集任务，保证各种有价值的国外信息媒体至少在美国有一册（件）入藏。同时，将采集来的某类信息媒体集中在某一个图书馆，并编入全国的联合目录，提供全国用户共同使用。在整个计划执行期间，以国外信息媒体分工采集为核心的信息资源共建活动，为提高全美信息资源的丰裕度起到了极为重要的作用。

1978年，为了解决全国期刊资源的布局与保障问题，美国国家图书馆与信息科学委员会提出了一个"全国期刊中心计划"，把期刊在全国的采集入藏任务按三个级别在不同的信息服务机构进行了如下分配：

第一级由地区性的基层信息服务机构所组成，每个信息服务机构采集入藏2000种左右利用率较高的期刊，满足本单位80%的用户需求。

第二级由新组建的国家期刊中心负责，采集入藏45000种现期期刊，以满足基层单位80%满足率之外的15%的用户需求。

第二级由国家图书馆（国会图书馆、全国医学图书馆和全国农业图书馆等）及其他具有一定权威性的专门性信息服务机构所组成，其任务是采集入藏能够满足余下5%对用户而言是高度专门化需求的期刊。

尽管到最后这个计划中的NPC因没有得到联邦政府的资助而流产了，但它的任务由研究图书馆中心所接替，收藏的期刊达到了60000种以上，仍然使美国期刊的三级保障体系得到了确认。

（二）英国信息资源共建共享实践

1946年，为了使相关的信息资源能够在伦敦地区得到合理的收藏与利用，英国伦敦开始率先实施"伦敦地区小说保存计划"，即伦敦地区各信息服务机构按小说作者的姓氏开头字母划分采集范围，进行相关信息媒体的收藏。后来整个计划扩展到了全国，更多的信息服务机构参与了这一资源共建活动。

1948年，伦敦地区28家信息服务机构开始了地区范围内按学科专门化进行信息媒体分工采集的信息资源共建活动，他们首先按杜威分类法所分的55个学科领域，将每个或几个领域的信息媒体采集分给一个信息服务机构来承担。这些信息服务机构所承担的学科领域并不是随意的，而是严格注意了学科之间的联系，并考虑了各信息服务机构原有信息资源的基础。

目前，英国共分12个信息资源共建协作区，每一至两个区设立一个地区管理机构，由它们来对本地区信息资源共建共享进行具体规划、协调，使每个信息服务机构的信息资源都形成各自的特色，而将这个地区内所有信息服务机构专门化的信息资源综合起来，就形成了一个相对完备的综合性的信息资源体系，使用户的大多数需求都能够在地区中得到满足。

在全国信息资源共建活动中，英国国家图书馆所处的地位比较特殊，它不仅和地区的合作委员会达成协议，划分了中央和地区各自采集入藏信息媒体的范围和级别，还和其他一些信息服务机构分工采集具有全国意义的信息媒体，从而使通过资源共建所形成的英国全国的信息资源的布局层次更加清楚、合理，实现了以地区级信息资源建设协调为主、以国家级信息资源建设为后备补充的两级信息资源保障。

（三）北欧部分国家信息资源共建共享实践

北欧在信息资源共建共享模式中表现比较典型的国家主要有挪威、瑞典、芬兰、丹麦四国。这四个国家为了解决有限的经济实力与全面采集世界所有信息媒体的矛盾，提高信息资源的保障程度，从1957年就开始制定和实施"斯堪的亚计划"，即信息媒体合作采集计划。在该计划中，由四个国家的15个信息服务机构，按照合作采集计划，在采集北欧以外的信息媒体时，以学科主题、地区和文种进行分工，使每个信息服务机构分别成为某一学科或类型的信息资源中心、书目信息中心和馆际互借文献传递中心，共同满足四国用户的信息需求。

北欧四国之所以能够取得信息资源共建共享的成功，究其原因，与其有相邻的领土，相同的政治、经济、文化传统，具有国际合作的基础是分不开的，他们在进行信息资源共建共享时，不仅能够从各国历史情况和原有基础出发，保证信息资源的系统性，也能够照顾现实情况和发展需要，合理分工，以形成新的、完整的信息资源保障体系。北欧四国的成功为其他各国进行信息资源建设的国际协调和合作提供了宝贵的经验。

（四）日本信息资源共建共享实践

尽管相对于西方国家而言，日本的信息资源协调共享起步较晚，但它却具有自己的特色。从1977年开始，日本文部省就在国立大学中实行"共同利用计划"，为全国范围信息资源共建共享拉开了帷幕。在"共同利用计划"中，首先对国外科技期刊的订购进行了划分，具体包括校内使用、地区共用、全国共用三种类型，规定某些专业学科的期刊由各地区的重点大学负责收藏，供本地区使用；某些专深、罕用的期刊由全国性的大学负责收藏，供全国使用。地区共用和全国共用期刊的订购费由文部省统一拨付。

日本的信息资源大部分集中在大学图书馆，从20世纪70年代开始，日本文部省和日本学术审议会还组织大学图书馆建立全国学术情报系统，以充实一次信息媒体的采集与提供，加强二次信息媒体检索系统的建设，促进三次信息媒体的生产与专门文献数据库的形成。目前，这个系统主要集中在7所大学之中，其中有6所大学分担订购理工农医等学科的国外期刊，以权威文摘刊物收录的期刊为订购对象；于人文社科方面期刊的订购，则由文部省拨出专门的经费，指定专门的信息服务机构负责；东京大学承担了这个系统的枢纽作用。

二、我国信息资源共建共享实践

（一）我国信息资源共建共享方面的理论

我国信息资源共建共享的理论经历了从"文献信息资源共建共享"到"信息资源共建共享"的转变，整个环境也经历了从传统图书馆环境到网络环境的转变。在对国外信息资源共建共享的成功经验借鉴的基础上，我国信息服务机构在信息资源共建共享方面的理论研究和实践的发展中也取得了较大的成绩。

文献信息资源共建活动最早产生于19世纪末的德国，而后在世界各地迅速发展起来。随着世界范围内文献信息资源共建活动的广泛开展，各国逐渐形成了独具特色的文献信息资源共建理论，并影响着其国内的文献信息资源共建共享的实践。

我国图书馆界公认的信息共建理论研究的起点被认为是20世纪80年代初期。但是，从20世纪50年代开始，我国就进行了全国性的信息资源共建共享活动。

进入20世纪80年代初期，全国各地和各系统陆续组织和开展了一些诸如信息媒体采购协调、信息资源集中编目、馆际互借等信息资源共建共享工作。从这一时期开始，我国信息资源共建理论大致经历了两个阶段：第一阶段是1984年到1994年，是传统的图书馆文献信息资源共建理论研究阶段；第二阶段是从1995年至今，是网络环境下的信息资源共建理论研究阶段。由于这两个阶段所处的信息环境不同。因此，关于信息资源共建的理论也不同。

1.1984年到1994年的文献信息资源共建理论

1984年9月，全国高校图书馆工作委员会在大连召开了全国高校图书馆藏书建设研讨会，首次提出了文献资源和文献资源建设的问题，图书情报界很快接受了这一提法，并对此进行了热烈的讨论，这一事件标志着我国图书馆理论界由藏书建设的微观研究转向宏观研究。

1986年11月由中国图书馆学会在南宁召开的"全国文献资源布局学术研讨会"（简称"南宁会议"）标志着我国文献资源建设从基础理论研究向应用理论研究转变。这次会议具有深远的历史意义，其影响主要体现在以下几个方面：

第一，初步明确了"文献资源布局"概念的含义，使文献资源布局的专业术语得到广泛流传。

第二，讨论了文献资源布局的原则、目标、模式、措施，提出了将全国文献资源布局区分为全国布局（一级布局）、地区布局（二级布局）和介于二者之间的系统布局的框架模式，以及三级布局、一点式布局、三点式布局、七点式布局、分省布局等较为具体的模式方案，为设计我国文献资源布局的模式及方案提供了重要借鉴。

第三，直接引发了规模宏大的全国文献资源、调查和布局研究。特别是在全国轰轰烈烈地开展的"全国文献资源布局调查"本着以"摸清全国文献资源的家底、合理布局全国的文献资源"为目的，调动了全国万余名图书情报工作者参加，用了四年的时间，总共调查了五百多个有代表性的信息服务机构的2000余个研究级学科信息资源，基本查清了我国整体信息资源的储备情况，建立起了"全国文献资源数据库"和"全国文献资源调查用户评议数据库"，实现了预期的目的。

这次调查活动对促进我国信息资源的整体化建设，以及我国信息资源共建共享研究和实践产生了极为深远的影响。在这次全国文献资源布局调查的影响下，我国各级各类信息服务机构的信息资源共建共享活动出现了一个高潮。

第四，使文献资源整体化建设的思想深入人心，从理论和实践两个方面促进了中国文献资源建设由微观向宏观的过渡。

同年，国防科工委情报网每年都会对本系统外文报刊订购进行协调，将进口报刊的重复减低到最小限度，并将各单位订购的外刊统一建库。到1994年，该数据库已发展到350个单位的2600种期刊。

从1987年开始，中科院系统的上海、兰州、武汉、成都4个地区的图书馆开始进行外文期刊协调采购，到1990年，共减少重复期刊2123种，增加新刊408种，节约经费155万元。

1988年，华东地区的复旦大学、南京大学等12所大学成立了外文书刊采购协调网，开展了外文期刊的协调订购，减少了重复，增加了品种。这项活动的开展，使得到1992年，累计节约经费186万元。在这个协调网的基础上，1994年，全国高校图书馆工作委员会期刊专业委员会组建了全国高校期刊协调网，有80余个教育部直属高校参加，使信息资源的协作共建得到进一步扩大，每年为国家节约经费更是超过了1000万元。

1994年，由上海地区高校、科研、公共和情报四大系统的信息服务机构组成的上海地区文献资源共享协作网成立，下设外文书刊采购协调组，在联合采购、协作协调的理念指导下，对各单位订购的2500种外文期刊进行了协调，节省经费120万元。

从"南宁会议"到1994年的8年时间里，我国图书馆工作者就全国文献资源布局整体化建设理论问题进行了讨论，并最终形成了以下5种具有代表性的全国文献资源布局模式。

第一种，三级文献保障模式。在20世纪90年代中期前该模式比较有影响。其具体内容是：第一级是各省市、自治区根据其实际需要，建立综合性的文献资源系统，由一些重要的图书馆和情报所分工负责，在入藏文献的研究级水平上进行协调、共同解决本地区80%的文献需求；第二级是全国具有独特优势的专业图书馆、情报所等，可以在自己专门而深入的专业领域，使藏书达到完整级的水平，解决第一级保障层次未能解决的文献需求；第三级是由国家图书馆、国家科技情报中心、社科院文献信息中心、科学院文献情报中心等全国性综合图书情报机构集中收藏的罕见资料，供全国利用。

第二种，系统布局模式。该模式由一系列按行政系统划分的图书馆网络构成。系统中各个相关图书馆结成纵向的层次联系，以满足该系统读者的文献需求。

第三种，一点式布局模式，即在全国只建立一个文献资源中心——北京文献信息资源中心。这个中心由北京的一些综合的、专业的大型和超大型文献收藏机构组成。

第四种，三点式布局模式，即主张在全国建立三个国家级文献资源中心，除北京外，还应在上海和四川（成都或重庆）建立两个国家级文献资源中心。这两个中心同样也由公共、高校、科学专业，以及其他文献收藏机构组成。

第五种，七点式文献布局模式，即认为国家级文献资源中心应均匀分布，在北京、上海、沈阳、广州、武汉、重庆、西安建立7个国家级文献资源中心，覆盖全国，提供方便快捷的文献服务。

2.1995年至今的信息资源共建理论

随着1994年我国正式接入互联网，我国的信息环境也发生了巨大的变化，网络信息资源成了图书馆满足读者信息需求的重要信息资源。在信息基础设施不断完善的前提下，我国图书馆的网络化建设也得到了较快的发展，信息环境的变化，使得我国的文献资源共建理论也发生了变化。

随着人类记录和传播知识、信息的手段和方式的巨大变化，导致了文献资源建设的变革。20世纪90年代中期，我国的一些学者提出了文献资源建设要向信息资源建设发展的问题。

1995年3月21日，原国家纪委、原国家科委、国家信息中心联合下发了《关于开展全国信息资源调查的通知》，对全国数据库和电子信息网络资源展开调查。

1997年4月，原国家科委下发了《国家科委关于加强信息资源建设的若干意见》，将数据库建设确定为信息资源建设的重点。

由上述事件可以看出，图书馆学界和情报学界对信息资源建设的理解是不完全一样的，甚至有很大的不同。但是，我们认为在共同的网络环境下，图书馆学界和情报学界关于信息资源建设的不同理解是应该而且完全能够加以整合的。网络环境下的信息资源建设既包括文献型的资源建设，也包括数据库的建设。信息资源建设活动要比文献资源建设活动宽泛得多、复杂得多。只有将文献资源建设、数据库建设与网络信息资源建设有机地结合起来，才能称得上完整的信息资源建设。

自1998年开始，我国先后启动或建成了"全国图书馆信息咨询协作网""中国高等教育文献保障体系（CALIS）""国家科技图书文献中心（NSTL）""全国文化信息资源共享工程""中美百万册书数字图书馆合作计划（CADAL）""中国高校人文社会科学文献中心（CASHL）"等全国性的信息资源共建共享项目及"江苏省高等学校文献信息保障系统（JA-LIS）""上海市文献资源共建共享协作网"等地方性信息资源共建共享网络。

1999年1月，全国文献信息资源共建共享协作会议召开，来自全国各地区、各系统的122个信息服务机构参加了这次会议。会议提出，要在全国实现信息媒体的分工购藏，建立科学合理的信息资源保障体系。其近期目标是同一区域的信息服务机构建立信息媒体分工购藏的协调制度，有效地使用各自经费，避免重复购藏；而全国范围内的信息媒体分工购藏，则作为信息资源合理布局的长远目标。

此外，参加该次会议的人员还共同签署了《全国文献信息资源共享协议书》，标志着我国信息资源共建共享进入了跨系统、跨行业的合作领域。

2000年，由上海复旦大学等6所高校组建的"上海教科网高校网络图书馆"宣布开馆上网，为高校系统内信息资源的共建共享的成功实现奠定了良好的基础。

2001年，由文化和旅游部启动的全国文化信息资源共享工程覆盖文化和旅游部直属系统的2675个公共图书馆，390个群众艺术馆，2907个文化馆，42024个文化站，2217个农村集镇文化中心和59312个图书室，基本形成了覆盖城乡的群众文化网络。

2005 年，出席武汉大学信息管理学院"数字时代图书馆合作与服务创新"国际研讨会暨第三届中美图书馆员高级研究班的 50 余所高等院校图书馆长在回顾我国图书馆界馆际合作与资源共享 40 多年的历程，探讨了在实现信息资源共享道路上尚须克服的问题，并在图书馆合作与信息共享的重要原则方面取得了共识，原则通过并签署了《图书馆合作与信息资源共享武汉宣言》，标志着我国大学图书馆之间、大学图书馆与其他类型图书馆之间的合作和信息资源共享到达了一个新的历史境界。

随着信息资源共建共享活动的不断扩大和深入，越来越多的信息服务机构开始由旁观者变为积极的参与者。目前，信息资源共建共享的理念在我国已经深入人心，随着这项技术的发展，其一定会取得更大的进展。

（二）我国信息资源共建共享的实践

1.我国图书馆信息资源共建的实践

我国图书馆信息资源共建活动开始于 20 世纪 50 年代中期，在经历了半个世纪的发展过程中，我国图书馆界在信息资源建设方面进行了不懈的探索，取得了令人瞩目的成绩。

从我国图书馆信息资源共建的历史中不难发现，影响我国图书馆信息资源共建的最大因素有两个：一是经济体制的转变；二是网络环境的形成。综合考虑经济体制和网络环境这两个标准，可以以 1992 年为分水岭，将我国信息资源共建的历史分为两个阶段：第一阶段从 1957 年到 1992 年，第二阶段从 1992 年到现在。

第一，计划经济体制和传统图书馆的信息资源共建（1957-1992 年）

新中国成立初期，我国图书馆开始清理审查原有藏书，补充马列经典著作和科学、进步书刊，奠定了我国图书馆藏书建设的基础。但是，这一时期既没能力也没条件开展文献资源的整体化建设。从 1957 年开始，我国才开始文献信息的整体化建设。从 1957 年到 1992 年，我国信息资源建设又可分为四个时期：

①1957 年到 1966 年是我国信息资源建设的起步阶段

1956 年高等教育部《高等学校图书馆馆际互借办法（草案）》的颁布，标志着我国信息资源共建共享走上了制度化的道路；1957 年，国务院第 57 次会议批准了《全国图书协调方案》（以下简称《方案》），并于同年 6 月 6 日国务院第 57 次全体会议批准通过。《方案》决定："在国务院科学规划委员会下设图书小组，由文化和旅游部、教育部、中国科学院、卫生部、地质部北京图书馆的代表和若干图书馆专家组成。负责全国为科学研究服务的图书小组的全面规划统筹安排。"在该小组的领导下，确定了全国性和地区性的中心图书馆，并组成了若干个中心图书馆委员会。中心图书馆委员会有多项任务，其中首要任务就是具体规划、协调全国的藏书协调工作，尤其是外文原版期刊的采购协调。

在这一时期，由于《方案》的正确指导，我国信息资源共建工作取得了很大的成绩：

北京地区的中国科学院、中国医学科学院、中国农业科学院、北京大学、清华大学等单位按学科分工进行外文书刊采购协调，大大增加了外文书刊入藏的品种，减少了重复。

西安地区30余家信息服务机构通过采购协调，逐渐降低了外文期刊采购的复本，到1964年，基本消除了重复订购，信息资源共建共享的效益非常明显。

可以说，《方案》的实施使我国信息资源共建共享的水平迅速达到了世界先进水平。

1962年12月，国家科委和文化和旅游部联合制订了《1963-1972年科学技术发展规划（草案）》（以下简称《规划》）。在《规划》的"图书部分"，对全国的文献资源整体化建设提出了一些具体的设想。并提出了对外文书刊的分配，"要逐步按系统按地区协调，归口管理。在1965年之前，建立从中央到各省区的分系统、分地区的管理体制，并逐步改进协商分配的办法。要求在1967年以前，建立进口科学技术书刊分配和使用的合理制度，以避免全国各系统、各地区之间的重复浪费现象"。

《规划》是在《方案》的基础上，进一步规划了全国文献资源整体化建设的蓝图，使得全国文献资源整体化的建设有了更加明确的目标。

②1967年到1976年是我国信息资源建设的萧条阶段

在这十年期间，我国图书馆事业遭受了一场空前的浩劫，大量图书被当作"封、资、修"的黑货而遭封存以至焚毁。文献信息资源的整体化建设陷入了萧条阶段，也使得在第一时期的规划没有能够得到落实，我国文献资源整体化建设的步伐被打乱了。

③1977年到1983年是我国信息资源建设的恢复阶段

1980年，在中共中央书记处批准了国家文物局提交的具有重大历史意义的《图书馆工作汇报提纲》后，我国图书馆的各项工作有了明确的方向，全国各个系统的图书馆开始大量补充馆藏，以提高图书馆的文献保障能力。

④1984年到1992年是我国信息资源建设的繁荣阶段

在这一时期文献信息资源共建的理论研究和大规模的文献资源调查以及地域广阔的文献信息资源共建活动积极开展了起来。

1984年，在大连召开的高等学校图书馆藏书建设会议上提出的文献资源及文献资源建设理论，为地区、系统乃至全国性的文献资源调查，以及地域广阔的文献资源共建活动的开展奠定了坚实的理论基础，并对促进我国文献资源共建事业的繁荣起到了积极的推动作用。

1986年到1990年期间，我国开展了各种范围的文献资源调查活动，覆盖全国，涉及三大系统图书馆，不但查清了国家整体文献资源的储备情况，客观上还传播了文献资源整体化的观念，为我国开展广域范围内的文献资源共建活动做了理论和舆论上的准备。同时，各种自发的系统和地区性的文献资源共建活动也异常活跃，我国图书馆界的广大工作者以对事业高度负责的精神，自发地开展了系统的或跨系统的文献资源共建活动，为开展更大范围的文献信息资源共建奠定了基础。

第二，市场经济体制和网络环境下的信息资源共建（1992年起）。

1992年，我国经济体制开始由计划经济向市场经济转变，1994年我国正式接入互联网，这些变化都为开展信息资源共建共享带来了前所未有的条件。

1992年到1997年期间，我国图书馆的文献信息资源共建活动整体上仍属于传统式的共建活动。但在各馆自动化、网络化水平的提高和国内通信与资源网络环境的逐渐形成和完善等条件的影响下，我国图书馆也逐渐开始向基于网络环境的信息资源共建转变。在这一时期新成立的具有较大影响的信息资源共建网络有：1994年3月，由高校、科研、公共、情报四大系统图书情报机构组成的上海地区文献资源共享协作网；1994年，由全国高校图工委期刊专业委员会在原华东地区12所高校图书馆外文期刊协调网的基础上发展起来的高校图书馆期刊协调网；广东地区外文原版期刊引进协调专业网。

该时期的共建活动基本上都是系统和地区性的，且基本上仍停留在传统的手工操作上，没有建成以自动化为基础的网络环境。

从1998年开始，各级政府开始对信息资源共建共享给予高度重视和支持，同时很多自动化、网络化条件较好的大中型图书馆也具备了开展网络环境下信息资源共建共享的条件。在此期间，我国建成了若干个国家和地方的现代化的信息资源共建共享系统，极大地加快了我国图书馆信息资源共建共享的进程，同时也将对我国图书馆的信息资源共建活动产生深远的影响。

在这一时期中，对我国图书馆信息资源共建共享产生影响的系统主要有以下几个：

以国家图书馆为核心的地区性和全国性的信息资源共建系统

国家图书馆是我国图书馆的馆际互借中心。从1998年10月到1999年1月，国家图书馆先后组织实施了三项信息资源共建共享计划：1998年11月5H，国家图书馆与北京大学图书馆、清华大学图书馆签订了合作协议，拟开展广泛的信息资源共建共享活动；1998年11月27日，国家图书馆与中国科学院文献情报中心签订了《国家图书馆与中科院文献情报中心合作协议书》，双方本着"资源共享、优势互补、互助互利、平等自愿"的原则，在文献资源共建共享、用户服务、馆际互借、技术合作和支持等方面达成了合作协议；1999年1月14日，在国家图书馆的召集下，全国各系统124个图书情报机构在北京召开了全国文献信息资源共建共享协作会议，与会单位的代表全部在"全国文献信息资源共享倡议书"和"全国图书馆馆际互借公约"上签了字。

中国高等教育文献保障体系（CALLS）

教育部领导的中国高等教育文献保障系统CALLS立项于1996年，1998年经国家发展改革委员会批准实施，是"211工程"的公共服务体系项目。

CALLS以中国教育科研计算机网为依托，采取"整体规划、合理布局、相对集中、联合保障"的建设方针，以建设一个学科文献信息中心、地区文献信息中心为主体的文献信息服务系统，以此与国内外主要文献信息系统联网，形成中国高等教育文献资源保障体系，使高校系统的文献信息总量和信息服务能力有较大的增长和提高，从而为全国高等教育提供高水平的信息保障。

系统自1998年启动后，已经建立了文理、工程、农学、医学4个全国文献信息中心、7个地区中心和1个国防信息中心，以及一系列国内外文献数据库。现在，CALLS的联合目录数据库包含了124个成员单位的115万条书目记录、260万条馆藏记录和5500种中文现刊的137万条目次记录。CALLS在信息资源共建方面，组建购买国外数据库的集团，实行联合采购；在引进数据库方面进行协调，避免重复引进；在自建数据库方面进行协调，避免重复建库等，目前这些工作已经取得了明显的成效。CALLS把各高校的信息服务机构连接成一个整体，改变了过去各高校信息资源孤立发展的模式，推动了高校信息资源的整体化建设。

③国家科技图书文献中心（NSTL）

国家科技图书文献中心NSTL建立于2000年，目前已发展成为我国最大的基于网络环境的科技信息资源共建共享服务系统。

NSTL中心由中国科学院文献情报中心、中国科技信息研究所等8个国家级的信息服务机构所组成，其主要任务就是按照"统一采购、规范加工、联合上网、资源共享"的原则，采集、收藏和开发理、工、农、医各知识门类的科技信息资源，面向全国提供文献传递服务；按照统一的标准进行信息资源的加工，并将数据集中到统一的中心网站，面向全国提供免费服务，以实现全国范围内的科技信息资源共享。

目前，NSTL外文科技期刊收藏已达15000种，并建设纸质外文期刊联合馆藏和集成检索服务系统，提供期刊分类目次浏览、联机公共目录查询、文摘题录数据库检索、网络信息导航、专家咨询系统、数字参考咨询、专题信息服务等各种服务，初步形成了共建共享、可靠服务的外文科技信息资源保障体系。

④中国高校人文社会科学文献中心（CASHL）

根据高校人文社会科学的发展和文献资源建设的需要，教育部设立了中国高校人文社会科学文献中心CASHL，该中心属于馆际合作项目，其宗旨是组织若干所具有学科优势、文献资源优势和服务条件优势的高等学校图书馆，有计划、有系统地引进国外人文社会科学期刊，采用集中式门户平台和分布式服务结合的方式，借助现代化的服务手段，为全国高校的人文社会科学教学和科研提供高水平的文献保障。

CASHL是目前我国唯一的人文社会科学信息资源保障体系，它不仅可以满足高校教学科研服务的要求，同时也是全国其他科研单位社科信息资源获取的重要基地。

CASHL中的印本期刊收藏以SSCI和A&.HCI中收录的期刊为基础，兼顾高校教学和其他的科研需要；电子资源收藏以国外权威的、高水平的、学术性的全文电子资源为主。信息资源的采集采取管理中心统一规划和各分中心申请相结合的方式，由管理中心统一协调、审核后报教育部社科司批准。印本期刊按照学科特点分散收藏在全国中心和区域中心，一般情况下按品种订购，不设置复本；电子资源则尽可能进行集团采购。

经过几年的建设工作，CASHL中收集的人文社科信息资源已相当丰富，目前已拥有人文社科外文期刊8138种，基本涵盖了全部人文社科的学科领域。人文社科外文原版图书也积累至38.3万种，包括教育部文科专款引进图书28万种3此外，CASHL还在资源建设的基础上，通过书目信息网络的构建，不断完善对信息资源的报道和揭示，至2008年5月，"高校人文社会科学期刊目次库"已整合了CASHL各级中心收藏的4821种印本期刊和500多种电子期刊共600多万条目次数据。

2.我国图书馆信息资源共享的实践

信息资源共建的最终目的是实现信息资源的共享，随着我国信息资源共建活动的开展，我国信息资源的共享也在不断向前发展。从1956年至今，我国信息资源共享体系的建设也分成了两个阶段，即1994年之前传统图书馆环境下的信息资源共享和1994年至今网络环境下的信息资源共享。归纳起来，我国信息资源共享主要包括了馆际互借、馆际文献复制、馆际互阅、数字图书馆的信息服务，以及网上参考咨询五种形式。

①馆际互借

与世界各国一样，馆际互借也是我国图书馆最早的文献资源共享形式。1956年到1994年期间实施的是传统环境下的馆际互借，1994年至今是网络环境下的馆际互借。

传统的馆际互借是指通过印刷型联合目录、电话等方式获知其他馆的书目信息，然后以邮寄、邮政快递或网络内部的运输系统等文献传递手段方便图书馆之间文献的相互利用。从1956年，有关部门颁布了我国第一个馆际互借条例《高等学校图书馆馆际互借办法（草案）》。1957年开始，我国开展了大规模的馆际互借活动，此后，馆际互借活动进入了全面发展阶段。随着经济建设的蓬勃开展，社会的信息需求迅速增长，各个系统的图书馆为了社会信息需求，也都开展了不同程度的馆际互借活动。1985年，国家图书馆也与国内千余个图书情报单位开展了馆际互借。

1994年，在互联网的影响下，馆际互借的环境也发生了很大变化。首先是获知其他馆书目信息的手段发生了变化，既可以用联机的方式批量检索网络内成员馆的书目信息，也可以通过网上检索上网图书馆OPAC的方式具体检索某一图书馆的书目信息；其次是文献传递的手段发生了变化，借出馆可以将文献数字化并通过网络将数字化的信息快速传递给最终用户或借入馆，从而大大提高了馆际互借的效率。

在网络环境中馆际互借的影响下，我国图书馆也取得了实质性进展，基于网络环境的联机馆际互借和准联机互借都不同程度地得到运用。1999年1月1日，国家图书馆牵头组织由124个图书馆参加的全国图书馆馆际互借网络就是基于网络环境的准联机型馆际互借。

②馆际文献复制

复印机的普及，使得文献复制逐渐在图书馆信息资源共享活动中开展起来，并成了图书馆之间共享期刊、学位论文、会议录、科技报告等文献信息资源的主要形式。我国开展图书馆馆际文献复制业务最多的是国家图书馆。为了充分开发国家图书馆的文献信息资源，1997年，国家图书馆成立了文献提供中心，除了提供馆际互借服务以外，还根据图书馆和读者的请求，开展馆际文献复制业务。

随着图书馆自动化和网络化程度的日益提高，应用Ariel数字传输系统的图书馆会越来越多，馆际文献复制这种信息资源共享的形式也将会发挥越来越大的作用。

③馆际互阅

读者可以凭借统一的证件在图书馆联盟内的任何一个图书馆进行文献阅览，活动就称为馆际互阅。馆际互阅中的共享形式不涉及文献在借出馆和借入馆之间的物理移动，也不会像非返还式的馆际文献复制那样将文献的复制品传递给借入馆或用户，而是用户持通用阅览证直接到其他馆进行阅览。

1957年，在全国最早的文献信息资源共享活动中，网络成员馆之间发放通用阅览证就成了一种文献资源共享的辅助形式。随着我国图书馆文献信息资源共享活动的广泛开展，网络成员馆之间发放通用阅览证又成为图书馆开展文献信息资源共享的一种重要的形式，目前已经被全国各个系统或跨系统的信息共享协作网广泛采用。

数字图书馆的信息服务

1997年，我国数字图书馆建成，直至今天，我国许多图书馆都进行了关于数字图书馆课题的研究和开发，较有代表性的工程有中国试验型数字式图书馆项目、中国数字图书馆工程、清华大学图书馆的数字图书馆建设、北京大学图书馆的数字图书馆建设等。这些以数字化、自动化和网络化为特征的数字图书馆，通过网络为用户提供数字化的馆藏文献，必将极大地促进信息资源的共享。

⑤网上参考咨询

网上参考咨询借助计算机网络，以图书馆信息和参考咨询馆员为资源，通过用户的信息需求来促进信息资源和人才资源的共享。网上参考咨询作为网络环境下图书馆开展信息资源共享的一种新形式，主要宗旨就是，通过网员间的优势互补，共同创造一个良好的信息服务环境，实现文献信息和参考咨询人才资源共享和全国图书馆界的合作。

与其他信息资源共享形式的最大不同点在于，网上咨询并不是单纯的文献物理移动或复制，而是对某一专题信息的系统归纳和分析。目前，网上参考咨询还处于新生阶段，未得到广泛普及，但它肯定是未来信息资源共享内容体系中一个不可缺少的形式。

第四节　信息资源保障体系的建设

信息资源保障体系是指在一个国家或一个地区范围内，各类型的信息机构协调合作，根据统一的规范，建立一个集信息资源的收集、组织、存储、传递、开发和利用于一体的信息资源保障体系。信息资源建设的最终目标，是要建立一个能最大限度地满足社会信息需求的信息资源保障体系。这是一个实体系统，包括信息资源的储备系统和服务系统。这一保障体系将以层次结构科学、空间布局合理的资源网络体系为物质基础，以信息资源社会共享为社会目标，以文献信息事业社会化为组织形式，以电子计算机通信网络为技术手段，使有限的信息资源能够最大限度地满足社会对信息资源进行充分开发和高效利用的需要。

一、信息资源保障体系建设的意义

（一）我国信息资源建设的战略需要

相对于一个国家而言，信息是其重要的资源和财富，并且已经成为经济建设和社会发展中不可缺少的基础组成部分。就我国而言，经过近几年的努力，通信网络等信息基础设施建设发展较快，而信息资源建设则严重滞后。目前，我国文献信息资源建设仍然存在经费短缺，文献资源布局不合理，覆盖面不广，重复率较高，文献资源建设缺乏宏观调控的问题。由于文献信息资源建设是一种连续、持久的工程，为防止各自为政，重复建设，必须从宏观战略角度把握文献信息资源建设。

（二）适应和满足用户信息需求变化的需要

随着用户对信息需求由单项需求向广泛性需求转变，且对信息的实效性要求更高，以及近年来科学技术的高速发展，各类型文献的数量迅猛增长任何一个图书情报机构都不可能将全世界上所有的出版物收入馆中。与此同时，相对较低的文献信息采购经费、不断上涨的文献信息价格和订购品种，特别是外文文献信息资料大幅度下降。到目前为止，我国还没有形成一个覆盖全国各系统和行业间的文献信息资源保障体系，只有单个系统，如CALLS、CSDL中科院国家科学数字图书馆，且相互之间缺乏必要的协调，很难保证用户对图书的需求。因此，必须从国家层面考虑文献信息资源的保障问题。

（三）改变我国图书情报发展不平衡状况

我国文献信息资源的密集程度呈现从东部到中部、西部逐渐减弱的阶梯分布，其富集区主要集中在北京和上海两个城市，县以下广大农村，图书情报机构及文献信息资源拥有量极少。为了更好地为中西部地区及广大农村的经济发展提供信息服务，单纯地靠增加图书情报机构数量、增加文献信息资源来满足经济发展需求既与我国的基本国情不符合，而且也不能从长远角度解决这一问题。随着信息网络的发展，在国家文献信息资源保障体系的基础上，这些地区的用户可以通过网络来获取文献信息富集地区的信息资源，满足当地经济发展需求。

二、国外信息资源保障体系的建设

自20世纪中叶以来，世界上许多国家都十分重视信息资源保障问题，并在文献采购的协调合作联合编目、馆际互借等方面进行了卓有成效的合作，积累了许多经验。

（一）国际图书馆协会联合会（IFLA）核心计划

国际图书馆协会联合会成立于1927年，是一个独立的、政府的、非营利的国际性组织，代表全世界图书馆协会、情报协会、图书馆和情报服务机构的利益。IFLA的目标涵盖了三个方面：

第一，促进高标准图书馆和信息服务的提供。

第二，鼓励私有、公立和民营机构广泛了解优质图书馆和信息服务的价值和重要性。

第三，代表全世界会员的利益。

1.IFLA的规划活动

IFLA的规划活动分为以下两种：

第一，发展规划。

发展规划是在1FLA宗旨指导下，为发展国际图书馆事业、指导各项业务活动而制定的总的目标、任务及其原则声明。发展规划包括长期规划和短期规划。长期规划直接指导短期规划，短期规划又是长期规划得以实现的途径。为了做出具体的行动计划，IFLA定期制订了以6年为基础得"中期计划"，规定了各核心计划和各部、组的活动方案。

第二，核心计划。

核心计划的内容涉及全球图书馆信息服务所普遍关心的主题，之所以称它为"核心"计划，主要是因为它们联结了世界所有地区、所有类型图书馆及其用户共同关注的一些主题的活动，成为一种"核心"。

2.世界书目控制（UBC）

世界书目控制计划是在书目控制理论的基础上建立起来的，它试图建立一个国际性的国家书目信息网络，使各国的国家书目机构负责将本国出版物生成可与其他国家进行交换的规范书目记录，并将这些书目记录组成国家书目，使任何一个用户，在任何时间、任何空间都可以迅速得到他所需要的在任何时间、任何空间所出版的一切文献的书目信息。

3.国际机读目录（IM）

继美国国会图书馆制定了USMARC（美国图书馆使用的标记法）后，世界各国纷纷制定本国的MARC格式，联合国也设有国际机读书目中心。1983年，IFLA将国际MARC纳入核心计划，正式设立了IM计划。由于IM与UBC两项计划活动联系十分密切，并有许多交叉与共同之处。1986年，IFLA执行委员会根据计划管理委员会的建议，决定将UBC和IM两项计划合并成为UBCIM。

4.世界出版物共享（UAP）

UAP的概念于1973年在法国格勒诺尔IFLA第39届大会上提出，1974年在华盛顿IFLA第40届大会上，UAP概念得到正式承认和进一步的阐明。1975年在奥斯陆的IFLA第41届大会上，决定将UAP列为UFLA的中期计划。1978年，UAP计划正式开始实施。

UAP计划的目标是使世界各地的用户随时都可以最大限度地获取他们所需要的各种载体的出版物。UAP计划最主要的内容，就是力促各国能建立起一个具有出版物的出版、发行、采购、加工、存储、保护、馆际合作等基本功能的国家系统。

（二）国外文献资源建设协作计划

国外文献资源建设协作计划主要以美国和北欧斯堪的纳维亚半岛四国——瑞典、丹麦、挪威、芬兰为代表。自20世纪中期以来，发达国家十分重视信息资源保障问题，并进行了许多有意义的探索，这些成功经验和失败教训具有极高的借鉴价值。

1.美国文献资源建设协作计划

第一，格林威计划。

1958年，美国费城公共图书馆馆长爱默森`格林威（Emerson Greenway）倡导的格林威计划（Greenway Plan）是出现最早的最著名的指令统购计划之一，主要为需要采购大量复本书的公共图书馆所采用。其内容是：出版商将自己即将出版的图书及书评送到图书馆，由图书馆根据这些书目进行订购，并在新书到馆前安排好订单，做好编目记录，使图书馆尽快得到书刊，并通过这种选书方式更好地制订本单位藏书的系统规划。

格林威计划成功实施的关键在于筛选出那些所出版的图书最符合本馆馆藏建设目标的出版商，有效地避免了在人力、物力、财力方面的浪费。

第二，法明顿计划。

1942年制订完成的法明顿计划（Farmington Plan），按《国会图书馆图书分类法》将学科分成804个类目，分别由60多个成员馆按类分工收集，对一些稀有文种的出版物则按国别分配采购任务，从而保证国外有用出版物的全面收集入藏，并将所收集来的文献及时编入国会图书馆的联合目录，提供互借与复制，从而达到资源共享。

法明顿计划的执行极大地丰富了美国的文献情报资源，被认为是在全国范围内第一个大规模开展藏书补充协调的行动计划，是美国20世纪最为著名的文献资源建设协作计划。

第三，480号公共法案。

480号公共法案具体内容是：由国会图书馆持国家出卖农产品所得的经费购买

当地国家或地区最新的图书、期刊和其他资料等出版物，购买后进行集中编目、由国会图书馆印制卡片、制作目录后，再交由参加480号公共法案的图书馆所设置的资料寄存地来负责典藏流通。英语出版物分藏在300家图书馆，其他语种出版物分藏在40家图书馆。480号公共法案在美国图书馆合作馆藏发展的历史上，是属于全国性指令统购、分散式典藏管理的合作采购方式，主要以采购的地区和语言作为分工的依据。该法案开始于1961年，到20世纪80年代中期停止，是美国联邦政府成功利用外币协作研究图书馆收集发展中国家的出版物以供学习和研究的例子。

第四，国家采购和编目计划。

1966年，由美国国会图书馆主持开始实施的国家采购和编目计划成功整合了法明顿计划和美国480号公共法案，使其成为当时规模最大的全国性合作采访计划，也称分担编目计划。

该计划的目的在于更快地收集全世界有关科研工作的出版物，并及时进行编目，以印刷卡片或其他形式迅速地传播书目资料，以便通过全国统一规划来满足国会图书馆和其他图书馆的当前需要。

第五，国家期刊协调计划。

国家期刊协调计划是美国研究图书馆协会为了改进各图书馆在财政负担和业务负担上的不平衡状况而提出的。其基本目标是：负责向全国提供期刊，并满足全国50%的馆际互借期刊需要。其具体内容是：将全国的期刊收藏划分为三个等级：第一级，由各单位、地区等基层图书馆收集2000种左右最常用的期刊，解决馆际合作中读者需求量的80%左右；第二级，建立一个广泛的期刊馆藏，供借阅及复印服务之用，由新建期刊中心组成，要求收集45000种左右的期刊，满足其余15%左右的读者需求；第三级，由国家级图书馆和其他具有一定规模、权威性的专门图书馆组成，包括国会图书馆、全国医学图书馆、全国农业图书馆等，满足余下5%左右的读者对高度专业性资料的需求。

由于出版商担心期刊的订数将减少，发行量将下降，因此，中心一直未从联邦政府那里获得经费援助，导致该计划未能从理想转化为现实。

第六，马克尔（MARC）计划。

MARC计划最初是为了向国会图书馆提供最新英语出版物的编制数据计算机磁带而制订的，但到20世纪80年代，它已包容了以多种媒体形式发行的所有罗马字母语言的资料。此外，许多图书馆也开始购买MARC磁带，为新购进的文献资料提供编目信息。这时，MARC变成了世界范围内的计算机化的相关标准，图书馆开始联合起来利用MARC格式建立数据库，与其他图书馆共享彼此的数据库。

2.拉丁美洲合作采访计划

拉丁美洲合作采访计划被认为是法明顿计划在拉丁美洲的延伸，它对美国图书馆历史上的合作采访具有重要的意义，大大增加了美国图书馆收集拉丁美洲文献的数量和学科范围，也为拉美国家的图书馆事业做出了巨大的贡献。

拉丁美洲合作采访计划的目的是在正常的基础上，共同解决和分担从拉丁美洲各国获得大量研究型文献的费用和问题。拉丁美洲合作采访计划于2960年1月5日正式启动，1972年底结束。造成该计划失败主要原因有四个：一是，大部分成员馆获取的是低利用的文献，经费的不足导致文献选择的范围变得十分严格，而低利用率的文献经常成为首要削减的对象；二是，该计划是许多机构在进行地区性研究计划期间开展的，同时对这些计划的发展领域抱有很大的期望，但经济环境的变化使得机构不但停止开展新的项目，而且经常取消一些最新建立的项目，由此导致许多机构对此项计划的不热衷参与；三是，拉丁美洲的图书贸易趋于成熟，并且对当地书商的信任度有所提高，如果能直接以较低的价格购买图书，则可利用的经费就可直接购买到大部分文献，也就没必要通过代理购买了；四是，拉丁美洲合作采访计划被全国采购与编目计划（NPAC）替代。

拉丁美洲合作采访计划的失败为美国图书馆的合作采访奠定了良好的基础，同时也促进了拉丁美洲图书贸易的发展，使拉美图书贸易日益成熟，更重要的是改善了拉美缺少书目报道和索引的状况。

3.北欧四国的藏书协作计划

位于北欧斯堪的纳维亚半岛的四国——瑞典、丹麦、挪威、芬兰，为了解决有限的经济力量与全面收藏世界文献资料的矛盾，提高文献信息保障程度，从1957年起开始制订与实施著名的斯堪的纳维亚计划，该计划被认为是法明顿计划的"北欧翻版"。

斯堪的纳维亚计划的目的是发展一种地区文献采购和情报服务协作的有效方式，以促进斯堪的纳维亚国家研究图书馆之间的互借活动。该计划的主要内容包括：一是北欧四国的研究图书馆在采购北欧以外书刊时广泛进行合作，按主题、地区或语种分工，各成员也担负分管学科文献中心的服务任务，使各馆分别成为某一学科、某一类型或某一语种文献的收藏中心、书刊目录中心和外借中心；二是分工时应该顾及各馆的历史情况和实际需要，也应考虑藏书的系统性和完整性；三是通过协商处理分工合作问题；四是各成员馆担负所分管学科文献的服务任务，并编制各种专题联合目录。其主要的参与者包括北欧四国的15所公共图书馆、专门图书馆和研究图书馆。

斯堪的纳维亚计划的实施，使北欧国家互相配合收藏外文资料，减少重复，增加品种；也有助于建立统一的地区文献资源保障体系，实现文献资源共享。同时对促进南亚和拉丁美洲的发展中国家制订这一类似的计划具有指导性的作用。

三、我国信息资源保障体系的建设

信息资源共建的最终目标，就是要建立一个能最大限度满足整个社会信息需求的信息资源保障体系，要使信息资源共建共享这个动态的社会系统工程发挥其最大的社会效益和经济效益，就需要社会各方面的广泛参与，共同建设。

（一）我国信息资源保障体系建设的目标、原则、模式

信息资源保障体系建设的目标是要通过全国的信息资源整体化建设，使我国信息资源保障体系能够满足95%左右的社会需求。具体来说，就是要满足对国内文献信息资源100%的需求，对国外文献信息资源90%以上的需求。

信息资源保障体系建设的原则，就是要以整体信息资源建设的经济效果及最大限度地满足社会对信息资源的需求为目的，并要体现达到这个目的的手段，能够指导信息资源保障体系建设的主要方面和主要过程。

当然，信息资源保障体系建设原则不仅要与国家教育科学文化事业的发展和国民经济的发展相适应，而且还要与各地区、各部门的信息需求和信息吸收能力，以及各地区的社会、经济活动相适应，这样才能发挥原有的知识优势，保证保障体系的层次性，便于用户使用，从而形成资源共享网络。

关于信息资源保障体系建设的模式，人们提出了将全国信息资源保障体系分为全国布局（一级布局）和地区布局（二级布局）以及介于两者之间的系统布局的框架模式。同时，着眼于系统布局、区位布局，人们还提出了"三点式""七点式""分省布局"等相对比较具体的模式方案。

根据我国信息资源分布的实际状况和现实条件，大多数人赞同一种具有现实可行性的模式，即"三级保障体制"。尽管在网络环境下，原来地理区域完备化的信息资源保障体系建设的意义相对已经减轻了不少，信息服务机构可以通过"存取"方式更多地利用异地甚至国外丰富的信息资源，但是，相对完备的实体的国家信息资源储备还必须继续坚持。其主要原因在于，实体信息资源构成的信息媒体是人类知识的记录，是人们在对信息媒体进行有目的选择、收集、加工、整理后，才逐渐形成信息资源。因此，可以说信息资源具有与能源、材料等自然资源一样的属性，也是一种重要的资源，而且是一种基础性的知识资源。

从战略高度的角度分析，为了保证我国的信息需求有一个较高的保障，就必须对所需的信息媒体有一个较为完备的收藏，并不断完善自己的信息资源保障体系建设。我国作为一个发展中国家，信息资源比较贫乏，如果不能改变这种状况，拥有属于自己的比较丰富的信息资源，就很可能会在未来信息需求的满足上受制于人。单就任何一个国家而言，自己拥有自己所需要的信息资源，才是最为安全、

最为方便的。

从具体的信息服务机构看，网络化的环境确实为信息服务机构"获取"各种信息提供了极大的便利。在网络化的今天，信息资源保障体系的形式较过去有了一些差别，但其本质并没有发生变化。计算机网络的普及没有使信息资源保障体系建设失去意义，反而是对信息资源整体化建设提出了更加迫切的要求。

为了保证从网上获取信息资源的全面、充足和系统，减少冗余和浪费，客观上更需要各信息服务机构自觉地把自己纳入地区、系统，甚至全国的信息网络中，开展信息资源整体化建设，通过协作协调，合理分工、布局信息资源，从而在全国范围内形成一个更加高效、节约的信息资源保障体系。

（二）我国信息资源保障体系的建设机制

新形势下，建设我国信息资源保障体系还需要协调好分布式处理、自组织和资源共建网络整体性之间的关系，既要按照整体性的要求，强调资源共建的网络管理和事前控制，同时还要依据分布式和自组织原理，充分发挥各共建网络节点的积极性、自主性和创造性。

信息资源保障体系的建设机制，应该是自上而下和自下而上两种途径，要发挥计划和市场两个机制的作用，调动中央和各地方、各系统的积极性，体现我国的发展特点，形成一个整体性和多样性相结合、集中与分散相结合的信息资源保障体系。

1.集中性信息资源保障体系

在这里，集中性主要体现在：

第一，政府主管部门合理、适度的法制保障、经济保障、政策优惠等。

第二，业务工作规范化和技术工作标准化。

第三，以规划和政策为导向，保证动态信息及时通报，减少共享的盲目性和重复建设现象。

第四，主管部门或行业中介组织从内部协调各系统、各地区信息服务机构之间的关系，从外部协调与出版社、发行机构、用户，以及其他信息机构的关系。

第五，采用评估、考核、监督检查、表彰、奖励等行政管理手段，激发信息服务机构参与信息资源整体化建设的积极性和主动性。

2.分散性信息资源保障体系

分散性体现在：

第一，各信息服务机构具有相对的独立性，在整体的信息资源保障体系建设中具有相对的自主性和灵活性。

第二，信息资源保障体系建设要体现吸引社会力量参与、自愿参加，共建共享、互惠互利的原则。

第三，将契约关系作为信息资源共建共享的基础，自下而上用契约关系建立起比较稳固的信息资源保障体系的结构。

信息资源保障体系的建设是一项十分复杂而艰巨的任务，其建设方案需要每个信息服务机构与时俱进，不断进行调整和完善，以便为整体的信息资源保障体系建设积累经验、打好基础，从而为全国性的信息资源保障体系早日确立做出贡献。

第七章　图书馆信息资源建设的创新发展

第一节　图书馆大数据整合系统平台

随着互联网上各类数据的数量、类型、价值、速度，以及人们对数据价值挖掘的加速，大数据时代正在快步向我们走来。科学数据是人类社会在从事与科学和技术相关的各类活动，包括科学研究活动、教育教学活动、生产活动、管理活动、人类健康活动、生活活动等过程中所产生的基本数据、实验数据、试验数据、观测数据、探测数据、调查数据、资料数据等各类数值型、事实型和文字型的原始基本数据，以及按照不同的科研需求经过系统加工而生成的科学数据产品和相关的科学数据信息的总和。科学数据资源属于信息资源的范畴，与科研论文和其他各种类型的学术科研成果一样，它也是一种重要的科研成果产出。同时，它又是科学研究不可或缺的重要组成部分。近年来，科学数据的数量正在呈现指数级的增长态势。由于科学数据具有明显的现实价值、潜在价值和可再度开发利用价值，并在应用过程中使得科学数据信息资源得到增值。因此，它已经成为现代信息社会和大数据时代最基本、最活跃、影响范围越来越广泛的一种科技信息资源类型。

十余年来，国际和国内以通过互联网免费全文获取各类信息资源为基本特征的开放获取运动取得了快速发展，开放获取发挥的重要作用激发了科研人员对除学术期刊和学术论文以外其他类型信息资源也要开放获取的需求。因为科研人员希望真正的开放获取不仅是对文献信息资源全文或原文的开放获取，还应该包括对相关科学数据的开放获取，而这也恰好吻合了大数据时代到来的步伐。而来自国家政府、科研机构、研究基金组织、各专业学会和协会，以及期刊出版联盟组织在内的政策推进，则成为推动科学数据进入开放共享行列的动力。正是上述机构陆续出台的开放科学数据的管理政策、开放政策、资源共享政策，加速促进了科学数据的开放保存、开放访问和开放利用。科学数据的开放共享会营造出更为丰富的开放科学数据环境，使科研人员能够轻松地发布、发现、访问、下载获取和使用开放科学数据资源。

大数据是IT业颠覆性的技术变革，大数据的影响主要表现在图书馆的各个流程方面的影响，其中包含信息的存储、组织、生产、利用和加工，大数据对图书馆各个方面的影响都比较明显。大数据的建设途径能够对全新的服务体系做出相应的贡献。大数据在图书馆的数字资源建设之中的作用，主要表现在以下几个方面：

第一，分析和深刻挖掘读者相关的数据。图书馆的服务主要是面向读者进行服务，因此，其中进行读者行为相关的数据与统计的分析，能够使得相关的服务进行个性化与深度的确立和实施。

第二，利用大数据挖掘技术，图书馆相关的资源重新建设和构建，对图书馆的数据进行挖掘整理和建设；

第三，相关辅助和决策能力的确立和开发，图书馆管理创新的有效途径。

第四，帮助建立图书馆。大数据主要是因为IT技术的发展使得相关的图书馆数据服务出现不同的改变，在其中大数据的改变主要有着RFID和各类传感器的应用，这些应用能够使得图书馆的数字资源建设成为新型图书馆。

第五，转变图书馆的数据库的服务模式，使得图书馆的数据库服务的商的自动化和数据库的服务向传统的模式以及云计算和云架构转化；例如，在实际之中以色列Exlibris（艾利贝斯有限公司）开发的Aleph系统（美国国会图书馆、中国国家图书馆等大型馆均使用该系统），在最新的相关研究成果之中已经推陈出新，从而设计出了新一代相关的图书馆管理模式。

第六，图书馆云存储系统快速推动建设。在图书馆的数字资源建设的过程之中，大数据的建设能够使得相关的图书馆保存的数字资源得到有力的科学支持，图书馆相关建设最有利的存储方式，能够使得与图书馆相关的数据实现比较大的增长，并且能够有效地加强图书馆内部的云存储相关的建设。

第二节　图书馆大数据环境特点与价值实用性定位

价值观是指导人的行为的一系列基本准则和信条。核心价值往往植根和渗透于组织发展的过程和层次，并影响组织的发展结果。国内图书馆界对核心价值的介绍和研究起步要晚于国外，始于21世纪之初。由于现代信息技术的迅速发展和社会经济文化的日益提高，图书馆生存环境的急剧变化和国外图书馆界研究的关切等因素，国内学者也注意到了图书馆面临的生存挑战和发展压力，图书馆核心价值的探讨和确认研究，尤其是从2002年以来，逐步成了业界关注的热点问题之一。不少专家和学者纷纷发表自己的观点和意见。

图书馆核心价值是服务效益，而不是别的事物，这一服务的性质是公共的、知识性的服务，而不是别的服务。图书馆服务的根本性质在于公共文化服务与知识性服务，这是人们普遍共识的。图书馆提供的公共信息是与公众利益密切相关的知和资讯，它的获得主要依靠国家权力机关及政府事业部门的帮助。图书馆的公共信息服务的一大特点就是社会共享，主要表现在三个方面：一是图书馆信息资源属于公共信息，公众从图书馆获得信息一般应该免费；二是提供这种公共信息必须通过人们易于接受的渠道；三是图书馆服务工作不具有排他性或竞争性，读者使用、接受图书馆信息资源服务，并不影响或排斥他人，每个公民都可以自由、平等利用图书馆。明确图书馆服务属于公共信息服务目的，正确履行自身的社会责任，实现和保障公民基本文化权益，满足公民基本文化需求以获得应有的社会服务效益，这是实现图书馆核心价值之所在。

图书馆核心价值观是业界共同行为模式的信条、灵魂和指导原则，是行业哲学和判断是非的根本原则。图书馆核心价值的研究与确认，将极大地丰富图书馆学理念体系。图书馆学理论来自实践活动，又指导着实践活动的有序开展。正确的价值取向是指导学科理论深入发展的依据。图书馆核心价值是管理者为统一图书馆成员意志确定的价值标准，更是图书馆管理者为实现既定目标而形成的管理思想。图书馆核心价值是图书馆学基础理论的基石，影响着图书馆的工作行为与服务方式。图书馆核心价值的确认，有助于在理论上对图书馆进行功能定位，提高图书馆在文献服务领域的核心竞争力，进而推动图书馆在具体实践过程中，紧紧把握核心内涵，提升图书馆在社会文化中的价值，实现服务于社会的最终价值。

第三节　图书馆大数据检索服务

信息检索是指信息按一定的方式组织起来，并根据信息用户的需要找出有关信息的过程和技术。狭义的信息检索就是信息检索过程的后半部分，即从信息集合中找出所需要的信息的过程，也就是我们常说的信息查寻。随着网络技术的迅猛发展，通过互联网提供的数据库及种类日渐增多。使得人们对文献信息的查询、加工、存储、利用等方面有了更新的要求。作为图书馆以组织加工数宁化信息及技术为广大读者提供有效信息服务，信息检索服务一向是图书馆重要工作的组成部分，教学科研课题的检索服务尤其显得重要，提供的文献信息对保障科研工作顺利进行起到不可忽视的作用。信息检索服务就是把图书馆的馆藏资源和网络资源通过整合和有序化，进行全方位、多途径为教学科研及广大读者提供快、精、准的信息服务和信息导航服务，来满足广大用户的信息需求。

一、检索服务课题分析

当今网络技术发展迅速，通过互联网提供服务的数据库种类日渐丰富。其特点是信息量大、分布广、信息的自由性强，而用户面对浩如烟海的信息海洋，感到茫然无措，对网络与数字资源利用能力准备不足，这就需要图书馆馆员通过信息服务为读者进行信息导航，为读者提供细致、周到、全方位的信息检索服务。由于教学科研工作者的精力相对有限，对学术研究的规范性要求较高，而获取准确、有用的信息需占用大量时间和精力，这将成为制约网络信息有效利用的瓶颈。图书馆开展信息检索服务正是为教学科研工作者了解各国同行的研究现状，进行科技追踪起到导航作用。

二、检索工具的选择

（一）超星数字图书馆

超星数字图书馆成立于1993年，长期致力于纸张图文资料数字化技术开发及相关应用与推广，是国内专业的数字图书馆解决方案提供商和数字图书资源提供商。超星经过多年的研发，已经拥有了成熟的整套图书馆数字化解决方案，被公认为数字图书馆行业中的第一品牌。超星依托雄厚的资源和技术，不仅迅速占领了国内绝大部分的图书馆市场，也已经跻身于世界图书馆数字化进程中的领跑者行列。超星数字图书馆于2000年被列入国家"863计划"中国数字图书馆示范工程，以其数字图书馆的方式对数字图书馆技术进行推广和示范。超星电子图书数据按照"中图法"分为文学、历史、法律、军事、经济、科学、医药、工程、建筑、交通、计算机、环保等22大类，目前拥有数字图书100万种，是国内数字图书资源最丰富的数字图书馆。

（二）万方数据库资源系统

万方数据资源系统是建立在互联网上的大型科技、商务信息平台，内容涉及自然科学和社会科学各个专业领域。包括学术期刊、学位论文、会议论文、专利技术、中外标准、科技成果、政策法规、新方志、机构、科技专家等子库。

（三）中国维普数据库

该数据库源于1989年创建的《中文科技期刊篇名数据库》。其全文和题录文摘版一一对应。该数据库包含1989年以来的自然科学、工程技术、农业、医药卫生、经济、教育和图书情报等学科8000余种期刊文献。数据库按照"中国图书馆分类法"进行分类，所有文献被分为8个专辑：社会科学、经济管理、教育科学、图书情报、自然科学、农业科学、工程技术和医药卫生。

（四）中国优秀硕士学位论文全文数择库

《中国优秀硕士学位论文全文数据库》简称CMFD，是国内内容最全、质量最高、出版周期最短、数据最规范、最实用的硕士学位论文全文数据库。出版内容覆盖基础科学、工程技术、农业、哲学、医学、哲学、人文、社会科学等各个领域。截至2010年10月，收录来自561家培养单位的优秀硕士学位论文。

资源特色：重点收录"双一流"高校、中国科学院、中国社会科学院等重点院校、科研院等的优秀硕士论文、重要特色学科，如通信、军事学、中医药等专业的优秀硕士论文。

（五）Google搜索引擎

Google的使命就是要为用户提供网上最好的查询服务，促进全球信息的交流。Google开发出了世界上最大的搜索引擎，提供了最便捷的网上信息查询方法。通过对20多亿网页进行整理，Google可为世界各地的用户提供适需的搜索结果，而且搜索时间通常不到半秒。现在，Google每天需要提供1.5亿次查询服务。Google富于创新的搜索技术和典雅的用户界面设计使Google从当今的第一代搜索引擎中脱颖而出。Google并非只使用关键词或代理搜索技术，它将自身建立在高级的Page Rank（tm）（网页级别）技术基础之上。

（六）百度搜索引擎

百度公司是中国互联网领先的软件技术提供商和平台运营商。中国提供搜索引擎的主要网站中，超过80%由百度提供。1999年底，百度成立于美国硅谷，它的创建者是在美国硅谷有多年成功经验的李彦宏先生及徐勇先生。2000年百度公司回国发展。百度的起名，来自"众里寻她千百度"的灵感，它寄托着百度公司对自身技术的信心。

三、检索词及检索式

第一，中文：图书馆信息检索服务。
第二，英文：University Library Search Service。

四、检索过程及结果

对图书馆服务这个概念很耳熟，但是要给出科学的精确的定义，一时难以下手。在各个搜索引擎和数据库搜索，信息量非常大，要认真慎重筛选，才能找到有效的信息。

第一，超星数字图书馆。

先输入：图书馆，检索结果为2条。

第二，万方数据库资源系统，共找到2168篇符合条件的论文。

第三，中国维普数据库。

题名或关键词：图书馆服务，共找到810条。

第四，中国优秀硕士学位论文全文数据库。

输入图书馆服务，共有211条记录。

第五，Google搜索引擎。

获得约2030000条结果（用时0.14秒）

第六，百度搜索引擎。

百度一下，找到相关网页约3510000篇，用时0.102秒。

随着信息技术的发展，网络信息资源的剧增，其分布性、异构性和动态性给信息检索带来了新的挑战。传统的检索服务已不能满足科研对文献信息检索日益增长的需求，对新问题求解为目的的检索已成一种趋势。面对这种检索需求的转变。需要馆员对信息检索提供的深度要求有了更大幅度的提高，要求馆员在信息检索技术上进行资源整合。可采用局部资源整合、文献资源深层次整合、数据库存资源层次的整合、异构数据库的同构化整合、基于文献内容层次的整合等。通过整合从而大大提高检索效率和资源利用率。高校用户在对信息内容综合性要求的同时，对所提供的文献信息及信息服务的深度要求也有了更大提高，因此在对用户提出的某一专业性较强课题时，这就要求馆员积极参与到课题的研究中去，从课题所属的专业角度出发，对其进行一系列的分析，并挖掘其深层含义，从而将分散在本领域和相关领域的专门知识与信息加以集中组织并有序化，从中提炼出有利于用户需求，具有创新思路的"知识因素"。向用户提供潜在内容知识、预测分析具有超前性领域的知识和成果，这将有利于检索质量的提高，也是图书馆今后进行信息检索服务的发展趋势。

总之，图书馆作为高校教学科研和读者服务的部门，必须进一步明确自身的定位，加强服务意识和创新服务举措，凭借自身在文献信息资源特有的行业优势，充分利用图书馆丰富的馆藏文献信息资源、特色数据库等资源，为教学科研工作提供优质、周到的服务，推动高校教学科研工作进一步地向前发展。

通过对信息检索与利用的学习，以及课后信息检索的实践，利用各种信息检索工具，学到了很多信息检索方法，利用一个或者几个相关的关键词进行检索，然后筛选出合适的信息。通常利用网络搜索引擎搜索到的信息比较繁杂，如果要搜索专业的信息资源，应该选择专业学术数据库。

开放科学数据已经成为大数据时代重要的信息资源类型，图书馆应当为用户开展开放科学数据服务，并利用图书馆开放科学数据服务的优势，同时对图书馆开放科学数据服务的八种类型，即图书馆开放科学数据的检索服务、发现服务、申请服务、获取服务、管理服务、关联服务、传递服务和存储服务等进行探析。

第四节　图书馆的创新服务

一、推荐

（一）推荐模型

检索是为用户提供服务的第一步，主要服务于一般大众用户，属于一种粗略的精细。推荐类似于搜索引擎为代表的信息检索系统，但更强调个性化、多样化和新颖化的推荐结果。搜索是你明确地知道自己要查找的内容，但信息过载下搜索已经无法解决问题。推荐系统则是一个"推"和"拉"的互动，即向用户推荐信息资源，同时向用户提供和展示信息资源，帮助他们选择信息。搜索引擎将搜索结果在一定过滤基础上进行简单的罗列相比，推荐则能够研究读者用户行为偏好，建立读者用户模型，发现读者用户兴趣点，从而满足读者用户信息资源索取多样化新需求，提升图书馆图书文献资源利用率，增强对知识信息的智能处理能力。推荐系统以融合数字信息资源向读者服务为核心，其主要任务是链接用户与信息，由查询的被动到推荐的主动，具有人性化、个性化及社交化的特点，帮助用户找到有价值信息，还可以让潜在的有价值信息呈现在用户面前，以实现知识生产者与知识消费者共赢。此外，一个优质的推荐系统，一方面能够向读者用户产生推荐，另一方面，能和读者用户构建紧密的联系，使读者用户对推荐形成依赖。推荐模型构建如图7-1所示：

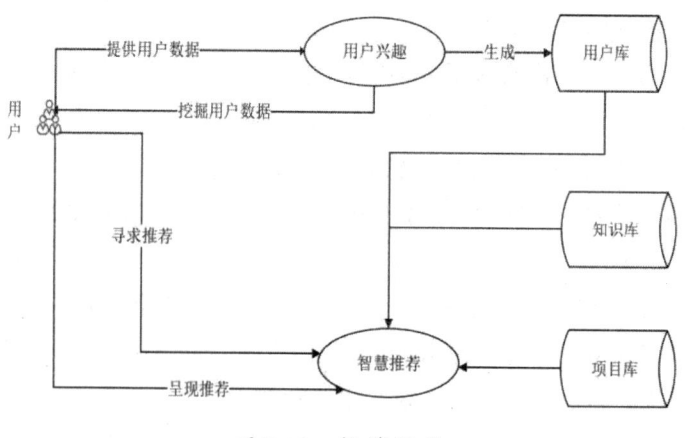

图 7-1　推荐模型

推荐的本质是能够针对不同读者用户的个体差异性，主动为读者用户提供不一样的、量身打造的信息资源服务内容。主动性的实质是推荐能够自动地依据读者用户的知识需求为其匹配适合的服务内容。图书馆的推荐应该有个性化定制与推送、粗略推荐和精细推荐服务三种服务方式。

第一，能够在页面设置单独模块，为读者用户展示推荐信息。推荐内容包括新书到馆、借阅排行、热门馆藏、讲座活动等信息，为所有读者用户提供半个性化的展示推荐服务。第二，在读者用户利用OPAC系统进行书籍或检索服务时，能够有针对性的依据用户之前的借阅信息和所检索文献信息以及文献信息之间进行关联，为用户进行粗略简单推荐，并提供推荐书籍和文献的阅读详细信息及链接，有针对性的提供推荐服务。第三，读者用户登录系统时，具有单独推荐系统，为读者用户提供近乎量身定制推荐服务，从而能够满足不同用户不同层次多样性的需求。通过收集和分析用户的各种信息包括显性和隐性信息，用户个体特征信息，用户借阅历史，检索信息资源的记录，获取并分析用户的兴趣，预测用户偏好，从而为不同的用户，能够提供差异化服务，帮助用户缓解资源丰富信息匮乏的局面，在提高推荐系统精准高度的同时，拓宽推荐解决的宽度，开拓用户视野，推荐给用户很可能喜欢但是并不是很了解的知识信息。推荐的结果兼具精确性、惊喜性、多样化，真正体现的内涵。

（二）推荐技术架构

检索的推荐功能是面向大众用户或者特定用户，而不是针对某一用户的兴趣爱好、借阅历史等，推荐对象是所有检索使用者，而不是特定用户。因此有其自身的局限性，而推荐则是以每个用户为核心，为每个用户提供智能化的服务。传统的推荐系统，其推荐效果并不是很好，也存在诸多问题。推荐的基本要素主要包括读者用户、项目及推荐算法，而其核心是推荐算法。推荐系统就是利用各种推荐算法，挖掘读者用户有兴趣或者可能有兴趣的图书信息资源，之后推荐并展示给读者用户。推荐则在传统推荐基础上，更加细致、更加精准的考虑了读者用户各种特征，尤其是大数据、云计算的到来及数据分析与挖掘技术的深入发展，使得推荐能够挖掘到用户更多更细腻隐性的信息，推荐的结果更加的精准，更加的多样，层次更加广泛，更加体验以读者为核心的服务。在书籍推荐服务基础上，探讨推荐实现模式，构建图书馆推荐体系。与图书推荐服务相比，推荐实现的是一种按需和主动的信息智能获取模式，以用户的行为特征和兴趣属性为指导，建立从用户兴趣知识到服务信息的分类，针对读者用户量身定制的推荐技术，尽最大限度的满足读者用户个性化、多样化的信息智能获取。同时在研究现有文献自动分类机制基础上，探讨通过自动化数据收集和分析，感知用户位置、情境、以及用户意图，同时社交网络、移动互联网与图书馆推荐服务与知识智能获取相融合，以提高读者用户对推荐的黏着性，实现真正的推荐服务。推荐系统的技术模型如图7-2所示：

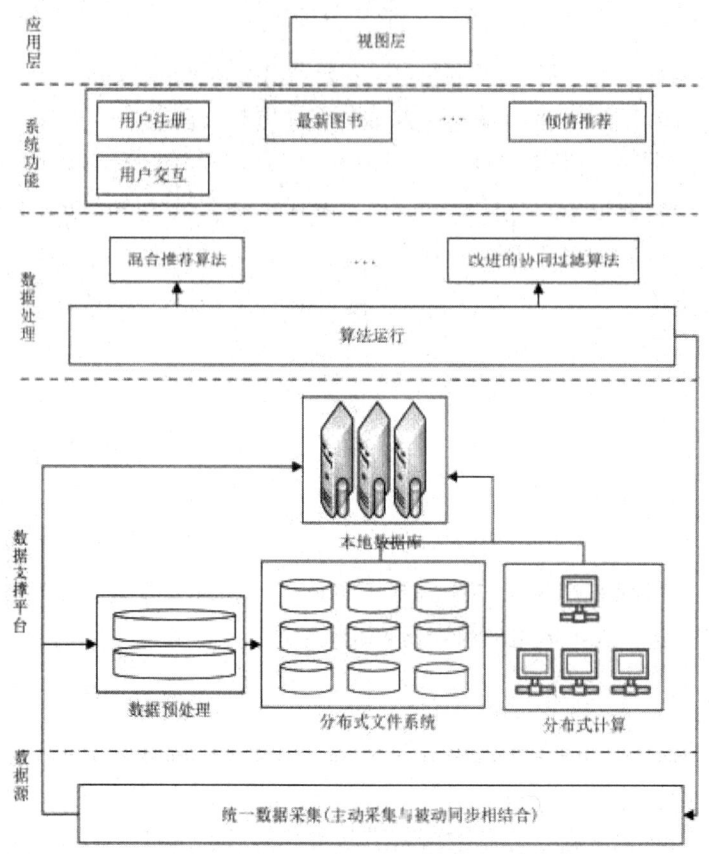

图7-2　推荐技术架构

　　大数据、云计算时代背景下，图书馆中愈加充斥着各种各样的非结构化、半结构化及结构化等数据。图书馆时代，所有读者个人及其借阅信息、所有书本信息、数字资源等信息数据是复杂海量的，同时也受到用户地理位置信息、感知传输数据信息以及社会化网络信息等相关数据的影响，信息资源呈现出空前丰富的状态。推荐系统需要借助于数据挖掘、云存储、云计算等大数据处理技术，利用各种技术从大规模数据提取并分析数据内在特征和文献的相关性，同时根据用户兴趣及需求，或用户个人借阅历史、阅读习惯等分析读者用户行为，并主动地提供其真正所需的知识服务，将潜在的有价值的信息进行分析提取归纳，然后才能向用户进行信息匹配。云存储和云计算技术，能够解决大数据环境下无限制数据存储和数据高效运行计算的难题，通过技术处理及构建模型，从而能够提供更加优质、更加智能的推荐结果，为读者用户提供近乎量身打造的推荐。

二、APP

（一）APP服务设计

高校图书馆其核心为服务，而服务的核心为以人为本，以用户为主体，服务用户，关怀用户，奉献用户。移动互联技术在近年得到飞速成长和发展，移动通信网络逐渐与互联网紧密融合，极大的拓展了互联网服务的时间和空间。同时，移动互联与移动设备的移动性、便携性等特征使得智能移动终端设备日益普及，智能移动终端设备包括手机、平板电脑、掌上阅读器等已渐渐成为人们获取信息资源服务的主要平台。移动终端设备不受时间、地点等限制，这为读者用户提供无处不在的服务成为可能，读者用户能够随时、随地以任何方式获取信息资源。因此以移动终端设备为主体的移动图书馆，开发图书馆的独立APP是是大势所趋。移动终端下，用户与项目属性如图7-3所示：

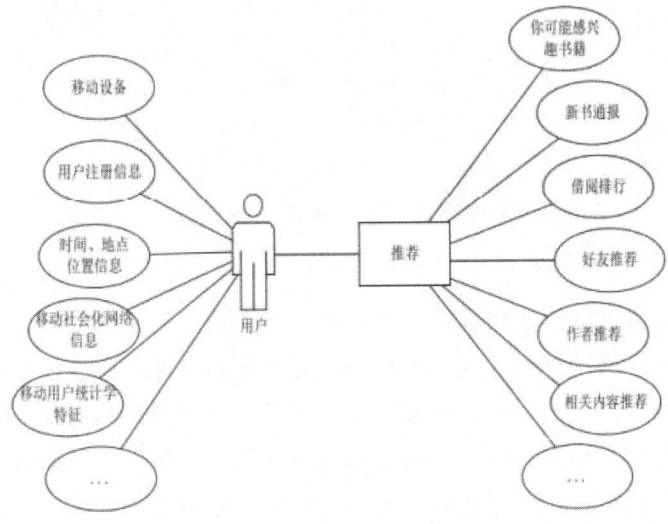

图7-3　移动推荐用户与项目特性

泛在服务-无处不在的服务，是图书馆提供服务的突出特征之一，是指以智能移动终端设备为基础，为读者用户提供任何时间、任何地点和量身定制的服务。图书馆的环境下，应该打破时间和空间限制，为用户提供全方位、多层次、多形式、宽领域的信息资源获取、推送与推荐服务。泛在服务模式是依靠云计算、智能移动终端、物联网等信息技术，实现传统图书馆和数字图书馆由为读者用户提供单向服务向为读者用户提供双向服务网络的泛在服务转型。为此，研究和开发高校独立APP服务，是服务模式泛在化的表现。APP服务模块如图7-4所示：

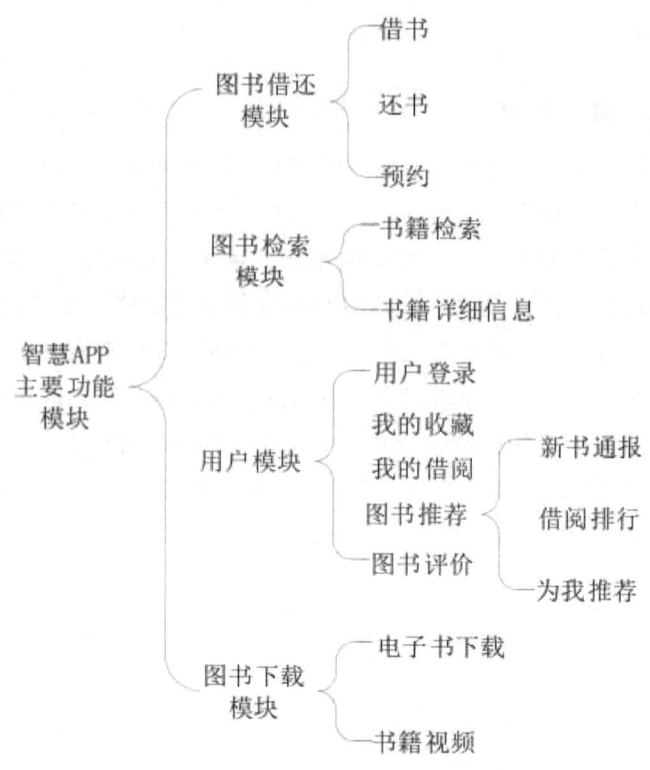

图 7-4　APP 主要功能模块

（二）APP 层次架构

APP 推荐是解决信息过载、用户方便、服务无处不在的重要手段。该推荐系统能够利用其在移动网络环境下的种种优势及有利条件，通过移动端设备等为用户提供基于情景等推送，更加精准、更加容易的获取用户的信息，预测用户的偏好，实时性更高，用户可以随时随地享受图书馆提供的各项资源和服务。高校通过开发 APP，利用移动推荐系统，用户就可以随时随地获得任何形式的服务，同时获得为其量身定制的，具有个体差异化的化服务，服务更加的方便智能，更加的简洁而迅速，使得图书馆拓宽了服务的领域和手段，更加的以用户为核心，为用户服务。各图书馆都应该有自己的 APP，通过 APP，用户能够登录系统，完成书籍查找、借还书、预约、续借等基本的服务，同时也能够为用户提供书籍检索、热门借阅，借阅排行，热门收藏等非个性化一般性服务，也能够为每一位用户根据其自身的特点，利用移动推荐，根据其隐性或者显性信息，帮助用户寻找信息资源，提供差异化服务。面向智能移动设备终端的 APP 层次架构图如图 7-5 所示：

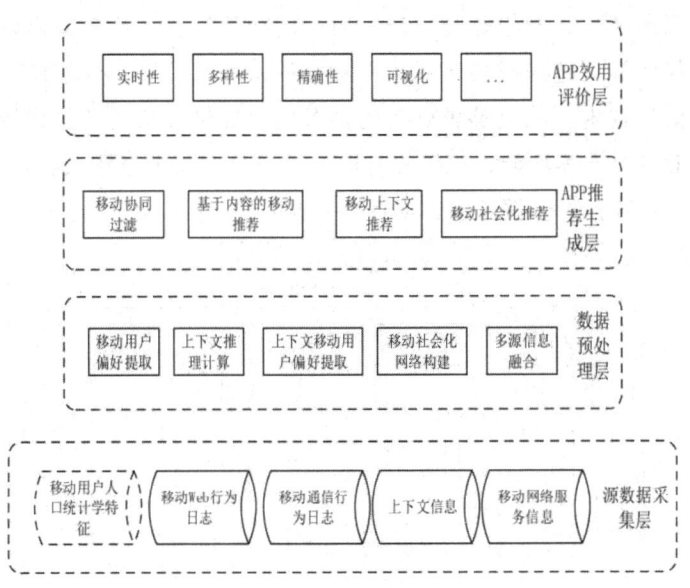

图 7-5 APP 层次架构

三、微媒体

（一）微媒体服务平台框架及内容

随着各种新媒体的发展，微信、微博、微电影等服务，越来越得到人们的关注，有人说，人类已经步入了微时代。微媒体几乎已经无处不在，它产生与Web2.0时代，是一种网络传播结构，由诸多独立发布点所组成。对微媒体取其狭义定义，以微信、微博为代表，以信息的发布和共享为主，是一种新型的社交网络与交流传播方式。在本文将取微信为研究视角，微信自2011年推出后，以其双向性和互动性得到用户青睐，并在国内社交服务中迅速占据了领先地位，2012年8月，腾讯公司针对团体用户如企业、媒体、机构及其他用户组等，推出了微信公众服务平台，为他们提供专门的微信，专业的服务。微信操作具备使用通俗易懂易用、快捷方便、时效性高，同时内容丰富多样、消息推送精准到位等优点，符合新一代用户群体的生活习惯、消费理念和交流方式。可以说，微信突破了软硬件、运营商及社交平台等种种阻碍，实现了虚拟世界与现实世界的无缝互联。现在，微信服务平台不仅仅是一个普通的名词术语那么简单，更是一个融合了人际交往、心理沟通、生活习惯、文化交流等多种复杂综合性语义的时代化命题。

图书馆一直对新技术非常敏感，是新技术的使用者和推动者。微信公众平台，一方面能够增强与读者用户的互动沟通服务，另一方面还能够拓宽服务渠道，优化信息资源的呈现方式。微信应该成为大学图书馆除微博、BLOG等其他社交媒体外的另一个自媒体平台。对于图书馆读者用户而言，与微博等其他社交平台相比，在微信公众服务平台，微信是与用户一对一的交流互动，用户黏着性更高。微信公众平台不仅能够让越来越多读者用户更好的认识、关注、使用图书馆，而且通过利用各种信息技术，能泛够更好的为读者用户提供独特的差异化服务，为读者提供各种图书资源推荐功能，最终提升图书馆自身的品牌意识及在用户中的地位。图书馆微信公众服务平台框架设计如图7-6所示：

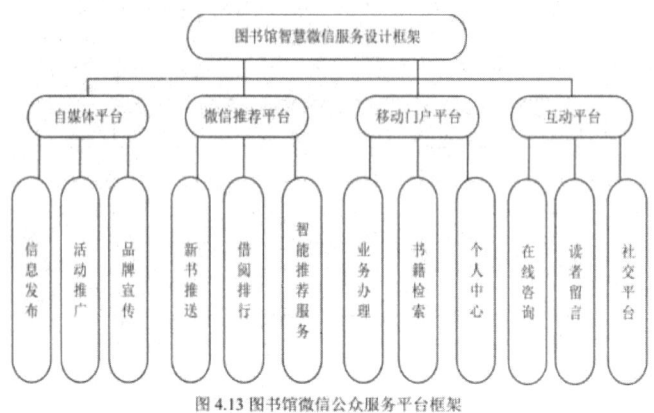

图4.13 图书馆微信公众服务平台框架

图7-6   图书馆微信公众服务平台框架

（二）微媒体层次架构

图书馆提供的微信服务，距离真正的服务有很多差距，微信服务的内容、手段、方式及规划还不够完善成熟，还尚处于探索尝试的初级阶段，图书馆应该着重依托微信公共平台，建立微信服务。微媒体环境下，微信服务，能够扩大服务范围、服务内容及图书馆的服务模式，更好地满足不同用户的不同需求。传统图书馆往往受到时间或地点等多种限制，对于很多不在本地服务区内或者不具备电脑终端上网的读者用户以及在图书馆非工作时间内时，图书馆并不能提供咨询、信息发送等基本服务。而利用微信公众服务平台，图书馆便能够实现对开通了微信的读者用户提供随时、随地的基本服务，还能针对每一位不同用户，提供推荐服务，以真正实现服务模式。图书馆微信服务，首先应该提供面向所有用户的基本服务包括图书馆检索，借阅查询等服务，其次提供RSS定制服务等，进行新书通报，定期讲座的信息推送等，再次，提供服务，包括为用户提供差异化的推荐，通过收集分析用户的各种信息，提供用户可能感兴趣或者有需求的书籍信息资源，同时提供咨询服务，自动应答服务，设置微信留言服务等，增强图书馆与读者用户的互动和交流，及时满足用户的实时性、多样化的服务需求。最后可以设置用户分享模块，通过用户自身评价或者对书籍的分享，利用社交网络等媒体技术，增加图书馆用户，为好友进行推荐。微媒体层次架构图如图7-7所示：

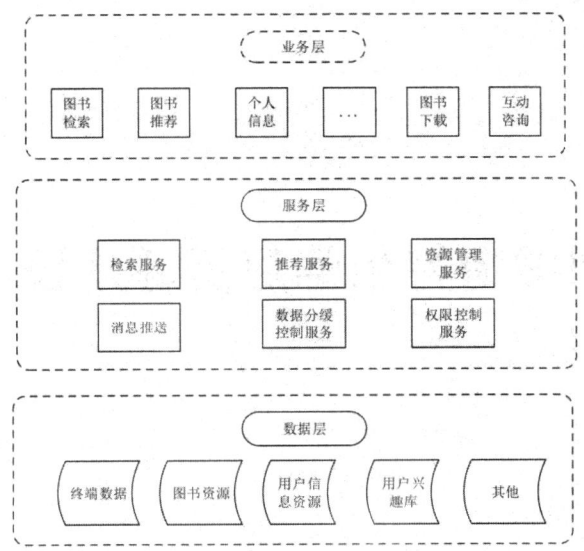

图 7-7　微媒体层次架构图

　　图书馆应该抓住微信公共服务平台优势，通过该平台为图书馆提供独树一帜和别具一格的图书馆微信服务，提升图书馆在大众读者用户心中的地位，真正实现图书馆的服务价值，为读者提供职责所在的服务。

第八章　图书馆特色信息资源建设

第一节　云计算下的特色资源整合与共享

一、云计算概述

云计算的理解和定义众多，较为共识的云计算是分布式处理（Distributed Computing）、并行处理（Parallel Computing）和网格计算（Grid Computing）的发展，或者说是这些计算机科学概念的商业实现，是虚拟化（Virtualization）、效用计算（Utility Computing）、loas（基础设施即服务）、peas（平台即服务）、SAAS（软件即服务）等概念混合演进并跃升的结果。其基本原理是通过使计算分布在大量的分布式计算机上，而非本地计算机或远程服务器中，按照互联网运作模式将资源能够切换到所需要的应用上，根据需求访问计算机和存储系统的网络资源共享利用模式。在这一共享利用模式中，"云"是指各种大量的计算机阵列组成的大型服务器集群，以共享基础架构为方法，将所有的计算机资源集中起来，构成一个互联网的资源池向全球用户提供公共的服务，用户只需要1台电脑或者1个手机，就可以通过网络服务来获得自己需要的信息、知识。像用电用水一样按使用量来计费。云计算作为新一代互联网计算模型，具有强大的计算能力和低成本、高安全、按需所取等特性，在信息资源共享管理中具有明显的优势。

云计算具有一些新特征，其主要特点表现为以下几个方面。

第一，云计算提供了最可靠、最安全的数据存储中心。在桌面电脑上，硬盘崩溃或病毒入侵可能损坏所有有用的数据，但是云里面一台计算机的崩溃不会影响到存储的数据，这是因为"云"会自动备份存储的数据。同时，严格的权限管理策略可以使用户放心地与用户指定的人共享数据。

第二，云计算对用户端的设备要求最低，使用起来也最方便。用户不需要购买非常高端的电脑来运行云计算的 Web 应用程序，因为这些应用程序是在云上面，而不是在本地运行，桌面 PC 就不需要传统桌面软件所要求的处理能力和存储空间。同时云计算能够为各种规模的组织显著地降低硬件和软件的维护成本。硬件都由云计算提供者管理，基本上不用再进行硬件维护，系统软件等也是同样的情况。

第三，云计算可以轻松实现不同设备间的数据与应用共享。一方面，随着网络化进程的迅猛发展，如今的网络就像生活中的水、电一样，正在成为无所不在的生活必需品；另一方面，则是移动设备快速成长，难以计数的互联网装置从计算机、手机一直到汽车、家电甚至相机都有安装。在使用者计算机上的数据，也需要在手机、Pad 上使用，最好的方式就是把数据放到网络上，上网就能取得，不用把同一份资料在不同上网工具中转来转去。

第四，云计算为人们使用网络提供了几乎无限多的可能，云计算为存储和管理数据提供了几乎无限多的空间，也为人们完成各类应用提供了几乎无限强大的计算能力。个人和单个设备的能力是有限的，但云计算的潜力却几乎是无限的。当把最常用的数据和最重要的功能都放在"云"上时，只需要一台计算机或电子设备和网络连接就可以获取想要的信息。

二、云计算下特色资源整合与共享的新机遇

信息时代的到来，网络技术的不断更新，决定了特色信息资源的发展趋势是实行共建共享，关于这一点在我国图书馆同行中已经达成了普遍共识。实行特色资源的共建共享，是解决知识信息剧增与单个图书馆馆藏能力不足这一矛盾的有效途径。

但是，图书馆目前采用的现代信息技术应用的局限性，制约着图书馆特色信息资源共建共享的进一步发展。现代信息技术的应用是不断发展的，目前的图书馆采用的一些技术也存在一定的缺陷，如计算机及其配件市场比较混杂，升级换代频繁，给信息技术工作者的选择带来困难，增加了工作强度和难度；通信线路传输速率低，尤其是在传递多媒体信息时更显能力不足。要促进图书馆特色信息资源的共建共享更上一个台阶，就需要解决这些制约发展的瓶颈。

针对上面提到的图书馆现采用的信息技术，给图书馆信息资源共建共享带来的发展缺陷，正好是"云计算"解决的问题。一是"云计算"对用户终端要求不高，一般只需服务器集群升级换代即可，而服务器集群由专人负责，对图书馆来说，云计算不但能解决升级换代频繁带来的困难，还能节约硬件升级及维护费用，有关的技术人员不必在升级图书馆的相关硬件上煞费苦心，工作强度大大降低了，

就能有更多的时间开展其他工作。二是要实现"云计算"，就需要存在一片有着强大能量的云，即网络连接和强大的网络计算能力。而云计算的无限带宽网络，就能有效地解决信息传输过程中的带宽不足、速率低的问题。此外，在"云计算"环境下建构图书馆特色信息资源共建共享模式，还可以避免图书馆的资源重复建设，节约图书馆的成本，将庞大的异构资源有机地整合起来，提供统一平台，实现信息资源的全面共享。

颠覆了传统的特色资源利用方式。云计算的核心是海量数据的存储和计算。由几十万台其至几百万台计算机构成的计算机群，对信息进行聚合和分布处理，然后通过网络对客户提供服务。这样，用户只需使用计算机、手机、Pad等终端设备接入互联网，便可获取需要的信息服务。在未来只需要一台笔记本电脑或者一部手机，就可以通过网络服务来实现用户需要的一切，甚至包括一些个人计算机无法应对的超级计算任务。

云计算提供了最可靠、最安全的数据存储中心，有利于降低数字图书馆信息资源共享的安全风险，提高了数字图书馆特色信息资源的安全性。目前，阻碍数字图书馆信息资源共享的主要问题仍是信息安全问题，馆藏数据库一旦发生感染病毒、设备损坏造成的数据丢失、破坏等情形，后果不堪设想，而云计算的冗余存储、容灾机制能有效解决这一问题。使用云计算服务的用户，他们的数据库将不在用户自己的数据中心里，而是位于云中心，由数据中心的管理者集中对数据进行统一管理、分配资源、均衡负载、部署软件、控制安全，并进行可靠的安全实时监测，从而可使馆藏数据得到最大限度的安全保证。云计算提供了最可靠、最安全的数据存储中心，用户不用再担心数据丢失、病毒入侵等麻烦。云服务端有专业的团队来管理信息，有先进的数据中心来保存数据，严格的权限管理策略还可以帮助用户指定的人共享数据。图书馆可以根据用户信息需求的不同，将用户从低级到高级划分为若干个层级，根据不同的层级设置不同的资源层访问权限，严格控制用户对共享资源的访问，确保数据安全。

云计算提供了云端设备和技术，有利于缩减图书馆信息资源共享的实现成本，降低了特色信息资源的共享成本。目前，各图书馆为了使用最新的操作系统，不断对工作人员的PC机进行升级换代。在云计算模式下，PC机的定义将发生很大的改变，计算的架构从过去集中于PC或服务器的某一"端"走向"云+端"。软件企业的业务模式从软件走向"软件+服务"。图书馆将不必购买本地安装的自动化系统及开发软件，由云计算提供商提供具体的硬件软件和更新，降低了用户端的设备要求，用户所需要做的只是通过各种上网设备享受云服务所提供的自己需求的资源。可以想象，这种模式若应用于图书馆信息资源共享系统，将节约大量设备、人力等方面的投入成本，从而达到缩减信息资源共享成本的目的。云计算服务提供的是按需服务，基于某个特定应用程序的成本不再是用户个人承担，而是由所有使用用户均摊，用户只需为自己所使用部分付费，降低了数据运行的建设成本。使用过程中用户只需要通过互联网连接云计算中心，不必购买服务器和存储装置，不需要自行升级软件，也不需要专门的技术团队来维护数据中心的正常运行，从而降低了运行和维护成本。

加强特色信息资源整合并兼顾个性定制。云计算的基础是"整合"的思想，采用统一的基础架构诸如硬件、软件、服务等，在对资源的利用方面不用考虑传输协议、数据结构等对信息资源的整合。简言之，在图书馆领域，各图书馆的各种编目信息、自建资源等可以借用一朵"云"统一结合起来，内容高度融合，用户通过网络获取他们想要的文献，但他们只需要关注获取过程本身，无须理会界面之后的繁复运作，各图书馆的信息资源将得到真正的整合和共享。几乎每个云计算服务提供商都提供了开放 API，把开放环境、应用程序运行环境、数据库环境等作为一种服务来提供给使用者，让使用者能够自定义开发更加适合自己特色业务的应用程序。

云计算提供了不同数据库间的应用与共享环境，有利于扩大图书馆信息资源共享范围。目前，我国图书馆网络数据基本上处于"分布式存储""分布式访问"的状况，各种数据资源都有自己的数据结构、组织形式、查询方式，以及显示界面，用户为了查准、查全所需要的资料，需要进入不同的查询系统和熟悉每个数据库的检索方式和显示格式。而云计算可以在技术和管理上将分布式存储在不同设备上的数据库统一起来，通过对数据库的多样性格式进行屏蔽，为用户提供统一的检索入口，使用户可以方便透明地访问多个数据库，极大地提高了信息检索的效率，扩大了共享范围。

三、云计算下特色资源整合与共享的可行性分析

（一）技术体系分析

目前，对云计算技术体系的研究已经相对成熟，国内外众多专家和 IT 企业都提出不同的解决方案，已形成了一些具有代表性的技术体系结构。例如，亚冯逊研发的网络服务，其技术体系由四块核心服务组成：弹性云 EC2（Elastic Compute Cloud）、简单存储服务 S3（Simple Storage Service）、简单排列服务 SQS（Simple Queue Service）及目前尚处在测试阶段的 Simple db。又如，IBM 的政府云计算解决方案由四层构成：硬件和操作系统的基础设施，软件系统和管理平台（包括一组部署管理软件、虚拟化组合和云计算管理系统），云计算提供的各种虚拟机，由虚拟机组合形成的各个具体的云计算使用中心。我国云计算专家刘鹏在《云计算技

术原理》一文中提出了一个技术体系结构，它由物理资源层、资源池层、管理中间件层和面向服务架构的构件层组成。该体系结构全面系统地概括了不同厂商提出的云计算体系结构的主要特征和重要功能。可以说，这些技术体系和实现方案为构建云计算环境下图书馆特色信息资源共享系统提供了技术支持和讲演积累，因此，构建基于云计算的图书馆特色信息资源共享系统在技术上是切实可行的。

（二）应用环境分析

从应用环境来看，目前国际上知名的企业如 Google、Amazon、IBM、Microsoft 等在云计算领域均有较成功的实践。如 Google 公司提供的 Google 文档、Google 地图等多种应用都是基于云计算环境的，目前有超过 50 万家企业签约使用 Google 应用软件引擎，用户群已经接近 1000 万人。Amazon 公司提供的弹性云计算 EC2，已在世界范围内得到了相当高的认可，许多公司采用这个平台来搭建自己的云计算服务。IBM 公司在 2007 年发布"蓝云计划"产品，已经建立了多个云计算中心，提供丰富的产品帮助企业建立自己的私有云。微软公司推出了新操作系统 Azure，企业用户既可以在公司计算机上运行，也可以经由微软通过互联网提供相同服务，将用"即用即付"模式对 Azure 定价。另外，惠普和英特尔公司也共同组队创建了"云计算测试平台"，目前已有五十多个研究项目与其接轨。在我国，云计算发展也非常迅猛。阿里巴巴、百度、瑞星等 IT 企业均建立了自己的云计算中心，并取得了初步进展。可以说，现阶段这些云计算的应用，为构建云计算环境下图书馆特色信息资源共享系统积累了丰富的实践经验。

（三）云计算可使图书馆与 IT 企业实现双赢

对于图书馆而言，通过传统模式构建特色信息资源共享系统会面临资金投入大、更新和维护成本高等一系列问题。而 IT 企业提供的云计算服务具有零设备投入、零运维成本等优点。因此，在现阶段构建图书馆信息资源共享系统，无须斥巨资购买昂贵的计算机设备，只需花少量的租金租用 IT 企业所提供的计算、存储、服务即可，并通过向 IT 企业支付一定的服务费用就可达到预期的效果。在云计算环境下，服务器的日常维护由云计算服务商来提供，图书馆不必另外支付费用，节省了人力物力和时间成本。一般认为，构建图书馆基于云计算的特色信息资源共享系统，对图书馆来说以极低的成本投入获得高质量的资源服务，可以减少图书馆建立和维护特色信息资源共享系统的经费。对 IT 企业来说，可以通过提供资源服务而获利，同时也是 IT 企业深化和开拓市场服务领域的有效途径。可见，云计算可使图书馆与 IT 企业实现双赢。

四、云计算下特色资源整合与共享的发展对策

与传统图书馆相比，云共享服务模式改变了面向用户的计算服务方式，也带来了诸多云计算的安全问题，开放的接口为非法访问提供了可能，使得对数据的存储、传输、平台的可靠性及持续发展性产生了新的威胁，只有认真分析云共享面临的这些安全威胁，从云存储系统建设、云安全维护策略制定及安全防范、管理制度上入手，有针对性地采取有效安全措施，才能确保云共享的安全、可靠与长久运行，更好地为用户服务。

（一）协商制定科学有效的云特色信息资源共享相关准则

图书馆特色信息资源进行云共享的相关准则，除参考和依据有关国家、行业标准外，一些其体的准则如权益分配、维护权限等，则要根据共享的服务内容、服务方式及服务范围等进行科学协商，制定出科学有效的云共享相关准则，以便对图书馆各方的权利、职责与权限进行划分，防止出现问题时的责任难分现象。同时，在选择云服务商时，依据云共享的规模和建设思路，要选择安全设备较高、信誉度较高、安全防护体系较高的提供商。

（二）提高云中共享资源的威胁监测能力

为了提高云中所存数据的安全性，目前部分云提供商已采取了一些监测手段，如数据审计等，以便高效、准确快速地监测到存储数据所存在的可能威胁，这种检测已成为云安全防护体系的重要部分。在云环境下，云共享为图书馆用户利用云平台提供了开放的接口，对客户端存在的威胁进行检测和防护，并利用病毒行为监控技术防范未知威胁。客户端可将本地不能识别的可疑流量及时送到云端检测中心，利用云端计算能力快速分析安全威胁，并将获取的威胁特征推送到全部客户端和安全网关，使云共享系统和客户端都具备云安全监测、防范的能力。此外，还可建立专门的云安全集中中心，以保障云图书馆核心业务安全，有效地节约云图书馆安全建设经费。

（三）在云共享的信息传输中采用数据隐藏技术

云的开放性与云共享信息资料传输过程中可能存在的信息截取、修改、替换等威胁，使得图书馆与云之间的信息交互过程成为最有可能遭到信息破坏的环节之一，一些云提供商要求用加密的手段以防数据在传输中遇到的种种威胁。其实，在云安全体系的监测保证下，采用加密存储能够保证所存数据的安全与运行，但在传输过程中，经过加密处理的密文由于是一组乱码，当攻击者发现信道存在密文时，就会利用已有的各种攻击方法对密文进行截获与破译，尽管加密不易被解密，但通信易被第三方察觉，一定程度上向攻击者明确提示了重要信息的存在，

容易引起攻击者的注意，进而遭受到干扰和攻击，导致信息传输过程中存在的威胁性大增。对于图书馆的核心数据，如财务信息、读者信息等，可采用目前在军事界应用较为广泛的信息隐藏技术，信息隐藏是将机密信息秘密隐藏于另一公开信息（载体、宿主、掩体对象）中，即将秘密信息（嵌入对象）嵌入到另一表面看起来普通的信息载体中，然后通过该公开信息（隐藏对象）的传输来传递秘密信息，第三方（攻击方）很难从公开信息中判断机密信息是否存在，即无法直观地判断他所监视的信息中是否含有秘密信息，降低了机密信息的截获率，也从根本上降低了传输中数据遭到破坏的威胁性。

（四）建设两个云共享中心

利用云进行图书馆信息资源的共享有低成本、快速部署、管理简便、可靠性高及数据灾难备份等优势。但为了保证云共享的可靠性和持续性发展，图书馆云共享建设中需建设云共享主存储服务中心和备份云共享存储服务中心两个完全相同的跨地域云存储数据中心，形成一个跨地域的统一安全存储平台。图书馆云共享主存储服务中心和备份云共享存储服务中心以负载均衡方式工作，并定期由主中心向备份中心进行数据备份迁移。于是，当主中心遭受攻击或因不可抗拒因素停止工作时，备份中心就能保障图书馆云共享存储中心的数据安全及服务不间断，解决以往困惑人们的持续性和可靠性问题。

五、云计算下特色资源整合与共享的构建模型

构建图书馆特色信息资源共享系统应遵循信息系统的一般模型。鉴于图书馆基于云计算特色信息资源共享系统的特殊性，需要对元数据进行处理，对现有的资源进行封装，以便于系统的查询、用户需求的匹配。因此，在云计算体系结构的基础上，给出个性化的图书馆特色信息资源共享系统结构模型。

其中各部分的任务、功能及可使用技术包括以下一些内容。

（一）物理资源层

物理资源层是图书馆特色信息资源共享云计算系统的最底层，提供最基本的硬件资源：计算机、服务器、存储设备、数据库、网络设备等。在这个模型中，对于计算机的硬件要求很低，可以使用价格低廉的PC机，通过分布式技术和虚拟化技术将分散的计算机组成一个提供超强功能集群用于计算和存储云计算操作。

（二）虚拟管理层

虚拟管理层是图书馆信息资源共享云计算系统的第二层，虚拟化是云计算的核心设计技术。通过虚拟化技术将物理资源层大量相同类型的资源构成同结构或结构相似的资源池，消除物理硬件的限制，降低了硬件管理复杂度，提高了硬件

资源的利用率，有效控制其成本，保证了信息资源共享系统的可扩展性，目的是为上层提供共享的资源。

（三）事物管理层

事物管理层是整个图书馆信息资源共享云计算系统的核心部分，由应用监控、用户管理、任务管理、资源管理、安全管理等内容组成。主要功能是利用云计算技术将资源层提交的受控资源整合在一起。供虚拟组织的应用程序共享、调用。在管理层的有效调控下，资源层的各项资源通过一系列作用抵达服务层，最终实现用户的需要。

（四）服务层

服务层是图书馆特色信息资源共享云计算系统的实现平台，由服务接口、服务注册、资源查找、课题咨询、信息交流等内容组成。主要功能是向用户提供应用服务和解决方案，在云计算共享域内所有图书馆通过云计算网络，建立统一的接口，用户通过服务接口进入数据库资源，获得借阅、咨询及其他服务，这也说明图书馆云服务平台的具体实现层——特色信息资源共享系统中，各个子系统之间相辅相成、交互作用，形成一个可控的适应的云计算服务体系，通过对各种服务进行动态管理和分配，来满足不同层次和规模的数字图书馆需求，支持馆级透明的协作和服务获取，支持各馆用户的聚合和参与，支持多馆协作的社会化网络的构建，支持多馆资源的共建共享，异有自适应扩展的能力。如果图书馆云服务能真正地建立起来，就能彻底解决现阶段图书馆特色资源共建共享面临的问题。

"云计算"的价值不仅体现在先进的技术本身，更体现在技术应用理念方面。它给数字图书馆特色信息资源的共享带来了一种新的思路。云计算在图书馆的应用将是未来图书馆发展的一个趋势，它可以将庞大的异构资源有机地整合起来，提供统一平台，实现特色信息资源的全面共享。随着云计算的研究的应用升级，图书馆应用云进行信息资源的共享、计算与服务不再遥远。

当然，真正实现云计算环境下的信息资源共享要解决的不仅仅是技术问题，还涉及政策法规制度、数据版权、机构管理、信息安全、个人信息隐私等方方面面的问题。然而云计算确实能为图书馆带来价值。云计算的应用可以使图书馆更加专注于自己的特色信息资源的共建共享，摆脱IT的束缚，并使得特色信息资源的建设可以进行更大范围的协作、共享，提供更优质的服务。

第二节　移动图书馆与移动服务

随着移动通信技术的飞速发展，移动通信已经和有线互联网相互融合，正在给社会生活的方方面面带来巨大的变革。基于 Internet 的图书馆服务如今已经日趋完善与成熟，利用新兴移动互联网技术拓展传统数字图书馆服务，随时随地为读者提供实时信息服务必将成未来的发展趋势。移动互联网技术将对图书馆事业的发展产生深远的影响。移动图书馆通常是指图书馆针对手机用户开设和提供相关信息服务的简称，有时也称掌上图书馆、手机图书馆。

一、移动互联网发展概况

互联网与移动通信的融合是 21 世纪的科技革命。美国著名的国际金融服务公司摩根士丹利的全球技术和电信分析师指出：我们已经进入移动互联网时代，未来 5 年内，通过移动通信装置（包含平板计算机、MP3、掌上电脑 Pad、汽车电子产品 GPS、音频、视频等）接入互联网的用户很有可能超过通过桌面个人电脑接入互联网的用户。

在我国，移动互联网也展现出巨大的发展潜力。根据中国互联网络信息中心（CNN1C）发布的《第 34 次中国互联网络发展状况统计报告》显示，截至 2014 年 6 月，我国手机网民规模达 5.27 亿，手机上网网民比例为 83.4%，手机网民规模首次超越传统 PC 网民规模。移动互联网带动整体互联网各类应用发展，移动金融、移动医疗、移动社交媒体等新兴领域移动应用多方向满足用户上网要求，推动网民生活进一步"移动化"。在移动互联网时代，读者可以随时随地很方便地登录互联网获取信息。这是继互联网、搜索引擎之后图书馆面临的又一大挑战。图书馆如何吸引读者，如何提供更优质的服务，很明显，利用移动互联网技术开展移动数字图书馆服务，让读者利用随身携带的移动终端快捷方便地获得图书馆的各种个性化和人性化的服务，将是未来图书馆服务的一项重要内容。从这个角度看，移动服务体现的是数字图书馆的个性化服务，也是数字图书馆服务未来的发展方向。

二、移动数字图书馆产生背景

移动数字图书馆是数字图书馆的一个分支，它具备数字图书馆的一般特征，同时还具备"可移动"的特征。这种"可移动"的特征表现在，普通用户和读者可以不必依赖于 PC 来实现数字资源的浏览、下载和阅读，用户和读者可以通过手中的便携数字图书阅读设备（如手机、MP3/MP4、Pad 等手持阅读器以及笔记本电脑等）来浏览、下载、阅读和欣赏数字资源的一整套系统。

移动阅读作为数字阅读的深化应用阅读形式，克服了需要电脑、网络及固定位置才能进行数字阅读的限制，极大地满足了人们数字阅读时的随意性，不受设备、场地的限制。图书馆将因为引入移动数字阅读会扩大读者的使用范围，发挥更加巨大的作用。

图书馆服务的理想目标，本质就是信息服务无处不在，无时不在。任何读者可以在任何地点、任何时间获取图书馆的任何图书资源。而图书馆的服务从过去的印刷本的借阅到数字图书馆的建设属于上了一个台阶，而数字图书馆进入移动图书馆服务则会使图书馆的服务达到一个新的台阶，真正实现图书馆的理想目标。移动设备使用量在未来几年将会超过目前的电脑，成为主流信息获取设备，而顺应历史潮流也是图书馆发展的必然方向。

三、移动数字图书馆服务现状

目前，许多图书馆已开展移动数字图书馆服务，其服务内容也在不断拓展。主要有SMS（Short Message Service，短信服务）、WAP网站常规服务（包含图书馆新闻、馆藏目录检索、读者借阅信息查询、参考咨询、图书馆使用指南等服务）、WAP网站数据库检索服务、电子书服务和视频指南服务、二维码如QR码服务等。

（一）SMS服务

SMS是最常见的移动图书馆服务，拥有借阅证或读者卡的用户通过注册之后即能享受图书馆的SMS服务。提供的服务一方面是图书馆主动发给读者的新闻、讲座、预约到达、图书催还、过期罚款催缴等；另一方面是用户按照一定的指令查看馆藏、借阅情况、续借、图书馆工作时间、参考咨询等需求。国外开展该项服务的有美国加州大学图书馆、丹顿公共图书馆、澳大利亚莫纳什大学图书馆、瑞典马尔默大学图书馆、新加坡南洋理工学院图书馆等。国内开展该项服务的有国家图书馆、上海图书馆、苏州图书馆、成都图书馆、深圳图书馆、济南市图书馆、吉林省图书馆、清华大学图书馆、四川大学图书馆、成都理工大学图书馆、浙江大学图书馆、中国计量学院逸夫图书馆等。

（二）WAP服务

WAP网站提供的常规服务有图书馆新闻、馆藏目录检索、读者借阅信息查询、参考咨询、图书馆使用指南等信息。各图书馆WAP服务也有其特色的内容，比如美国艾德菲大学图书馆WAP网站还提供班车时刻表、校园黄页、体育新闻、艺术学院表演时间、学校地图、校历等信息服务。加州大学富尔顿分校Poljak图书馆还有电子阅览室空闲计算机的实时数量、图书馆员的联系电话及服务内容等信息。此外还有纽约公共图书馆、哈佛大学图书馆、耶鲁大学图书馆、剑桥大学图书馆、加拿大阿尔伯塔大学图书馆、丹麦奥尔堡大学图书馆、阿姆斯特丹大学图书馆、新加坡国家图书馆等开通此项服务。国内典型的应用案例有：上海图书馆于2009年10月推出其WAP网站，目前提供"书目检索""上图电子书""上海与世博""动态新闻""上图讲座""分馆导引"和"服务与简介"七个栏目。可检索全市书目和馆藏联合检索,查看新闻、讲座、分馆地址、地图、电话、开放时间、读者借阅信息和续借服务等。其中"上图电子书"还提供了全新的电子书借阅服务,凭"上图读者卡"和身份证号即可通过手机移动阅读方式看电子书,在线阅读时可做书签、笔记、划词翻译、书内全文搜索等多个实用功能。

国家图书馆于2008年12月推出"掌上国图——国家图书馆移动服务",目前为读者提供"资源检索""在线服务""读者指南""读者服务""文津图书奖""掌上国图""留言板"版块。每个版块又细分多项服务,可以检索OPAC和特色资源(包含千余种古代典籍、500余种的音频视频、3万多张图片以及将近10万篇博士论文,检索结果可直接在线浏览),提供在线讲座、在线展览、在线阅读、书刊推介、讲座预告、图书续借、图书催还、在借信息、借阅历史、预约和预约到达通知、用户注册、一卡通信息查询,还提供个性化推送服务,提供国家图书馆阅览室定位帮助和指南信息等。此外,国内苏州图书馆、华东理工大学图书馆、成都理工大学图书馆、南京师范大学图书馆、北京师范大学图书馆、浙江工商大学图书馆、四川大学图书馆、南京大学图书馆、同济大学图书馆等都提供该项服务。

(三)电子书服务

移动电子书服务产生的背景是电子阅读器的飞速发展和图书馆数字资源建设。自2007年亚马逊推出电子书阅读器Kindle,掀起了全球电子书阅读热潮,目前电子书阅读器有Amazon Kindle、Sony Reader等,除了专门的电子阅读器,智能手机、平板电脑也能进行电子书的阅读。图书馆的电子书服务主要是利用数字馆藏,与电子阅读器公司合作,比如得克萨斯A&M大学(德州农工大学)图书馆、北卡罗来纳州立大学图书馆、里弗福里斯特公共图书馆等与Kindles合作,读者通过Kindles阅读器及安装Kindle的移动终端都可以阅读这些图书馆的电子书;纽约公共图书馆、伦敦大学图书馆、加州Rancho Mirage公共图书馆、杜克大学等则与touch/iPod合作;OCLC与Sony Readers合作。一些图书馆还能提供有声读物,比如托马斯福特纪念图书馆、圣约瑟夫县公共图书馆、阿拉斯加大学费尔班克斯校区图书馆、纽约公共图书馆等。

(四)音频和视频指南服务

其服务方式主要有两种:一类是将音频和视频指南放在网站上供读者下载至移动终端,比如西雅图公共图书馆、杜克大学图书馆、波士顿图书馆、波尔州立大学图书馆网站等提供MP3音频指南供读者下载至MP3播放器、iPod及手机等移动终端;另一类是与视频网合作,比如爱丁堡中心图书馆、Suffolk大学图书馆将视频指南放在YouTube上,用户可通过手机访问YouTube网站观看。纽约大学、得克萨斯 A&M 大学、亚利桑那州立大学图书馆加入了 tunes，读者可通过 iPhone、iPod 等无线访问 iTune 进行观看。

移动服务体现的是图书馆的个性化服务，保障用户可以随时随地通过移动设备方便地浏览信息资源。移动服务是数字图书馆未来服务的主要方向。

四、移动数字图书馆实现技术

一般地，实现移动图书馆服务的具体技术包括：Silverlight，Manet，J2EE，J2ME.net，Struts-Spring-Hibemate 等。刘红等利用 Silverlight 技术实现图书馆手机服务，作者采用 B/S 模式，开发技术使用 .net，Java script 等，后台数据库采用 SQL Server 2005，李敬维基于分级异构 MANET 设计移动图书馆服务系统，MANET 是一种无线分布式网络技术。贺利娜提出一种基于 J2EE 和 J2ME 技术的移动图书馆实现方案，这是一种手机客户端与服务器的体系结构，需要手机支持 Java 虚拟机，同时它也是一种跨平台的通用系统。

丁夷提出了一种基于 Struts-Spring-Hibemate 框架的手机图书馆服务系统，它可以实现各种服务功能的定制，移动阅读服务（下载电子书），视频播放服务、可视参考咨询服务。王泽贤探讨了手机短信在图书馆中应用的关键技术，作者详细阐述了目前用计算机收发短信的三种主要方法：（1）通过短信应用服务商实现。（2）通过网站提供的短信服务，例如新浪、网易。（3）通过无线 moDEM 需要专用的硬件，包括无线 moDEM 和支持 moDEM 功能的手机。沈向若探讨了利用 MMS（Multimedia Message Service）多媒体短信技术实现图书馆移动服务。

五、国外移动图书馆的发展与融合

国外图书馆移动服务的应用可以追溯到 2000 年左右，日本和欧洲在移动通信技术方面是比较先进的，日本富山大学图书馆于 2000 年 9 月开发出 i-mode 手机的书目查询（OPAC）系统，东京大学图书馆也于 2001 年 5 月开通 i-mode 手机书目查询（OPAC）系统，芬兰赫尔辛基技术大学图书馆 2001 年秋季开始使用手机短信息服务，韩国西江大学 2001 年 7 月推出用手机可以查阅图书馆资料的移动图书馆。芬兰、日本、英国、美国、韩国、新加坡等国都有一些图书馆提供手机信息服务，它们的实现方式主要是短信息和无线上网两种。芬兰赫尔辛基技术大学图书馆使用芬兰 Portalify 公司开发的 Liblet TM 系统，以短信服务为主，兼顾 WAP 及其他接入技术，提供的手机服务有续借、到期提醒预约到书通知、列出读者借阅清单等，读者免费使用，只需向运营商支付基本通信费。芬兰国会图书馆也开通了手机短信息服务，服务项目有续借、到期提醒、预约到书通知、检索失败的信息、咨询、读者反馈、每周阅读提示等，读者也是免费使用。日本东京大学图书馆为 i-mode 手机用户提供在线书目查询、催还、预约、续借、即时通知等服务。美国南阿拉巴马大学图书馆的"无屋顶图书馆计划"使用 Pad 通过移动通信网检索图书馆资源，读者可以通过无线方式连接上图书馆的在线目录（OPAC）查询馆藏资料在英国的 millennium Drives mountain View public Library，开通了 wireless enabled mobile library，允许读者通过自己的电脑和手机来查询图书馆中的相关信息。日本、韩国等也相继开发图书馆手机服务的技术软件，并在这一领域取得了很大的成就。剑桥大学的调查发现：学生喜欢接收来自学校的短信，只要不是特别频繁。很多学校使用 JISC 开发 JANET TXT 短信系统。该系统可以很轻松地集成到图书馆管理系统中。文本短信提醒给图书馆忙碌的移动用户快速了解图书馆的信息。

（一）国外移动图书馆的服务内容

国外移动图书馆的建设主要在移动图书馆参考咨询服务、移动图书馆流通服务、移动语音导览、移动馆藏等方面取得了较大进展，值得我国手机移动图书馆参考借鉴。

第一，短信参考咨询服务。

短信参考咨询是指允许用户以短信的形式发送咨询问题并以同样的方式接收回复的服务，如比较成功的是 AQAO。如果用户的问题可以用简洁的语言回答，那么可以考虑使用短信参考咨询，如一些关于服务信息的咨询等。如果大部分用户的咨询都可以用 160 字以内的文字回复。那么这一服务就会非常有价值。

第二，移动图书馆流通服务。

Sirsidynix 开发了一款手持流通工具 pocketcirc，让用户在 Pad 设备上就可以访问 unicorn 图书馆管理系统。这种无线解决方案可以让员工在社区或校园活动等非办公区域内帮助书库中的顾客查看资料，还可以在图书馆周围边走边升级书目信息。

第三，移动语音导览。

移动语音导览服务通过让用户将导览下载到自己的 MP3 播放器或手机中帮助图书馆的参观者或者新用户尽快熟悉图书馆的布局、结构功能与服务。杜克大学图书馆导览包括 10 部分内容，用户可以下载到 MP3 播放器中。Simmom 学院图书馆将其 beatlely 图书馆和信息共享空间的语音导览为学生、教职工预装到了 iPod 中。Southern California 提供的 Doheny Memorial Library 语音导览包括 8 部分内容，让远程移动用户通过 tune 目的大学校园生活频道了解其大致的结构。亚利桑那州图书馆也能在 iTunes U 的图书馆频道下载 Hayden 图书馆的相关导览内容。哥伦比亚大学的 C.V.Starr East Asian 图书馆提供了包括英语、汉语、韩语、日语及藏语等多种语言的语音播客。

第四，通过手机完成图书馆为用户提供其馆藏资源、服务和建筑的另一种导览方式。

这一功能的实现方法是通过让用户用手机拨免费号码来获取图书馆的语音导览。用户可以自由选择自己想要了解的那部分内容，自行把握节奏，且可以对图书馆的服务进行了评论与反馈意见。Dartmouth学院的Baker Berry图书馆、folder Shakespeare图书馆和博物馆，以及国会图书馆都采用了这种互动式服务。Museum 411也采用了类似的服务。

第五，移动馆藏。

Thomas forord Memorial图书馆和St.Joseph County Public图书馆将语音图书给事先下载到可以借给用户的iPodnano当中。图书馆下载到用户自己的iPod设备当中的语音图书只有为期3周的借期。大学的Crmich Fine Arts图书馆将所有本学期音乐课程的听音作业都预装到iPod当中，并按照教授和课程号来组织排序。学生最多可以将这些iPod借出12个小时。Virginia大学图书馆建了一个有2100本电子图书的电子文本中心，21个月里下载量达850万次。

（二）国外移动图书馆与图书馆传统信息服务的融合

夏南强通过电子邮件和Internet访问，调查了国内外图书馆开展移动图书馆信息服务情况，充分体现了移动图书馆与图书馆传播信息服务的有机融合：①指南服务；②通知提醒服务；③认证服务；④信息查询服务；⑤移动阅读服务；⑥信息咨询服务；⑦馆内工作应用服务。

1.国外移动图书馆应用实例

以美国、加拿大为代表的西方发达国家，其图书馆非常重视借助智能手机为用户服务，创建移动图书馆。加拿大最大的远程教育机构athabascan大学，约有学生32000人，全部接受远程教育，为这些学生选择合适而高效的技术来辅助学习显得尤为重要。移动通信工具在年轻人中的普及为年轻人利用学习资源提供了一种新的方式。athabascan大学的M-liLrary项目最早在2005年的IADIS leam大会中提出。M-horary网站提供大量数字资源和图书馆服务，包括数字阅览室、电子课程预约、数字参考咨询、数字论文与项目阅览室、帮助中心、搜索引擎、期刊数据库、airpac（手机图书馆目录检索系统），以及通过万维网提供的图书馆服务。该项目对保证移动图书馆网站的内容能够适合小屏幕阅渎做了大量工作，也就是格式可以随着访问网站的设备而调整。M-library系统能够自动识别用户的设备，并给其提供适合该用户阅读的网站版本（移动版或PC版）。此外，用户也可以通过手机访问由Innovative Interfaces开发的专为无线移动设备设计的自动图书馆系统图书馆目录，airpaco用户可以用移动设备检索馆藏目录、核实图书到期时间、请求文献，以及浏览自己的借阅历史。

在美国，很多图书馆为满足特定群体的需要，纷纷着手建设移动版门户网站。移动版图书馆网站提供了部分图书馆服务与馆藏信息，用户可以利用这一界面，通过掌上终端设备，搜索目录和主题指南、查询展览信息和开馆时间存取电子期刊论文等。美国波尔州立大学（Allstate University）图书馆已创建了移动版网站，该网站能为图书馆用户提供目录搜索、期刊全文搜索、图书馆导引视频及其他馆藏与服务信息（如馆际互借），用户还能通过移动参考网站查询天气、新闻、体育、金融等综合信息。美国里士满大学（University of Richmond）图书馆的移动网站可以提供图书目录搜索，查询到图书馆的笔记本及个人电脑占用的实况信息，并能以电子邮件、即时通信工具或短信方式提交参考咨询问题。俄亥俄州图书馆的用户则可以通过OPLIN mobile移动网络，从俄亥俄州250家分支书馆中搜索出距离该用户当前位置最近的公共图书馆。弗吉尼亚大学图书馆也建立了移动网站，读者一方面可以查询到读者阅览指南和开馆时间等图书馆的基础信息，另一方面图书馆的最新消息和展览通报也可从这一网站上获取。波士顿大学图书馆医学分馆所拥有的全部主题目录都能用移动通信设备查询，该馆还建立了具备搜索功能的电子图书、电子期刊和馆藏书目数据库。纽约大学的移动门户提供了通过资源题名、关键字和资源格式三种途径查找电子资源的搜索引擎，该图书馆的其他相关资料也能从其移动门户网站查找到。无论是普通计算机还是移动设备，atha - bascan大学的图书馆网站都能以最佳格式将其内容以最佳格式显示出来，该网站是用PHP语言编写，可以通过服务器端脚本识别不同的浏览器。通过分析HTTP_USER_AGENT，服务器可以确定是windows CE还是palm OS等相应操作系统，然后系统会选择合适的stylesheet与显示模式，最后数字信息就会为适应不同的浏览器而重新编排格式。

2.国外图书馆界的尝试

无线通信协议（简称WAP）是在数字移动电话、互联网或计算机之间进行通信的开放式全球标准。此种方式需要读者的手机具备上网功能，具有浏览器软件，能够访问WAP网站。因此，读者在使用这种模式的时候，需要付出一定的数据通信费用。在此基础上读者可以随时方便地浏览每种数字资源的信息，挑选自己需要的资源下载阅读。新加坡义安理工学院图书馆的手机WAP服务，只要用户具有一部支持WAP的手机，就可以享受手机WAP服务。英国汉普郡图书馆建起一个WAP网站，WAP手机用户提供该郡54家图书馆的详细地址、联系方式、开放时间等信息。

日本移动公司通过移动电话使用Internet服务，其采用分组交换叠加技术，保证用户实时在线，使用简化的 HTML 编辑网站，让传统 Web 网站容易转变为 i-mode 网站。日本富士山大学图书馆以及东京大学图书馆利用 i-mode 技术分别开发了各自的书目查询系统。从技术层面而言，我国运营商完全可以开发类似的平台、网站，诸如起点、九一等中文小说网站也都研发出完全拥有自主知识产权的移动阅读平台，从服务模式和内容上看，和移动数字图书馆的原理是相通的。

此外，国际 W3C 组织（制定网络服务标准的非营利组织）还制定了一系列针对手机图书馆的建议标准，特别是在 2008 年底提出的 "mobile Web Best Practices"（移动 Web 最佳实践）草案。该草案在原有标准基础上倡导一套新的修订标准，依循该标准创建 Web 内容，能极大提高手机移动设备浏览 Web 站点的便利性。

3.国外学者对移动图书馆的应用研究

移动图书馆服务作为图书馆在外在环境下拓展自身服务范围、提升服务能力的重要途径之一，不断受到国外学者的重视，包括 Sally WilSon，Craham Mc Car-thy，R. Bruce Jensen 等学者在内，均通过实验或案例调研的方式，开展移动图书馆服务的影响与应用研究。

（1）关注手机用户的移动服务需求

关注手机用户的移动服务需求是提升手机图书馆服务的必要前提。Sally Wil-Son，Craham M. Carthy 等 2010 年通过对 RyerSon 大学图书馆的用户调查，结果发现，该校当前拥有智能手机的学生数占到全部学校生数的 20%，预计在未来的 3 年内，这一比例将增加 80%。针对这一发展情况，图书馆应该充分挖掘和提升基于智机的移动服务。Jensen 通过对不同用户使用若干种手机（包括功能相当简单的手机和智能手机）进行移动阅读的调研，指出由于手机具有高效和使用方便的特点。因此，图书馆应该抓住这样的机会，将自身收藏和整理的各类课件资料通过用户较为熟悉和使用方便的手机进行提供。

（2）不断探索手机服务与图书馆移动服务的融合

资源建设是移动图书馆服务的基础。为了研究图书馆的馆藏资源建设是否受到移动用户的直接影响，Glenn Davidson 等在 2009 年对新西兰 6 家提供移动图书馆服务的图书馆馆藏采集标准与选择策略开展调研。研究结果表明，在移动图书馆馆藏建设方面，并没有放之四海而皆准的选择标准；移动图书馆的馆藏建设者在一定程度上需要考虑不同类型移动用户的需求以实现其相互之间的平衡。当然，馆藏资源采集与建设标准需要考虑多方面的因素而不仅仅只有用户需求。

（3）注重实际效果并有效总结经验

Laurie 等在 2010 年对当前世界范围内有关移动应用、移动技术、移动技术在图书馆的应用，特别是手机访问图书馆 OPAC 等研究进行系统的评述。深入剖析当前图书馆通过软件开发商提供和图书馆自行开发的移动信息服务，并从图书馆领导者和创新者的角度，指出将图书馆现有的资源芍服务借助手机平台进行有效整合集成的重要性，同时就这一发展方向提供有操作的若干建议。Miquel Codina Vila 等指出，提供基于手机的信息服务有利于以各种不同的方式扩大用户对图书馆的应用，也有利于馆员与图书馆用户之间通过手机建立更为密切的交流。因此，图书馆要敢为人先，不断尝试借助各种有利于推动移动服务的软件和工具提升自身的服务水平和被用户认可的程度。图书馆建设者应该有清晰冷静的思考和客观准确的判断，监测和评价这一服务方式对图书馆带来的影响。在此基础上，有的放矢地开展手机图书馆服务。Lissermami 提出诸如 iPhone 等智能机功能的加强使得远程学习者可以不受时空限制浏览和使用各种电子课件。但是，当前绝大多数具备移动视频浏览功能的手机并不能有效支持用户方便地浏览语义相关的海量电子课件资源。为此，Roman，Max Source 等学者开发一款专门用于浏览电子课件资料的软件。其使用试验结果表明，该软件有利于提升用户对电子课件资源的利用效率。

国外学者有关手机图书馆的研究成果表明，开展移动图书馆服务是图书馆在移动互联网时代不可回避的一种信息服务方式。因此，图书馆需要考虑的问题不在于图书馆要不要开展移动图书馆服务，而在于图书馆应该如何利用手机图书馆开展更为随时随地的移动信息服务。

第九章　图书馆信息服务系统的构建

第一节　高校图书馆信息服务系统分析与设计

一、需求分析

图书馆信息服务系统是基于原有的图书馆系统的，提供的主要服务包括：图书精准定位、智能盘点、个性化服务、自助借还。图书馆管理员对图书要进行智能盘点以及图书的位置锁定来解决日常工作量大而繁琐的管理工作。读者作为高校图书馆信息服务系统的主要服务对象，读者的需求即使图书馆发展的方向，对图书的精准检索、个性化服务和自助借书还书预定则是大多数读者的需求。

（一）业务需求

传统的高校图书馆信息服务业务是以体力劳动的馆员为服务主体通过手工操作的被动、单纯、封闭、多体化分散、浅层次文献型的服务模式。在以往的服务模式中，图书馆的工作以文献为中心展开，为读者提供的访问也多以一、二次文献为主，这种服务模式已不能适应时代发展对大学培养人才所提出的要求。

在知识与经济并行发展进步的时代，由于网络的发展迅速，文献应用的形式多以电子型、数字型为主，而用户的需求也表现出来丰富化和个性化。高校图书馆信息服务模式也发生了转变，首先是由单纯的文献保管转向藏用兼，其次是服务内容由藏书的整理转向了文献的采集、处理以及传递利用。在引入新的服务理念和模式的同时，要注意把"以人为本"即以读者为中心落实到设计之中，着力于为用户提供完善的设施和高效的服务。

现阶段高校图书馆管理系统的有待改善之处：首先，就读者借阅方面，读者利用搜索引擎对要借阅的资料查询，查询结果显示出该图书所在的书架，但是当读者到所标识的书架后却发现书架上根本没有；就读者借还书方面，读者借书时需要通过馆员扫描条形码才能完成，如果在借阅高峰期时会出现借阅窗口的人流量大需要排队，耗费了读者的时间，而且在还书时，大多图书馆也是人工操作，既然有人工操作那就肯定会受到工作人员工作时间的限制，比如周末工作人员休息或者是图书馆闭馆，那么读者就只能在工作日或开馆时间段内去还书，读者去借阅，系统界面虽然能够检索出来，但是也可能会出现图书完全被借走的现象而借阅者却全不知情。其次，就图书馆员整理资源方面，图书资源的盘点往往是一项巨大的工程，再加上图书资源的爆炸式增长，图书盘点的解决更是迫在眉睫；就图书乱架问题，多数高校图书馆员是在收到读者发现问题的反馈之后才做出相应的处理，而且有限的人力资源在相当多的图书中找出别类的图书也是有相当大的难度。

随着物联网技术的发展，为高校图书馆的发展提供了根本依据。依靠 RFID 技术在图书馆的应用以及个性化推荐技术能够很好的解决上述问题，能满足以下三方面：

1.图书馆的自助借还、快速查找、个性化服务可以全面的满足读者需求。

2.图书馆实行发展符合馆员需求，智能盘点、图书精准定位很好的解决了馆员以往盘点工作量大、图书乱错架的整理等问题。

3.在信息社会中，信息量剧增、信息技术发展迅速等问题阻碍着各高校图书馆管理模式的进步，建立高校图书馆信息服务系统无论是在解决现实问题还是理想问题方面的需求，都是高校图书馆发展的大势所趋。

（二）功能需求

高校图书馆信息服务系统包括：智能盘点、图书精准定位、自助借还、个性化服务这四个主题模块。其中智能盘点、图书精准定位、自助借还模块都是以 RFID 技术为基础，个性化服务以个性化推荐技术作为研究依据。另外，系统内各模块功能是使用 Asp.net 分层实现的，通过使用符合条件的插件，有效利用它的界面系统框架、结构，从而更能提升本系统的三种性能，即可以扩展的性能、可以移植的性能以及组件的可以重复利用的性能。数据库部分使用 SQL Server 实现，提高数据的可扩展性，更好的应用于系统之中。

高校图书馆信息服务系统关键在于解决完成智能盘点、个性化服务、图书精准检索和定位、自助借还功能的管理。系统中的每个模块都是对应完成高校图书馆读者以及馆员的需求服务，并且通过读者的操作数据保存在系统中，及时更新数据生成读者档案。分析如下：

1.图书精准定位对于信息服务系统的完成和建立都是特别明显的化体现，将馆内所有图书都贴上电子标签，利用 RFID 技术 VIRE 的定位算法的优化，对其实现更加精准的定位，在对图书进行精准检索、智能盘点等功能的实现都提供了可靠的技术支撑。

2.智能盘点实现对在馆图书进行数量统计、乱架查询、架位采集和图书归类的功能，改革现在图书馆在进行盘点时需要闭关以及使用扫描枪对条形码逐本书进行扫描产生的差错，实现非接触、多本图书同时读取的快速方便的盘点，大大降低了管理人员的劳动强度。

3.个性化服务主要包括两个功能：一是收藏推荐，对读者主动收藏计划借阅的图书，当收藏的图书在架且未被别人预定的情况下，可以给读者进行提示；二是基于关联内容的推荐，根据个人信息的基本内容填写、读者的借阅记录、检索历史、浏览等方面的动态获取适合读者的图书，以及从系统的数据库内提炼出所有借阅排行、收藏排行和新上架的图书推荐给读者，其中排行的方式可以是按照周排行、月排行也可以是学科排行。也可以针对各学院的借阅情况做排名，促进高校在校生借书的积极性。

4.自助借还书主要功能是对自助借书、还书、续借和预定服务，借、还书摆脱了图书馆开馆闭馆时间的限制，续借同样的也是自助完成，预定服务是读者对检索图书的预定，该预定主要是针对读者想要借阅但不在馆的图书，若图书归还后系统将会提示给读者，这样方便读者的同时降低了图书馆管理员的工作量。

（三） 性能需求

高校图书馆信息服务系统会提供全面、高价值的息资源并且能随时地进行动态跟踪的功能。该系统所需要的硬件设备主要包括：RFID 无源电子标签，电子标签包括图书标签，书架标签以及层标签三类；超高频阅读器；自助借还机器；图书盘点设备等。通信预留接口：RS-485，10M 以太网。

二、系统设计

根据对图书馆信息服务系统的需求分析，将给出总体设计的流程图以及实现各模块的结构图，如图9-1所示：

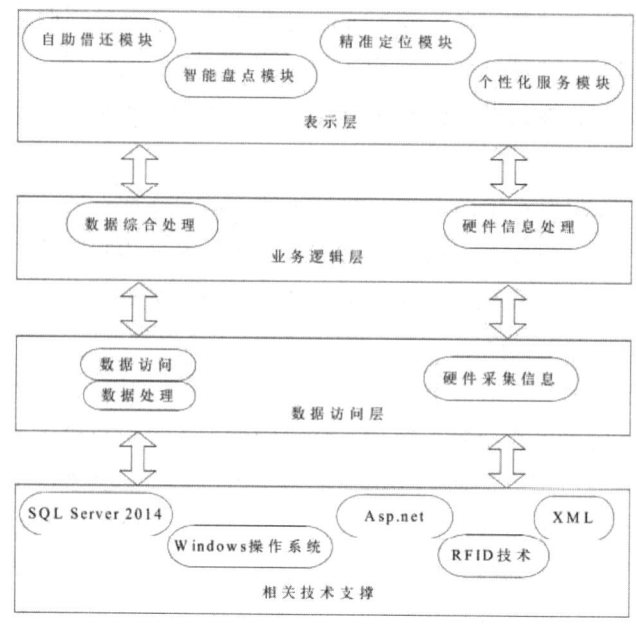

图 9-1　系统架构

　　为实现高扩展性的目标，保持不同子系统之间的松散耦合，图书馆信息服务系统在设计上采用三层软件架构，从软件设计的角度，可分为表示层、相关逻辑层和数据访问层。

　　首先在系统界面即表示层显示出自助借还、个性化服务、图书精准定位、智能盘点四大模块，系统界面的构建是在 XML 技术的支撑下完成，用户是要完成四大模块中的哪一个，首先需要在系统界面选择所要完成的操作，以借书为例：在表示层选择借书后，业务逻辑层根据借书进行处理，业务逻辑层的处理包括数据处理和硬件信息处理，硬件的信息处理是在借还书过程中图书的电子标签反馈给自助借还机阅读器的图书信息，业务逻辑层把这些信息传递给数据访问层，从数据库中进行数据的匹配，匹配的内容包括借阅者的信息和图书电子标签的信息，完成数据访问层的数据匹配之后通过业务逻辑层把数据结构再传递到表示层展示给用户。系统中的其他模块和功能工作原理与借书相同。

　　高校图书馆信息服务系统是建立在原有图书馆服务系统之上的管理系统，如图 3-2 所示，该服务系统主要功能包括四大模块，分别是个性化服务、自助借还书、图书检索与精准定位以及智能盘点模块，个性化服务模块和自助借还模块主要是针对读者设计的。个性化服务主要是对图书的推荐，一是对读者收藏的推荐，另一个是基于关联内容的推荐。检索与精准定位是读者和图书馆管理员的公共模块，主要是提供图书的精准位置。智能盘点模块主要是为解决图书馆员进行盘点时工作量大的问题，主要功能是乱架查询、图书归类、架位采集以及图书的统计，进行定期盘点时利用信息服务系统能够一目了然的掌握图书的借阅情况，并能及时发现乱架图书进行整理归位。在系统的主界面登录后，若是管理员则进入的是管理员应用主题，若是读者进入的则是读者的应用主题，若输入的用户账号都不是，那么还将处于主界面的状态。当用户通过登录验证后，图书馆管理员和读者就可以根据需求完成应用。

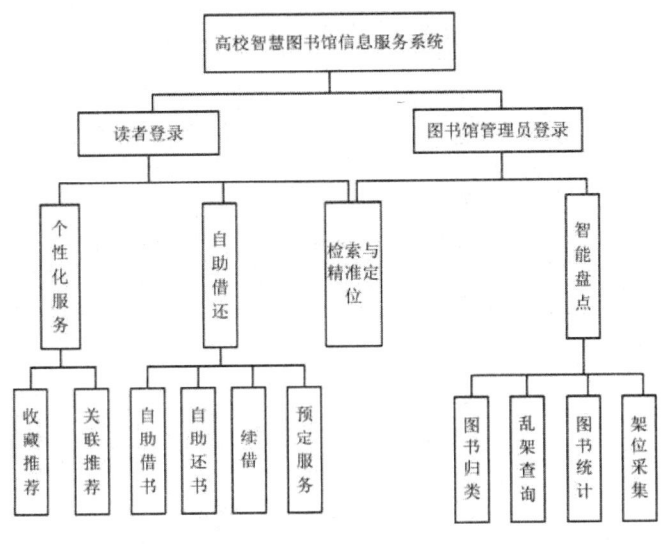

图 9-2 系统功能模块

（一）图书精准定位模块

现在多数高校图书馆查找图书时往往需要大量的时间在整个书架上逐个查看，虽然检索系统可以查到图书上的条形码标号，但在逐本查看上耗费的时间成本却是不可计量的，而且还有可能出现的问题是并没有再检索界面呈现的图书位置找到该图书。图书精准定位的设计是针对上述情况达到对图书馆内图书位置的精确化，分别对读者和图书馆管理员的两个应用。

对于读者来说，当读者进入图书馆后首先要查询借阅的图书所在位置以方便直接去取，在这个过程中就需要对图书进行精准定位，若图书是放在正确的位置则在界面直接显示图书的具体区域，并且显示出当前该图书的数量以及借阅情况；但是避免不了图书是放在错误的书架，因为图书馆管理员对图书的整理是定期的，不可能是每天都要对硕大的图书馆进行整理。如果读者查询的图书经过数据库匹配之后是放在错误的书架，查询后会把现在的对应位置呈现给读者。在这个查询过程中需要通过服务器往阅读器发送需要查询的图书的指令，阅读器发射相应频段的信息，同时把接收到的图书 RFID 信息反馈给服务器后对数据库进行匹配最后呈现出现在的位置给读者。

对于图书馆管理员来说，精准定位的应用是体现在智能盘点上，包括图书归类、统计、乱架查询、架位采集功能。图书馆员首先阅读器发射频段信号，这个频段信号可以细致到具体的某个书架上，图书通过RFID标签反馈给阅读器的信息提示错架图书现在所在的位置以及原来的正确的位置，提示馆员将错架图书放回正确的书架。图书的精准定位在一定程度上为馆员和读者提供了高效便捷的服务，加快了图书馆的运行速度。

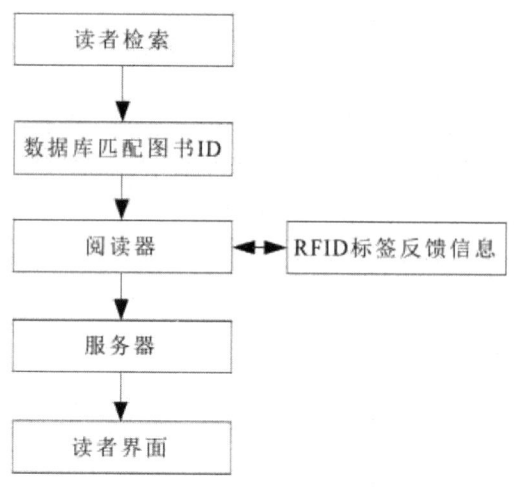

图9-3　精准定位流程图

如图9-3所示，读者在用户界面开始检索所需要的图书，并将图书的具体信息传送到系统，系统通过数据库匹配获取得到图书ID，并将这个ID通过RS-485协议传输到阅读器，阅读器收到信号后，将这个信号转换成对应频段的射频信号，由天线发送。电子标签接收到信号响应，并反馈到最近的阅读器，再经阅读器传送到服务器，服务器对这些信号处理好，将处理后的信息发送到用户界面显示出来。

（二）智能盘点模块

有许多图书资料在系统界面上反映出来，而且读者通过检索也能够找到图书信息，但当读者根据检索到的信息去取书时却在对应书架上没有找到。这种现象是由于图书没有按应有的类别摆放造成的，图书馆员也没有对馆内图书位置的错误进行及时地更正。本文利用RFID的定位技术对图书进行管理能很好的解决此类问题。图9-4是智能盘点模块流程图：

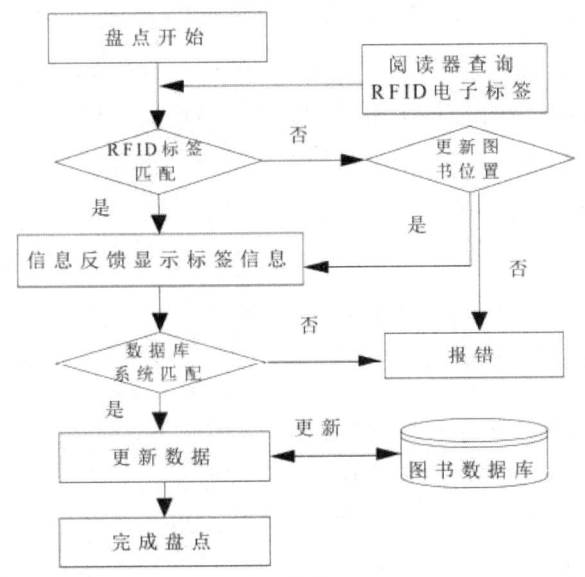

图 9-4　智能盘点流程图

　　盘点的工作流程是阅读器发射频段信号后，RFID电子标签接收信号并通过天线把标签内存储信息反馈给阅读器，阅读器上显示出各图书所在位置以及该频段内现有的图书总量。在阅读器接收到反馈信息后，需要对发生位置变化的图书做出提示，并进行更新，更新的是从上次盘点到这次盘点期间发生的图书总量的变化。更新完成后与总数据库进行图书数量的匹配，匹配的原则主要是对现有数量以及借出数量是否与总数量保持一致，匹配没有问题时则对现有数据进行更新，若出现差错则显示出错。

　　智能盘点功能模块功能包括图书统计、图书归类、乱架查询及架位采集，图书馆内每本图书、书架的每层和整体都要作为一个基本的管理单元，通过图书标签、书架标签和架层标签在阅读器上的落实进而实现盘点功能。智能盘点是通过阅读器发射相对应书架的频段，位于该书架的图书RFID电子标签把信息反馈给阅读器，通过阅读器界面显示出该书架的现有图书，若出现别类图书将会有相应的"标红"提示将阅读器的界面标识出来。图书馆员也可以把关于图书统计的EXCEL表导出，作为图书借阅流量的统计根据。乱架查询主要是通过阅读器发射频段信号，馆内图书RFID电子标签反馈信息给阅读器，达到对图书馆内的图书进行重新定位以获取新的图书定位表的目的，将获取的新的图书定位表与数据库原有的定位表进行数据的匹配，若两个定位表完全匹配则表示图书馆内不需要进行乱架整理，若出现乱架现象，会将匹配的结果显示出来，单独成立一张图书乱架表显示给图书馆管理员，以便进一步的整理工作，大大降低了图书馆管理员的工作量以及劳动强度。

当图书馆进有一批新的书籍时，为图书贴上以改写好的RFID标签，把这些标签的数据及时地与图书资源数据库进行数据链接完成数据的更新，根据图书分类的提示把这些书籍放在相应的书架上。解决图书错架、乱架的问题可以读者在对图书进行借阅时可以根据通过图书精准定位后所反映给系统的数据查询所要借阅的图书所在的具体位置。

定期的盘点能够很清楚的掌握图书馆图书的流通量，可以对读者的借阅情况作出相应的数据分析，有利于图书馆的循环发展。

（三）个性化服务模块

个性化服务功能主要是：获取读者对图书的收藏关注或借阅习惯的数据信息，为读者提供满足所需资源。根据读者对信息的需求，高校图书馆信息服务系统提供了基于内容的协同过滤推荐，从收藏、借阅的排行以及上新的图书当中推荐与读者收藏或读者个人信息中相似度高的图书。

在高校图书馆信息服务系统的个性化服务中对资源采用了静态和动态两种获取方式，将这两种获取方式有机地结合起来使用既要切实依靠读者的兴趣反馈，又利用到对读者的借阅规律进行分析发现其内在的特性。静态获取是基于读者个人信息情况，比如院系班级等，获取的准确度高而且速度快；但有可能会出现读者在个人中心填写的信息可能不全面，所收集到的资源也不够全面，并且容易受到读者的思维限制的问题。动态获取是根据读者的借阅、查询记录以及收藏关注的主题图书可以客观地去反映读者喜好，较为全面的获取信息；但获取资源的准确率不高、速度相对比较慢。

（四）自助借还模块

在自助借还书模块中充分利用了RFID射频识别技术，结合计算机、软件、网络、RFID以及触摸屏控制多项技术，目的是对贴有RFID标签的多本图书同时进行借还。实现该模块还需要设立借还书柜，读者只需把需要借、还的书放进去，书柜通过对图书的RFID电子标签的身份识别，自动完成还书操作，并且实现数据库的记录更新，解除了必须在限制时间内完成还书的困扰。

1.借还、续借图书

如图9-5，为读者借书流程图，当读者进入图书借阅界面把图书证放入扫描区内，系统对其进行扫描识别，若证件无误将提示输入密码；若密码也无误，则读者将准备借阅的书籍放入扫描区内，这样的一次扫描能完成对多本图书的借阅。如果对图书扫描后显示扫描异常，即图书未能被扫描到，可能是电子标签出现了问题，那么就需要到柜台重新借阅。

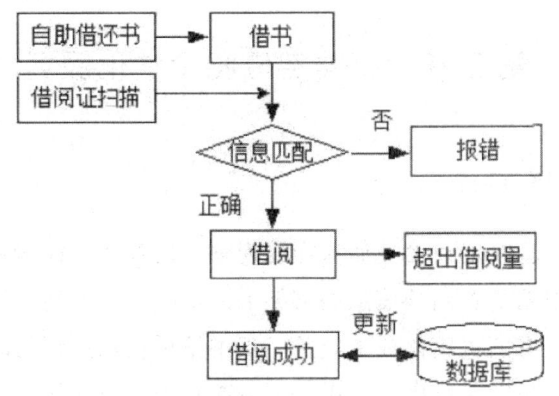

图 9-5　自助借书流程图

如果系统界面显示图书借阅失败，可能是由于用户的借阅量已达到上限，也可能是该用户对图书的续借但已超出借阅限制的日期则需要到柜台办理罚款手续。待图书借阅成功后，系统界面将显示用户的借阅清单，完成图书的借书过程。自助还书流程图如9-6所示。

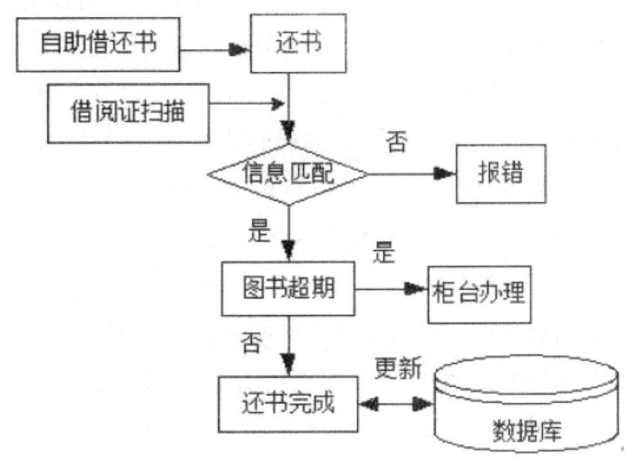

图 9-6　自助还书流程图

2.预定服务

在高校图书馆借阅的过程中往往出现想要借阅而图书却不在馆的状况，读者可以根据自己想要借阅的图书进行预定。

在读者登录到高校图书馆信息服务系统后，首先对想要借阅的图书进行检索，界面呈现出检索结果，检索结果是在馆还是被借出。如果查找的图书显示结果是在馆则直接借阅即可；如果结果显示的是完全被借出，则显示可被预定。同时系统可以在个性化服务中提示到读者登录后的界面。

第二节　精准定位和个性化服务

一、图书精准定位

图书馆都存在着或多或少类似这样的问题：读者通过检索系统可以查出图书资料，但当读者根据所查到的信息去书架上取书时却找不到。导致这类问题的原因是图书没有按应有的类别摆放造成的。图书馆员在盘点图书时由于错架乱架导致的图书没有再相应的区位摆放，由于高校学科的广泛性使得这些错架的图书有可能涉及到具体的各学科，要重新对这些图书进行整合、分类，无疑是一项浩大的工程，为图书馆员的工作增加了无形的压力，阻碍图书馆在高校的应用和发展，利用RFID技术对图书的定位能够很好的解决上述问题。

基于RFID技术的高校图书馆信息服务系统在不对原有图书管理系统做出何种改动，而在于能成功的与原有系统对接，实现数据共享。高校图书信息服务系统能够在对图书资料进行实时定位后及时更新数据库，以免耗费读者时间。

RFID技术之所以能受到高度关注在于它能够在极短的时间内得到厘米级的高精度定位信息，且具有传输距离远、成本低的特点。RFID技术的定位方法可以分为：三角测量定位、邻近定位以及场景分析定位三种。

三角测量定位法：测量的参数是信号传输时间 t，信号幅度 A 或是到达的角度。三角测量定位法分为：TOA法、RSSI法、AOA法、TDOA法，分别是以到达时间、信号强度、到达角度、时间差为基本依据进行定位的。

场景分析法是对目标进行的定位，这个目标是针对特定区域的场景特点作为根据的。首先，采用量化参数对定位区域中的各位置进行描述，"位置指纹"就是根据这些位置形成的。把这些位置指纹存储在特征数据库中；在定位时，根据进入定位区域的电子标签的指纹信息，在特征数据库中寻找合适的信息，根据查找的结果推测、判断出可能存在的位置。

邻近定位法是可以找到目标在某个区域的、甚至可以判断与某个位置相近的，但精确度有限，不能提供准确位置。因此为完善此定位方法，推断节点之间是否有邻近关系，需要它与识别系统共同协作来完成定位。

在对上述三种定位方法的分析后，本文采用的是基于场景分析的VIRE算法，并且在一定程度上对该算法进行了优化。

（一）VIRE定位算法

VIRE（Virtual Reference Elimination）虚拟标签算法是对比LANDMARC算法的

不足做进一步完善的算法。

VIRE算法中，最关键的思路在于在定位区域中使用了设置虚拟参考标签进行了计算，相比使用实体参考标签更为有效、准确。在定位区域内，用经典信号传播模型构造虚拟参考标签。同时该算法还提出了模糊地图的概念，更大程度的提高了定位的精准度。LANDMARC算法可以通过提高参考标签的密度来取得精确的定位，而VIRE算法在定位的区域中设置虚拟参考标签，与此同时将模糊地图的定义提出，使用加权平均和的方法进行计算，从而找到定位需要的位置。两者的都可以定位位置，但是LANDMARC算法增加了系统成本，且参考标签密度越大，标签之间干扰程度越大，造成定位的准确度下降。然而，VIRE算法不仅可以降低系统成本，弥补LANDMARC算法的不足，还可以去除重复的位置信息，一定程度上提高定位位置的准确。

VIRE算法是将定位的区域分为多个相同的网格，同时平均的把参考标签安放在分好的网格里，如图9-7所示，然后将网格更加细密的划分为定位区域被划分成n*n个虚拟网格，并使每个虚拟网格包括4个虚拟参考标签。虚拟参考标签的RSSI值可以依据得到的实体参考标签的RSSI值和坐标数值运用线性插值计算出来，如公式9-1和9-2所示：

虚拟标签在水平方向上的信号强度：

$$S_k(T_{p,b}) = S_k(T_{a,b}) + p * \frac{S_k(T_{a+n,b}) - S_k(T_{a,b})}{n+1} \tag{9-1}$$

竖直方向上的信号强度：

$$S_k(T_{p,b}) = S_k(T_{a,b}) + p * \frac{S_k(T_{a+n,b}) - S_k(T_{a,b})}{n+1} \tag{9-2}$$

公式中$S_K(T_{i,j})$表示坐标为（i，j）的虚拟标签对应到第K个阅读器得到的信号强度，其中a=［i/n］，b=［j/n］，0≤p=i%n<n-1。

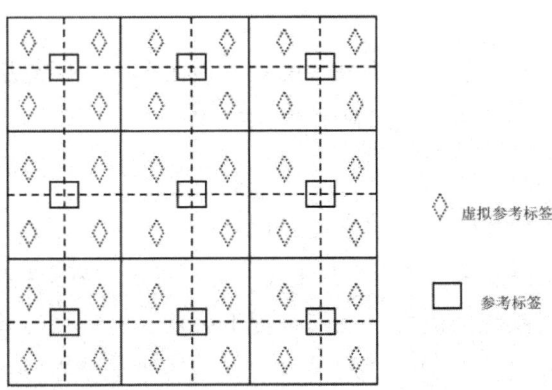

图9-7　VIRE中3*3格的虚拟参考标签示意

VIRE算法提出了邻近地图的概念：邻近地图是由阅读器为每个目标标签构建

的，要想找到目标标签的可能位置，需要通过通过识别，把虚拟参考标签和目标标签的RSSI值进行比对。若两者的插值在符合条件的范围内则该区域被标识为1，反之则被标签为0，邻近地图由这些被标记为1的区域组成。针对这些邻近地图，最后采用取交集只保留被标记1的区域的方法来确定目标标签的可能位置。如图9-8，在取交集后得到的是最近的几个虚拟参考标签所组成的邻近地图。

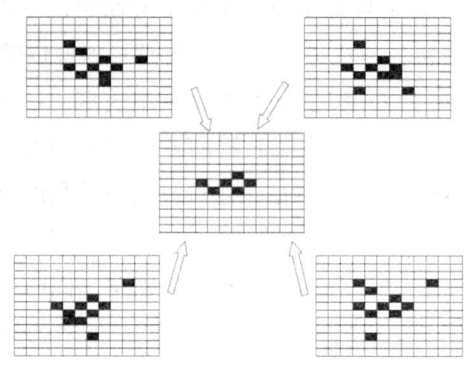

图 9-8   邻近地图

获得了距离待定位目标最近的虚拟参考标签集合后，采用加权平均和求得目标坐标。VIRE算法采用了W_{1i}和W_{2i}两个权值进行加权计算。W_{1i}与W_{2i}是根据虚拟标签的信号强度值对参考标签在虚拟标签中的距离权值设定的，距离越小，W_{1i}越大。

$$W_{1i} = 1 - \sum_{K=1}^{K} \frac{S_k(T_i) - S_k(R)}{K * S_k(T_i)} \qquad (9-3)$$

权重因子W_{2i}是根据虚拟参考标签的密度设定的，若虚拟参考标签的密度越大，则W_{2i}越大。

$$W_{1i} = \frac{n_{ci}}{\sum_{i=1}^{na} n_{ci}} \qquad (9-4)$$

其中n_a代表整个区域内最近的虚拟参考标签的个数，n_{ci}代表第i个最近的虚拟标签的密度。VIRE算法根据最终权重因子$W_i = W_{1i} * W_{2i}$，待定位目标的坐标可由公式9-5得出。

$$(x, y) = \sum_{i=1}^{na} W_i^* (x_i, y_i) \qquad (9-5)$$

VIRE算法的优点是采用了虚拟参考标签进行定位不需要额外增加阅读器和电子标签进而降低了系统的成本，在精确度上要比LANDMARC算法更高。但是，VIRE还是有它的缺点：在VIRE算法中用到的是虚拟标签RSSI的插值法，在实际环境中标签的RSSI值与位置距离的长短并不是理性的线性关系。因此会产生额外的误差；参考标签的位置分布是传统的矩形结构，对算法的定位性能影响也很大。

（二）VIRE定位算法优化

该定位算法的优化从以下三方面入手，分别是：（1）参考标签的放置位置及密度大小对阅读器接收RSSI值的强弱及准确性的影响；（2）采用了非线性插值的方法，把实体参考标签的RSSI值和参考标签到阅读器的距离的关系当做线性关系来处理，这样就会使阅读器获取到的RSSI值不够准确，因此可以从非线性插值的角度入手；（3）VIRE算法中选取的K个参考标签与目标标签距离最近，而K的取值不同也会对RSSI的获取值产生一定的影响。通过这三方面的优化处理，将会使得结果更精确一些。下边会对这三方面进行详细地阐述：

1.区域划分

我们可以把定位的区域划分成为一些面积相同相同的网格，把实体参考标签平均分配在这些网格中，需要注意的是这些实体参考标签的前后左右间隔都是相同的。接下来再把这些网格做进一步的划分，可以划分为m*n个虚拟网格，把划分的各虚拟网格的中心当做参考标签的坐标位置，而划分的虚拟网格自然也就成为了这个参考标签的覆盖区域。通过阅读接收到的各虚拟参考标签的信号强度值，根据距离参考标签最近的实体参考标签计算得出。如图9-9所示为实体参考标签与阅读器的分布图。另外，想要得到更高的定位精准度，就可以将网格划分的更加细致一些。

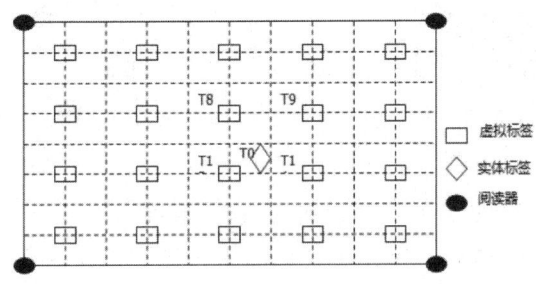

图9-9 8*10虚拟参考标签

如果一定范围内有若干个实体参考标签，那么它们周围的环境也会相同，因此引入友邻标签，离实体参考标签最近的其他实体参考标签即为友邻标签。根据实体参考标签和友邻标签传递给阅读器的信号强度值来计算出信号损耗模型参

实体参考标签T0处于T13的信号覆盖区域内，信号强度值可以由T8与T9、T13、T14协同计算得出。

2.非线性插值

实际参考标签和虚拟参考标签的距离和RSSI值的变化关系不是理想的，也就是说它们的关系不是线性的。由于在图书馆内信好的减弱是服从了对数的正态分布，因此论文选用对数的距离损耗模型。"距离-损耗"公式如9-6所示：

$$P = p_0 + 10n \lg\left(\frac{d_{ij}}{d_0}\right) + \zeta_{ij} \qquad (9\text{-}6)$$

在公式4-6中：d_0表示阅读器i到图书上电子标签的距离；P_0表示阅读器i接收到图书上电子标签即距离为d_0时的RSSI值；P表示阅读器i接收到的虚拟参考标签的RSSI值；n是路径损耗指数；d_{ij}表阅读器i到第j个虚拟参考标签的距离；ζ表示遮蔽因子，作为一个随机变量，这个随机变量的均值为0与传播的距离没有关系。

在图书馆内，各位置的n（路径损耗指数）会因环境不同实时测量的结果也不同，这将会给图书馆内定位的及时性造成一定程度的影响。为提高定位的精准性，采用了参考标签来实现动态测量路径损耗指数n，需通过友邻标签协同计算公式中的两个参数。为确定目标图书标签周围的虚拟参考标签的路径损耗指数，我们可以根据VIRE定位算法的虚拟参考标签区域重新划分做出假设，如图9-10：

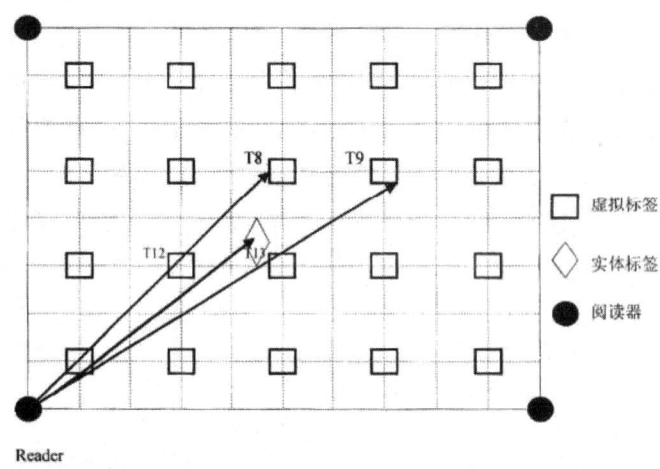

图 9-10　实时测量距离-损耗指数图

在图9-10中，将T13、T14作为目标图书标签，T8、T9作为友邻标签，利用下面公式分别计算出两条路径的距离-损耗指数n_1、n_2：

$$n = \frac{p - P_0}{10n \lg\left(\dfrac{d}{d_0}\right)} \qquad (9\text{-}7)$$

在得到两条靠近待定位的标签路径的路径损耗后，可以根据T8、T9路径与阅读器构成的直线的夹角分别是θ_1和θ_2，可以由下列公式得到待定位标签的路径损耗指数：

$$n = n_1 \frac{\theta_1}{\theta_1 + \theta_2} + n_2 \frac{\theta_1}{\theta_1 + \theta_2} \qquad (9\text{-}8)$$

通过公式9-8，得到T_0位置的距离-损耗模型参数后，通过公式4-6和T5的信号强度值求出T_0的信号强度值。

3.K 邻近

在阅读器接收到目标标签的反馈信号后，把所有的虚拟参考标签的信号强度值求出，根据信号强度值的大小选择出与目标标签最近的 K 个虚拟参考标签，最后，再对其进行加权求和。具体描述为：有 u 个目标标签、m 个阅读器和 n 个虚拟参考标签，并对标标签和虚拟标签做出信号强度的向量，分别是 9-9 和 9-10：

$$\vec{S}=(S_{j,1},\ S_{j,2},\ \cdots\cdots,\ S_{j,m}) \tag{9-9}$$

$$\vec{\theta}=\left(\theta_{j,1},\ \theta_{j,2},\ \cdots\cdots,\ \theta_{j,m}\right) \tag{9-10}$$

其中 $\theta_{i,j}$ 表示第 j 个阅读器读取到第 i 个目标标签的信号强度值的大小；$S_{i,j}$ 表示第 j 个阅读器读取到的第 i 个虚拟标签的信号强度值的大小。

我们把欧氏距离表示目标标签 p 和各个虚拟参考标签的距离长短。定义 9-11：

$$\sum j=\sqrt{\sum_{i=1}^{m}\left(\theta i-5i\right)^{2}} \tag{9-11}$$

$\sum j$ 表示的是第 j 个虚拟参考标签与目标标签的欧氏距离。通过 E_j 表示的是虚拟参考标签与目标标签的距离关系。当 E_j 的值越大时，他们两支的位置距离也就越远。因此就要选择出 K 个虚拟参考标签距离目标标签距离最近，根据公式 9-5 可以计算得出目标标签的位置。

其中 W_i 表示总数量为 K 的所有虚拟参考标签中第 i 个对信号强度值的权重因子。当所有的虚拟参考标签权重相同时，产生的定位误差值就会越高，因此，权重因子的设计特别重要。而权重因子是比较靠近目标标签的虚拟参考标签，是因为这些虚拟参考标签能够很好的反应出目标标签的位置，因此，权重因子依赖于 E 的大小，如公式 9-12：

$$wi=\frac{\dfrac{1}{E_i^{\,2}}}{\sum_{i=1}^{k}\dfrac{1}{E_i^{\,2}}} \tag{9-12}$$

通过 9-12，距离目标标签最近的虚拟参考标签为距离最大的权重因子。且满足 9-13。

$$w_1+w_2+\cdots\cdots+w_3=1 \tag{9-13}$$

4.实验结果分析

本文在对 VIRE 定位算法优化后，对 VIRE 定位算法和 VIRE 优化后的算法做了部分的实验测量，通过对实验测量的结果统计用直方图呈现如下：

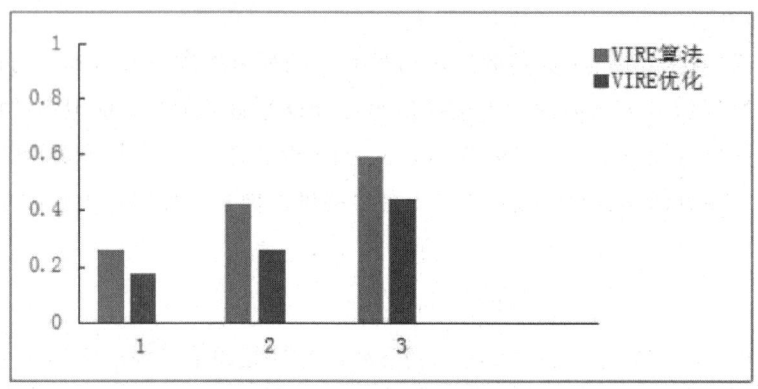

图9-11   VIRE算法和VIRE优化算法定位平均误差图

图9-11表示为两种定位算法的定位精准度的误差，横坐标表示的是需要实验测量的标签编号，纵坐标表示的是一定距离内的标签个数。在VIRE定位算法当中，本实验用到的所有标签和是在700到1000之间。从上图可以看出，在VIRE优化后的定位算法效果要比VIRE算法好的多，改进后的定位误差分别是0.08米、0.16米和0.15米。

一般认为，在图书馆内定位的精度与虚拟参考标签的密度是成正比例关系。因此，可以考虑加入更多的虚拟参考标签，达到定位的最佳效果时加入虚拟参考标签的数量应该是多少。我们把m*n代表所有参考标签数量的总和，在实验测量中，把隔开实际参考标签的虚拟参考标签的数量选取为4、6、8、10、12、13；区域为12*14、18*20、24*26、28*30、32*34、38*40。

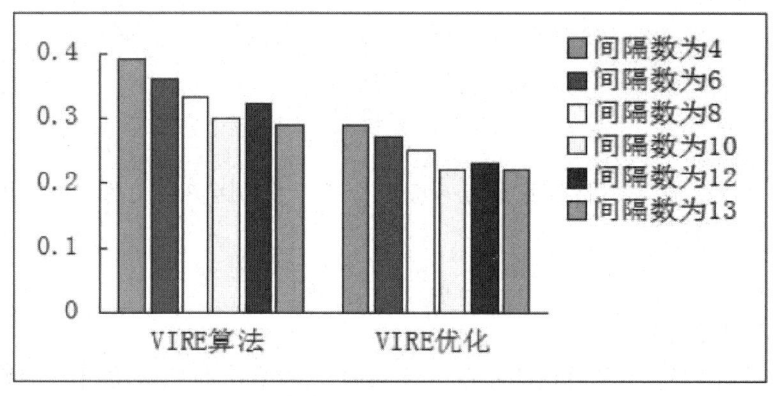

图9-12   虚拟参考标签密度对两种算法误差的影响

图9-12表示的是分别对虚拟参考标签的VIRE定位算法和VIRE算法的优化做出的实验测量结果，定位的精准度受到虚拟参考标签的间隔数的影响，并且间隔数越大误差会越小。从上图不难发现，当虚拟参考标签的数量到10的时候也就是说区域内总的数量到28*30时整体趋于稳定，在继续增加间隔数的时候也不会对

实验的结果产生很大的影响。

　　VIRE算法需要得到离实体参考标签的K个参考标签取交集得出邻近地图，以更加精确的得出待定位标签的位置，实验就从K的取值上分别对两种算法进行测验。测验的K的值分别是1、2、3、4、5、6。结果图9-13所示：

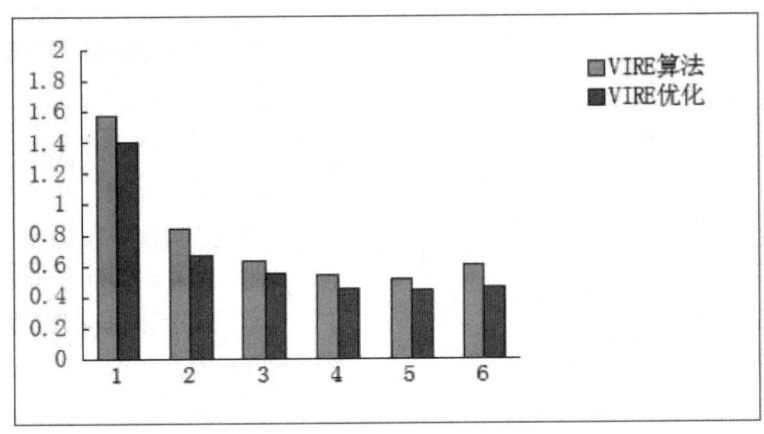

图9-13　K取值对两种算法的影响

　　从图9-13可以看出，K的取值对VIRE算法和VIRE优化的算法定位误差的影响，实验结果显示，当K值越小误差值越大，当K值选取在4、5时比较稳定，但是在K值取6时，误差又会有增加的趋势。

二、个性化服务

　　个性化服务的实质是系统按照读者要求，根据读者的兴趣搜索把读者收藏关注的信息过滤匹配并将处理结果呈现出来，以提高读者的借阅效率。利用个性化服务可以实现在少量的信息源内集中较多的信息内容，提高信息资源的质量，降低读者的时间成本。

　　高校图书馆信息服务系统利用个性化服务一方面能有效解决读者本身的差异性和需求多样化的问题；另一方面，有助于图书馆对收集到的读者信息进行整合分析，整理出针对于各读者所需的资源，从而提高信息资源的利用率。在系统中如何更好地实现个性化服务，就是要解决利用哪种推荐算法能很好地把资源做出很好地处理。

　　现有的个性化推荐技术有：基于内容的推荐、协同过滤推荐、关联规则推荐、基于效用推荐以及基于知识推荐。论文采用基于内容的协同过滤推荐。此外，推荐算法对读者信息的收集和推荐模型的建立，通过设定算法目标进行学习，对各读者处理出推荐结果。表9-1是对主要推荐方法的比较：

表 9-1　主要推荐方法对比

推荐方法	优点	缺点
基于内容推荐	推荐结果直观，容易解释； 不需要领域知识	稀疏问题；新用户问题； 复杂属性不好处理； 要有足够数据构造分类器
基于协同过滤推荐	新异兴趣发现、不需要领域知识； 随着时间推移性能提高； 推荐个性化、自动化程度高；能处理复杂的非结构化对象	稀疏问题；可扩展性问题；新用户问题； 质量取决于历史数据集； 系统刚开始时推荐质量差；
基于规则推荐	能发现新兴趣点； 不要领域知识	规则抽取难、耗时； 产品名同义性问题；个性化程度低；
基于效用推荐	无冷开始和稀疏问题； 对用户偏好变化敏感； 能考虑非产品特性	用户必须输入效用函数； 推荐是静态的，灵活性差； 属性重叠问题；
基于知识推荐	能把用户需求映射到产品上； 能考虑非产品属性	知识难获得； 推荐是静态的；

对于上述推荐算法做出比较，再结合系统个性化服务的模块，同时根据高校图书馆提供的基本服务与不同在校生群体的特征相结合，加之高校学生的偏好、借阅习惯、信息资料以及高校图书馆信息资源等方面多重因素，选用了基于协同过滤的推荐算法。

（一）个性化推荐模型

本文在个性化服务中采用了基于内容的协同过滤推荐技术，构建个性化推荐模型。

个性化推荐模型图 9-14 所示：

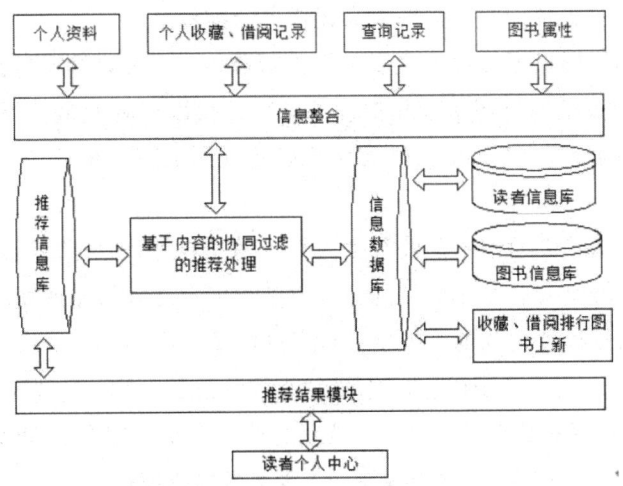

图 9-14　个性化推荐模型

　　该模型和其他的模型有以下不同：（1）构建了信息输入模块即收集信息模块。该模块包含用户个人资料、查询用到的关键词记录、图书的属性例如作者和图书风格、用户收藏、借阅过的图书等参数。（2）构建了基于内容的协同过滤推荐的整合推荐实施模块。该模块中包括了所有用户的信息库、图书资源库以及所有用户对图书借阅收藏的排行记录。（3）构建了系统的推荐结果模块，把推荐结果反馈给用户的个人中心。为读者推荐图书的类型也是包括两方面，一方面是公共图书的推荐，包括：小说、文摘等，推荐出排行前三的图书；另一方面是专业性图书的推荐，根据读者的个人信息和借阅排行两个条件，为读者推荐出排行前三的图书。

（二）基于内容的协同过滤推荐

　　在图书资源和高校在校生数据集很大的情况下，基于关联内容的协同过滤技术可以实现很高的效率，达到特别好的效果。它允许数据计算任务预先执行，给需要推荐的读者更快地推荐结果。

　　基于内容的协同过滤技术是根据邻居用户的偏好产生的目标用户的推荐。它是基于这样的假设：如果大部分读者对于某些图书收藏或者是借阅的次数比较多且喜好程度相近，则对于目前读者来说他也很有可能对这些图书有一定的偏好。主要是对这些收藏或借阅排行的图书与读者收藏的图书计算相似性，然后从中选择出前k个相似度最大的图书推荐给读者。比如，《追风筝的人》和《灿烂千阳》这两本书在图书馆的借阅排行中名次特别靠近，因此可以说这两本书的相似度极高称为最佳邻居，而《傲慢与偏见》的排行不那么靠前因为所有读者对他们的评分存在较大的差距，所以《傲慢与偏见》对《追风筝的人》和《灿烂千阳》的推荐影响就会相对小一些。在系统的推荐中，只对前若干个最佳邻居进行搜索，并根据这些邻居的收藏及借阅的排行来为读者进行推荐。

基于内容的协同过滤算法的主要工作包括最佳邻居查询和产生推荐两个阶段，最佳邻居查询阶段是通过图书间相似性的计算，得出读者的最佳邻居；产生推荐的过程是对读者收藏、借阅排行的最佳邻居的预测推荐，最后产生了前 k 个推荐信息。

第一步，搜集读者对图书的收藏关注，得到读者-图书的收藏矩阵。

第二步，计算读者收藏、借阅的图书与排行图书之间的相似度。

第三步，根据读者之间的相似度和读者的收藏、借阅行为数据为读者生成推

下面通过示例说明基于内容的协同过滤推荐过程。以河北农业大学中的 4 个学院对 5 本书的收藏的数据做出分析，为信息院张三推荐图书为例，如表 9-2：

表 9-2　4 个学院对 5 本图书的收藏情况

	《何以笙箫默》	《追风筝的人》	《C++编程思想》	《现代自然地理学》	《物联网基础及应用》
理学院	189	159	30	98	85
农学院	256	198	16	26	45
信息院	169	126	265	32	320
机电院	206	195	19	25	230

要计算上述图书与张三收藏图书的相似度，就要借助于相似度的计算公式，只需要将张三收藏与上述图书的相似度求出即可。此处利用欧几里得距离来计算相似度较好，欧几里得距离公式为：

$$D = \sqrt{\sum_{i=1}^{n}\left(p_i - q_i\right)^2} \tag{9-14}$$

其中变量表示：p（p_1，p_2，p_3，p_4…）和 q（q_1，q_2，q_3，q_4…）表示收藏排行榜中的图书。

点积是对于两个向量而言的，即第一个向量中的每一个值与第二个向量中的每一个值对应位置做乘法，然后再把得到的乘积求总和。而且点积具有的一个非常重要的性质是当两个向量的夹角大于 90 度时点积的结果是负数，如果两向量的夹角小于 90 度，结果为正数。这样来说，就可以很容易的判断出哪本书更适合推荐给读者。

根据对欧几里得距离 D，返回 1 代表图书之间有极高的相似度，而返回值越接近 0 的话就代表相似度极低。经过计算得到图书的相似度如下表 9-3 所示：

表 9-3 图书之间的相似度

	《何以笙箫默》	《追风筝的人》	《C++编程思想》	《现代自然地理学》	《物联网基础及应用》
《何以笙箫默》	/	78	356	335	280
《追风筝的人》	78	/	316	266	260
《C++编程思想》	356	316	/	243	226
《现代自然地理学》	335	266	243	/	354
《物联网基础及应用》	280	260	226	354	/

通过欧几里得的距离公式对举出的图书样例做出相似度，在上表中，数值越小表示两者之间的相似度越高；数值越大相似度就越低。

经过推荐的预测过程，可以得出推荐列表如下表 9-4 所示：

表 9-4 信息院张三生成的推荐列表

推荐排名	书名
1	《何以笙箫默》
2	《追风筝的人》
3	《物联网基础及应用》
4	《C++编程思想》

在系统的完成后对河北农业大学在校大学生做出相关的问卷调查，主要针对于读者对推荐图书的满意程度，分别是系统个性化服务的整体满意程度、收藏推荐、关联推荐的调查，结果显示如下图 9-15：

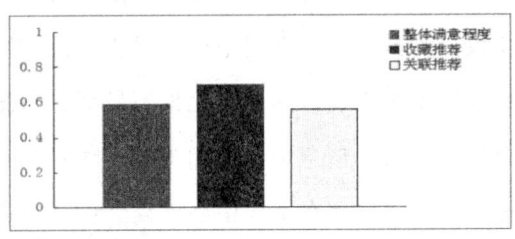

图 9-15 满意程度结果示意图

在个性化服务模块当中有两个主要功能：一是收藏主题推荐，主要是根据个人基本内容的填写，以及用户的借阅记录、检索历史、浏览等动态获取合适的图书，读者可以对图书进行收藏，收藏既可以是读者收藏想要借阅的，也可以是出于喜欢但是暂时还不想借阅的图书；二是关联推荐，关联推荐是基于图书上新、借阅排行、收藏排行这三个分支从系统的数据库内提炼出资源，而排行的方式是按照周排行还是月排行或者是学科排行等，将这些提炼出来的与读者偏好进行匹配，处理得出最优质的资源提供给读者。另外，也可以针对各学院的借阅情况做排名，促进高校在校生借书的积极性。

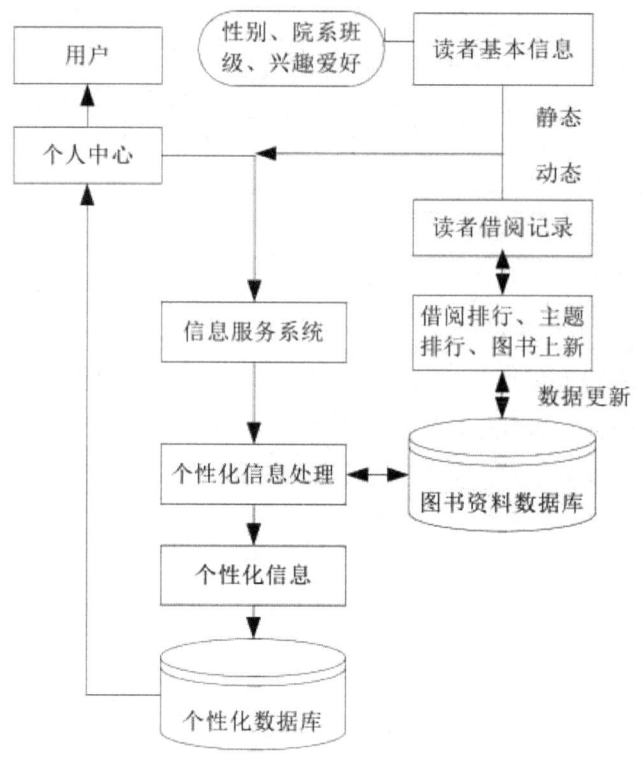

图 9-16　个性化信息构建流程图

图 9-16 为个性化数据库的构建，系统通过静态获取和动态获取两种获取信息的方式得到读者信息，静态获取的是读者的性别、院系班级、兴趣爱好等读者的固有信息，而动态获取的则是读者的借阅记录、操作记录、浏览记录等等。获取到读者相关信息之后根据系统中设计的个性化推荐模型，与图书资源数据库进行匹配，最后得出适合读者个人的信息资源，把为所有读者推荐的信息资源放入个性化数据库，读者登录之后将显示在个人中心供读者参考。通过对读者综合的信息整合，系统可以掌握读者对信息资源的实际需求，有方向的为读者提供资源服务。系统通过及时的数据更新，保持与读者需求的高度一致性，更加全面、准确的提供有价值的个性化服务，保障图书馆个性化服务的持续发展。

第三节　高校图书馆信息服务系统实现

如图 9-17 为系统主界面，读者和图书馆管理员可以点击页面右下角的登录按钮，输入账号密码并核实后方可进入应用。

图9-17 系统主界面

图9-18为读者从系统主界面登录后今日的读者界面，读者界面包括个性化服务、自助借还书以及检索功能。

图9-18 读者界面

图9-19为图书馆管理员的登录之后的界面包括智能盘点和检索与精准定位功能。

图9-19 管理员界面

一、图书精准定位模块的实现

智能盘点模块是由中央控制计算机、阅读器、RFID电子标签组成。遵循在系统不运行时自动关闭天线攻放，降低使用成本的原则。参数设置为：非接触式对电子标签获取信息；读取速度约为一百五十册每秒，识别率约为百分之九十八；阅读范围半径为二百五十毫米；预留接口：USB、串口；具备图书检索、图书精准定位的功能，检索和精准定位都是通过智能盘点更新服务器总数据库的数据信息之后从数据库直接提取数据；硬盘容量大小为60GB；支持802.11b/g无线网络协议；通过定位信息，能很快地找到目标图书，工作频率区间为920-925MHz。

从图9-20可以可以看出，需要图书精准定位的实现，能够及时有效地统计现有图书数量，以及在馆图书的信息。

图 9-20　图书精准定位

二、智能盘点功能实现

图9-21为图书统计出图书的总数量，界面显示对哪块图书做出的统计，图书的具体位置、图书的名称、编号以及统计状态。

图 9-21　图书统计

如图9-22所示，乱架查询是对于图书位置的乱放、错放的查询，系统针对乱架图书进行查询后做出错架状态的标注作为提示，并能准确的显示出乱架图书的原有位置。

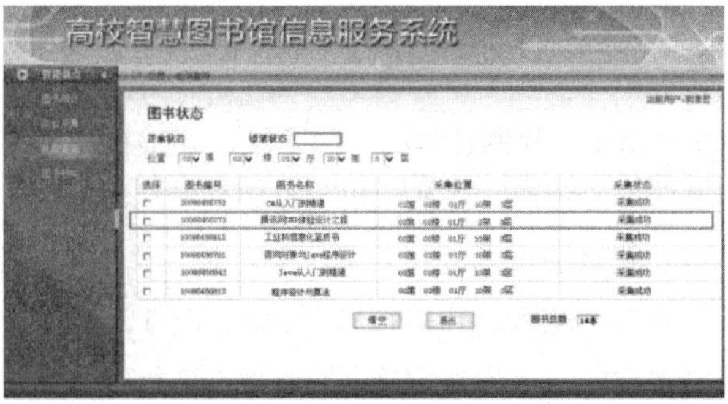

图 9-22　乱架查询-乱架

如图9-23，图书馆管理员通过对乱架查询后的结果对乱架图书重新做出整理，再次进行图书的乱架查询，界面显示未能显示出错架状态。

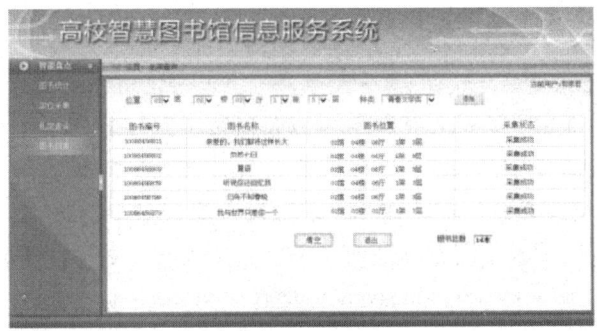

图9-23　乱架查询-恢复

智能盘点主要功能的实现包括：图书统计：对书架每层的图书做出数量统计，界面显示图书所在具体的位置，位置信息包括馆、楼、厅、架、层，显示数据总数，有数据清空、撤销操作；图书归类是在采集到RFID电子标签信息之后，可以选择出图书的类别，可以对该架位的图书进行添加操作；乱架查询：是在采集到的RFID电子标签信息之后显示出该架位所有的图书，获得的信息与数据库中数据进行匹配，在匹配之后会在界面显示出放错位置的图书信息，并用红框表示出来作为提示。架位采集：是采集书架的RFID电子标签，对其位置进行整理，整理的内容包括移动书架位置、更改书架信息等。系统设置：设置图书馆、楼、厅等格局的参数；对架和层的电子标签、阅读器、数据库以及服务器等进行设置。

图9-24　图书归类

三、个性化服务模块实现

进入个性化服务功能模块，如图所示，包括基于收藏的推荐和基于关联内容的。系统会针对不同的读者的不同的喜好做出高相似度的推荐，做出的推荐也更有针对性。

在图9-25中，我们可以看出，是对于读者郭素君收藏图书的推荐，包含五本，系统可以对读者收藏图书的数量进行设置，这五本书可能是读者就收藏的五本书，也可能是在众多收藏的图书中现在在馆的图书。根据读者收藏的图书推荐完成个性化服务的收藏推荐。

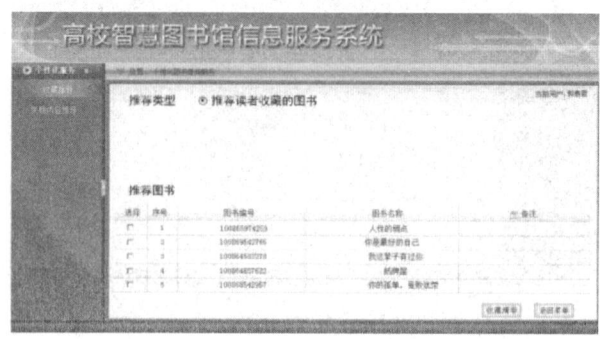

图9-25　个性化服务

四、自助借还模块实现

（一）自助借还书

借还终端有终端的数据库与服务器总数据库是实时对接着的，在实现操作的过程中若出现连接失败，那么借还终端就会把信息暂时保存在终端数据库上，等待连接恢复正常时再把数据传送到服务器总数据库中，以保证数据的同步更新。利用RFID技术与PC机、应用软件、互联网以及触摸屏应用结合在一起，对贴有RFID电子标签的图书进行借书、还书、续借以及预定服务的操作是自助借还服务中的重要模块，一次性对多本图书进行识别，有效缩短借阅时间，加快图书资源循环发展。阅读器在休眠状态时不进行工作，这便降低了系统的运行成本。

在自助借还书过程中除了有基本的功能选项之外还有相应的操作提示：借还书和续借书的成功或失败、操作的时间段等统计功能，对读者的操作进行实时记录，这里的实时记录包括时间、基本功能选项、预定服务等操作以及操作的结果。如下图9-26所示，在系统的自助借还书主界面左侧会列出该模块的主要功能。

图9-26　自助借书

　　在读者身份认证通过后，选择所需功能，在自助借书时：RFID阅读器启动工作状态，获取图书上的RFID标签信息，阅读器在读取了电子标签上的图书信息后，系统界面出现相应的信息提示，比如：确认借书、取消借阅等，读者做进一步的选择来完成操作。完成借书后，阅读器处于休眠状态，等待下一次操作；点击取消借阅则返回之前的借阅界面，借书完成后在系统界面会显示具体的借阅内容包括：读者名称、借阅日期、应还日期、借阅的图书名称及图书编号等。

　　在自助还书时，如图9-27读者点击界面的自助借还书中的还书，进入还书界面后，阅读器开始读取图书标签，在成功获取信息后，系统界面会有相应提示：确认还书、取消还书，帮助读者进一步完成操作。选择确认还书则完成还书并关闭RFID阅读器，选择取消还书则返回系统之前的界面。续借也是自助借还的一个功能，系统也会根据相应的操作对读者进行提示。

图 9-27　自助还书

　　图9-28所示，是自助借还模块的预定服务，读者可以通过最上边的搜索引擎输入关键字，显示出相关图书，有图书编号、图书名称以及图书的状态，是在馆还是外借，有冗余图书的话就可以直接借阅，但是当图书全部都被借出后我们可以点击最右边的预定指示箭头，可以对图书进行预定，完成读者的预定服务。

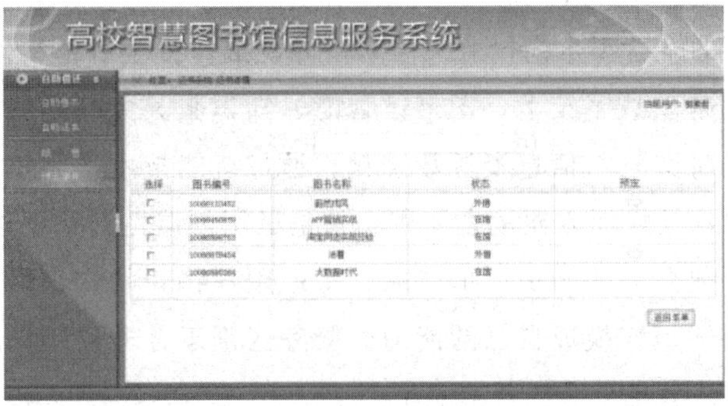

图 9-28　自助借还-预定服务

第十章　图书馆知识服务创新研究

第一节　基于共同心智的图书馆知识服务概述

一、图书馆的知识服务分析

（一）服务的概念

图书馆的知识服务就是一种服务。图书馆的存在就是为了服务大众的，其最基本的性质就是服务。至今为止图书馆服务基本分为三个阶段，即文献服务、信息服务、知识服务。从这三个阶段可以看出图书馆服务的质量是在稳步提升的，同时也可以看出图书馆的服务从以前注重信息资源、数字技术等到越来越注重图书馆人的能力。图书馆是图书馆未来发展的必然趋势，图书馆的服务从此也应该上升到一个全新的阶段，即：服务。

图书馆服务的概念至今尚没有一个明确的说法。各学者都给出了自己的看法。经过归纳，服务是以数字技术、图书馆智能、知识服务为基础的全新型图书馆服务理念。服务是将文献与信息资源数字化，通过智能技术将用户所需的信息资源呈现在图书馆的各处从而方便读者使用，它是运用创造性对知识进行重新的挖掘、整理和归纳，形成全新的知识增值产品，提倡用户将新的知识增值产品进行应用和创新，最后将知识转换成自己的能力。服务区别于普通的知识服务，其面向的对象是广大公众，满足公众的普遍需求。

（二）服务的特征

1.公共性：公共性是指其服务对象是面向所有广大群众的，图书馆本身就是一个公共服务机构，是政府为了方便大众更容易的获取知识而建造的，它的终极目标就是尽一切可能满足社会公共需要，确保所有大众都能享受到图书馆为他们提供的人性化、无偿的服务。

2.服务性：图书馆的最大职能就是服务，服务摒弃了以前传统图书馆的被动服务方式，取而代之的是主动服务。图书馆员应该主动、积极、热情的与读者沟通，为读者推荐适合其阅读的资源，悉心听取读者的意见。最后真正实现阮同纳赞五定律，将读者、图书馆员、资料融为一体，形成真正意义上的服务。

（三）服务的本质

在图书馆学的认知中，关于图书馆服务的本质大概分为以下三个方面，即技术智能性，知识性和人文性。

技术智能性的服务强调图书馆的智能技术，在这个智能技术发展如此之快的今天，没有技术的支持是万万不能的。图书馆的发展从传统图书馆再到数字图书馆；图书馆的服务方式的不断变化，处处离不开技术的支撑，尽管技术上的升级更新在图书馆的发展中扮演着重要的角色，但是应该避免刻意夸大技术的重要性，因为它再怎么重要，提高的只是图书馆设备的智能性，服务方面的智能性还要靠图书馆员的共同努力才能完成。图书馆是用来服务大众的，技术只是一种服务的手段或方式，是最基本的图书馆服务形态。

知识性的服务就是更高级的知识服务且具有知识的创新性并将这种服务作为未来图书馆服务的核心。这种想法看似美好，实则不切实际。因为就我国目前的国情来看，实现这种服务所花费的人力、物力将会非常巨大，国家不可能将有限的资源全部投入进去。图书馆作为信息与知识的主要储存地，所提供的最多的服务应该就是借还书和最基本的参考咨询服务，图书馆不可能把其服务的重心放在仅靠图书馆学者和图书馆员对知识进行重组和创新上，即便在这方面取得了些许成就，那也是相当有限的。

人文性的服务意指通过提高图书馆员的人文来提升图书馆自身的人文从而吸引更多的读者，并挖掘出潜在的读者。所以，通过提高图书馆员的人文并且加强他们知识的储备才能更好的为读者提供服务，才能使图书馆更高速的运转。"图书馆的存在就是为了服务于全人类，在图书馆中，应该摒弃以前传统的被动服务模式，为用户提供更好的服务，通过服务，真正体会到'人守其学，学守其书，为人找书，为书找人'的乐趣和意义。"

综上所述，图书馆的知识服务应该在强调技术智能性和知识性的基础上，将重心放在人文性和人性化上，馆员应该提高自己的心智，加强自己的知识素养，运用自己的与用户进行交互和沟通，让用户在图书馆既能找到自己所需的物质资源，也能寻找到一份宝贵的精神资源；通过馆员与用户之间的交流、合作学习，提升彼此的能力。介于此，本研究提出了基于共同心智模式的图书馆知识服务。

二、基于共同心智模式的图书馆知识服务框架

（一）心智、心智模式、共同心智模式的概念

1.心智：心智是人们对已知事物的沉淀和储存，通过生物反应而实现动因的一种能力总和。简单来说就是将知识，社会和他人的经验转化成个体的的能力。乔治博瑞博士指出虽然每个人都拥有心智，但其心智都存在着很大的差异，有的强，有的弱，这些差异也直接导致了人生轨迹的不同。

2.心智模式：心智模式最早是在1943年由苏格兰心理学家肯尼恩·克瑞克（Keeneth Craik）提出的。他将心智模式理解为当人的大脑在看到外界事物之后，外界事物在人的大脑中的一种反馈，亦或称之为"一种重组"。人类运用自身的心智模式观察世界、认知世界、理解世界。人类在日常生活中大部分时间都与外界事物进行长期重复性的互动，通过心智模式在大脑中对外界事物进行重组时，有利于人类更快的做出反应，更好的适应外界环境。

3.共同心智模式：在一个队伍中，每个人都拥有自己的心智，所以每个人对同一事物的看法也各有不一，一个队伍是否需要将成员的心智达成一致以便更高效的工作？对此，Cannon-Bowers将心智模式上升到团队层面，提出共同心智模式的概念。共同心智模式是指在团队中每个成员都拥有自己的心智，为了更好的工作和完成任务，力图将所有成员的知识结构达成统一，每个成员都应进行自我调整以便在工作中与其他成员间达成默契，使团队作业能够更好、更高效的完成。共同心智模式概念的提出有助于理解和解释为什么不同的团队在完成同样的任务时有着不同的质量和效率。

（二）基于共同心智模式的图书馆知识服务框架

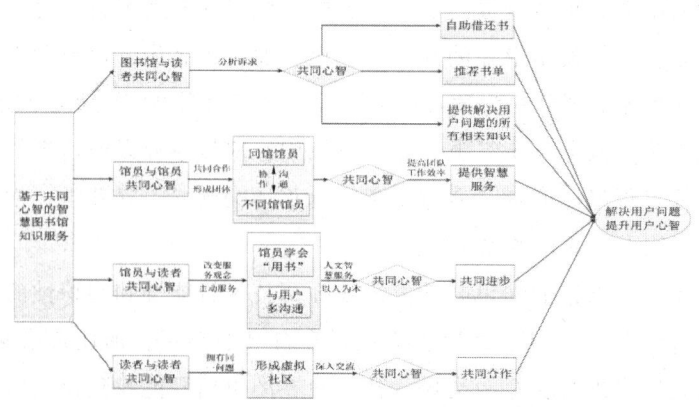

图10-1　基于共同心智模式的图书馆知识服务框架

三、基于共同心智模式的图书馆知识服务过程

（一）图书馆与读者之间的共同心智

当读者来到图书馆使用计算机进行查阅资料的时候，图书馆就会利用智能技术提取到该读者所查阅资料的历史记录，通过历史记录分析读者的查阅习惯、喜好、擅长的领域等，做到与读者达成共同心智。达成共同心智后，图书馆就会根据每个读者的情况为读者提供不同的个性化服务。

比如读者为了寻求某种知识（这种知识还需某种知识的铺垫才能完全了解，而读者自己不知道）来到了图书馆，当图书馆捕捉到读者查询这一知识时，就应当做出适时的反应罗列出了解该知识所需的一切资料，包括知识铺垫的资料，这样当读者查询时就会很清楚自己该做什么，该从哪一方面入手，这种做法无疑方便了读者也会让读者感到图书馆服务的利好。

再比如读者只是来图书馆进行简单的借还书服务，图书馆应该在其每个楼层都设立多个自助借还书系统，就像我国现在的高铁火车站所设立的自助取票系统一样，完全做到自动化，使读者更方便、更效率的完成借还书。与此同时，应该在自助借还书系统显示屏上详细的记载读者的借还书记录，并根据读者借书的记录分析出读者的喜好或其擅长的领域，通过智能技术为读者推荐一些其感兴趣的领域的其他书目。

（二）馆员之间的共同心智

一个图书馆内的所有馆员可以被看成一个团体，这个团体是为了图书馆蓬勃发展而存在的。我国有很多图书馆，但是每个图书馆服务的质量和态度都不一样，大城市图书馆的服务质量和态度未必会高于小城市。造成这种状况的缘由并不全是因为资金、技术匮乏，最主要的应该是馆员的问题，如果可以将馆员的心智达成一致，那么他们工作起来必然会更有效率，图书馆的发展自然也会更快。在图书馆有很多部门，例如流通、采编、参考咨询等，这也会导致每个馆员被分配的工作都不一样，但是不能因为工作性质的不同就缺少彼此之间的交流，在工作上，无论哪个部门的馆员都应该勤沟通，交流彼此的知识和工作经验，尤其是同一个部门下的馆员更应该做到这一点。因为只有这样，馆员之间才能产生互动，才有可能达到共同心智，一旦馆员们达成了共同心智，工作效率会大大的提升，遇到突发状况也会一起从容面对。当馆员达成共同心智后，在他们工作时我们经常可以看到一种心领神会的默契，往往馆员之间的一个眼神就会理解对方的意思。这些馆员之所以能够在繁琐、模糊的环境下能够高效率的完成工作，一个很重要的原因是馆员们在这种环境下对完成工作或解决问题的方法、思路都是基本一致的。

此外，各个图书馆之间应该打破以往保守的传统，让各个馆的馆员有机会接触并进行沟通，吸取对方的经验并使他们也达成共同心智，这对图书馆的发展是有百利而无一害的。最后，条件允许的话应该让全国乃至全世界的图书馆馆员都有机会进行交流，从而开拓自己的视野，提升自己的知识储备和经验，当为读者提供服务时，毫无保留的将自己所知道的知识提供给读者，让读者通过自己的服务提升其心智，从而达到图书馆的初衷。

（三）馆员与读者之间的共同心智

商业圈里有句俗话叫：顾客就是上帝。此话同样适用于图书馆，读者就是图书馆的灵魂，图书馆本身就是一个为人民服务的机构。试问一个没有读者愿意去访问的图书馆，它的存在又有什么意义呢？现如今图书馆的大楼建的越来越高，越来越现代化，资料和信息越来越丰富，但是读者数量却没有因此而增多，这就表明读者在乎的并不是这些表面上的东西，而在乎的是其本质的东西，即人文服务。虽然图书馆现在利用智能技术可以提供很多便捷服务，但是有些东西是不能通过机器传递给读者的，比如人生阅历、经验。

要想使馆员与读者之间达成共同心智，首先最重要的就是改变馆员的传统服务观念，即"为人作嫁衣"的被动服务观念。馆员的最主要任务就是将文献资源介绍给有需要它的人，起到一个中介的作用，换一种说法就是为人作嫁衣。以前这种被动的服务观念往往会令馆员产生些许消极心态，馆员往往将自己的能力限定为图书的上下架、借还以及编目索引等这些简单的工作，认为自己得不到社会的认可，在外人看来自己只是一个普通的图书管理员。但是当我们换一种认识，将为人作嫁衣看成是"服装设计师"，也就是当图书馆员为读者介绍和推荐文献资源时，图书馆员无疑为知识和的普及做出了不小的贡献从而推动了社会的发展，至此，图书馆员就不再是简单的图书管理员，而是利用自身的将文献资源所含的有用信息最大程度的传播到社会的各个角落，即图书馆员是的传播者，是社会与的桥梁，只有这样图书馆的服务及馆员自身的价值才能获得社会的赞同。

在改变自身服务观念的同时，馆员应该还注重以下两点：

1.图书馆员在工作中，在"管书"的同时还要学会"用书"，通过阅读大量的资料来了解社会发展的动态，提升自己的知识储备，加强自身的心智，在我国历史上有许多伟人都在图书馆工作过，在图书馆增长自己的见识，提升自身的能力最后利用其所学、所悟为社会的发展做出巨大的贡献，例如毛泽等、李大钊等。

2.当读者来到图书馆后，馆员应该摒弃以前的被动服务方式，主动找上读者询问其是否需要帮助，通过自己为读者服务，争取与读者达成共同心智，真正了解读者的需求并做出合理、高效服务。读者绝大多数情况下会欣然接受帮助的，这种做法会让读者觉得很温馨，来到了图书馆就像回到了自己的家一样，读者也会很欣赏图书馆的这种做法，自然也就愿意来到图书馆，由此可见，图书馆只有注重人文才能吸引更多的读者。

（四）读者与读者之间的共同心智

当读者来到并向图书馆提出某种诉求时，图书馆会将这种诉求和其他读者的相匹配，如果有一样的，图书馆会主动介绍给读者，这样就形成了一个拥有相同诉求的小群体，形成了一个虚拟社区，在这个虚拟社区中，读者可以共同的合作与学习争取解决自己的问题，在解决问题的过程中，通过彼此的深入沟通和交流，会自然的得到对方的隐性知识从而提升自己的心智，进而达成共同心智，更效率的解决问题。同时，各个社区之间也可以进行相连，分享彼此的知识和经验，共同合作、共同进步。

四、基于共同心智的图书馆知识服务应遵循的原则

（一）服务主导原则

《图书馆学五定律》首先提到的就是"书是为了用的"，在当今这个数字技术发达的社会里，这一定律也可以拓展为"数字资源是为了用的"，如何把资源利用好是图书馆服务的重中之重。数字技术是图书馆服务的支撑，资源的多少是评判一个图书馆是否强大的标准。资源匮乏，服务就成了空谈，图书馆也会失去核心竞争力。有了支撑，有了核心竞争力才有资格去谈服务。在基于共同心智的图书馆知识服务中，数字技术、文献资源和服务这三者是有机结合的。技术是实现该服务的必备手段，文献资源决定了内容的充实性，而服务才是最终的目的。图书馆在强化数字技术、拓展文献资源的同时，最应该注意的还是服务，应该始终遵循服务主导这一原则。图书馆应该从服务方式、服务态度、服务效率等多个方面着手，把传统图书馆"被动服务"，"重藏轻用"这些旧理念抛弃掉，取而代之的是富有人文气息、高效率的基于共同心智的服务，让读者充分感受到图书馆的变化，让读者爱上这里！

（二）以人为本原则

以人为本、绿色发展是我国构建和谐社会最基本的要求之一，这一特点也是基于共同心智的图书馆知识服务的另一主要原则，特别是随着数字技术的飞快发展以及其应用，越来越多的图书馆注重技术在服务实践中的应用，这对图书馆服务水平、效率的提高毋庸置疑，但是往往有些图书馆盲目跟风，注重了现代化的元素却忘记了最基本的人文关怀，比如过度重视建设馆舍、购买资源等，从而造成了经济上的浪费，重视表面工作而忽略了服务本身，这导致图书馆本该发挥的

职能（知识的传播者）并没有真正发挥出来。在基于共同心智的图书馆知识服务中，应使人和资源充分结合，提供嵌入式服务，例如基于 RFID 技术的 24 小时自助图书馆。用户完全可以通过简单的操作进行自助借还书服务。此外还有 2008 年 12 月首次进入国人视线的真人图书馆，真人图书馆是指读者去借的是一个人，而不是书，通过与人的交流获得从图书里无法获取的人生经验、隐性活态资源等等。通过这些才可以体现出图书馆的服务是遵从以人为本的原则，获得了读者的认可后，图书馆才会发展的越来越好。

第二节　图书馆知识服务模式研究

在图书馆中，模式就是指在固有的、重复的服务中，根据以往的经验总结出的一种固有的解决问题的方法并将该方法上升到理论高度。通过对图书馆书书、书人、人人动态相联的特征和上述提到的基于共同心智地图书馆知识服务的分析、归纳，按照其特点和优势总结了以下几种图书馆知识服务模式。

一、基于书与书共同心智的图书馆知识服务模式

（一）知识管理服务模式

在当今社会中，图书馆正在转变其服务理念，山过去注重馆藏、被动服务等逐渐向以人为本、开展服务，满足用户日益增长的个性化需求的方向转变。数字技术的迅速发展导致海量的信息涌现在世人面前，各种载体的资源不断充斥着世人的眼球。但当用户接触这些杂乱无章、多如牛毛并且种类、介质繁多的资源时，经常会感到迷茫、不知所措，不知道哪些资源才适合自己，所以图书馆的资源整合计划必须提到日程上。从实质上说，用户越来越向往高速，高效率的服务。资源很多，但用户使用时往往需要进行大量的重复检索和筛选工作，这就大大的降低了效率。现在用户注重的是馆藏资源是否精炼，使用起来是否便利。所以，纵使图书馆拥有再多资源甚至是别的图书馆所没有的，这些对用户来讲都不是最重要的，用户最为关注的只有在图书馆能否高效且快速的得到所需求的资源。

知识管理服务模式是以图书馆为前提，将所有图书馆和网络的信息、知识重新进行提取、加工和管理。采用智能技术和数据库技术，依照学科或某种体系结构将海量错杂的信息进行重新的分析和归纳，建立全新的专业化、智能化的导航库，在此基础上，对重新整理好的知识信息进行深度的理解，探索知识与知识间的潜在关联，通过图书馆员创造出独一无二的全新知识产品供用户使用。在大数据时代的影响下，图书馆应该对信息资源进行深度的挖掘，将信息资源进行简化、

浓缩，找到隐藏在信息资源中的有用知识并提炼、整合出来，以便于人们识别和理解知识；通过智能技术，将每个用户通过该导航库查询的知识进行记录和保存，一旦别的用户也查到和之前用户相同的知识领域时，自动列出之前用户所查询的信息并设立留言板块，方便用户之间进行知识的交流，达到知识最大化的利用。

此外，图书馆还可以建立一个新型的软件系统，该软件可以根据用户输入的请求在现有资源中搜索出符合用户需求的主题信息，并经过分析、整合、按照用户的个性化需求，对用户进行定向服务、专题服务和跟踪服务。

（二）知识导航服务模式

知识导航服务模式的核心宗旨是解决用户的问题，以用户为核心的服务。它的含义是在互联网环境下，庞大的信息和知识往往令用户眼花缭乱，自己所需的资源往往要耗费大量的时间才能找到。知识导航服务模式就是能在海量的网络资源里帮用户快速、高效的找到其所需要的资料，节省用户的时间。它将图书馆员转变成了知识的导航员，在复杂的网络环境中为用户保驾护航并提供引导咨询和主动的个性化服务。在图书馆体系的支撑下，知识导航服务模式得以最大限度的发挥，因为各馆之间都完成了相联，馆员可以利用网络穿梭在任意一个图书馆为用户寻找资源。

现如今，用户所要求的服务越来越专业化、智能化和深层次化。图书馆如果再不更新以往的服务方式势必会走向没落。知识导航服务模式是图书馆为了与时俱进，迎合用户多样化的要求而诞生的。它也包含了许多新的特点，如服务对象面向全人类，服务内容载体的多样化，服务手段变被动为主动，并且呈现出多元化和个性化、服务流程一体化等等。

二、基于书与人共同心智的图书馆知识服务模式

（一）个性化定制与推送服务模式

1.个性化定制服务。个性化定制服务模式是一种专门为满足个体的知识需求而设计的一种全新的服务方法，该方法是为了解决和满足用户日益增长的个性化需求而诞生的。来到图书馆寻求知识的用户是一个庞大的用户群，且类型复杂，他们由于职业等的不同所需求的服务也五花八门，其自身的信息获取能力也是各有不一，要想满足这些用户的各种需求，就要掌握这些用户的知识需求心理并做出全面客观的解析，然后根据用户的要求来整理和归纳资源，并通过对这些资源地再组织和深度挖掘，最后呈现给用户的是其所需的、个性化的知识精品并且营造一个良好的个性化知识环境。具体来讲，一是要根据不同用户的不同知识需求提供个性化、专业化和特色化的知识导航；二是根据不同的用户建立个性化的用

户界面，为用户推荐集成化的知识资源；三是积极设立用户定制服务，用户可以定制其所感兴趣的知识资源，图书馆定期自动地将用户所需资源通过个性化的定制服务传达给用户。以上这三种方法都可以通过短信提示、电子邮件、微信平台等方式来完成。此外，个人定制服务要时常跟踪，定期向用户进行资料更新，咨询用户的使用情况，调查用户的检索内容并总结出适合用户的检索过程，逐步建立出属于用户自己的知识系统，直到解决问题的全过程。个人定制服务的出现将会大大的调高图书馆知识服务的质量，提高效率，节省读者时间。

2.个人推送服务。个人推送服务模式是指图书馆为用户提供账号，通过这个账号用户向图书馆提供自己所需要的资源范围、需要资源的时间、检索词汇或检索方法等，图书馆会根据用户所界定的要求，在规定的时间内将用户所需地资源推送给用户。信息推送是利用数字技术，将所需传送地资源利用多地址发送的方式，传递到用户手中。目前信息推送服务有很多种，例如利用电子邮箱或微信平台，但这两种方法都需要馆员的人工服务。还有利用智能软件来完成推送，过程是用户先使用软件将要求输入进去，系统接受到指令时会由系统或人工按照用户指定的方式进行检索，检索成功后再把资源传递给用户。

（二）自助性服务模式

自助服务模式是建立在图书馆已经拥有健全的知识服务系统和用户较高的实际操作能力及较多的知识储备或内涵的基础之上的，该模式要求用户的指令直截了当并且具体。用户通过图书馆所建立全新的专业化、智能化的导航库所提供的标准化服务和解决方案，自行检索和简单分析即可得到问题答案。自助性服务模式是图书馆依据以往的经验，将需求量大且技术含量较低的服务，依靠智能化技术让用户采用自助服务的方式独立解决自己的问题。随着数字技术、人工智能等高端技术的不断发展，建立拥有知识查找、重组能力的自助式服务平台成为可能，用户可以通过智能手机、电脑或是其他数字设备来享受图书馆所提供的自助性服务。

因为自助服务模式的双方交互活动是间接的，所以图书馆作为服务提供方只能听取用户的反馈意见去进行服务的改造和升级，并要源源不断地向服务平台注入新鲜的知识咨询，这样才能保证自助服务的质量，满足用户的各种个性化需求。

三、基于人与人共同心智的图书馆知识服务模式

（一）参考咨询服务模式

参考咨询服务是众多图书馆服务中不可或缺的一部分，它在1876年10月，由美国人萨穆埃尔·格林首次提出，时至今日，参考咨询服务依然活跃在各个国家

和地区中，这足以说明其在知识服务中的地位。它是基于问答方式的一种方便用户的服务，用户向图书馆提出问题，图书馆就会让馆员或专家通过各种方式和手段解决用户的问题。随着数字技术的迅猛发展，参考咨询服务正渐渐的向数字化方向发展。

参考咨询是以数字化、智能化为基础，运用智能技术将参考咨询提升到一个全新的高度。参考咨询服务模式是图书馆知识服务中的一个不可或缺的基本服务方式。基于之前图书馆参考咨询服务的经验，参考咨询服务可以分为以下几种。

1.实时资讯

实时资讯是最直接也是最高效的参考咨询服务，在图书馆中，图书馆应该专门建立一个专门的参考咨询服务平台，用户可以通过平台提出问题或者是点名选取想要的图书馆员来为之进行服务，当服务平台接收到用户的请求时，应快速的传递给馆员，馆员根据用户的要求来指定人员为用户提供实时交互的参考咨询服务。实时资讯的方式很多，如微信、QQ或是网络聊天室等等，这种服务方式的特点是针对性强，能快速高效的帮助用户解决问题。

2.异步式参考咨询

异步式参考咨询是指用户和馆员或专家之间没有形成实时的互动，互动是非即时的，图书馆环境下，图书馆所建立的参考咨询服务平台应该将以往所提供的服务的答案和解决问题的步骤全部收录并整合到一起，另外图书馆还需提供一种类似搜索引擎的系统，当馆员和专家不能提供实时参考咨询服务时，用户仍然可以将自己的问题输入到该系统中，系统会根据用户的问题，通过智能的筛选，将之前类似该问题的回答罗列给用户，并将完成该回答的馆员或专家的联系方式留给用户（出于对用户隐私的考虑应将提问者的信息隐去），这种方式会对用户有一定的帮助，如果仍然没有解决用户的问题，用户可以根据自己的实际情况选择老式的异步式参考咨询服务，如通过邮件、BBS等将问题提交给图书馆或者联系之前回答问题的馆员或专家。

这种全新的异步式参考咨询虽然仍存在用户与咨询人员缺乏实时的交流，从而导致咨询结果不能得到及时反馈的缺点，但是通过这种不受时间、空间限制的新型异步式参考咨询，还是能在一定程度上解决用户的问题，在节省了用户的时间的同时还节省了图书馆的人力资源。

3.联合式参考咨询

联合式参考咨询服务就是运用图书馆能将多馆和多馆的资源连接到一起的优势，将图书馆的人力资源、文献资源等整合在一起，共同为用户提供高效的服务。当用户来到图书馆寻求参考咨询服务时，如果该图书馆不能完成用户的提问，那么可以将问题转交到其他图书馆，让能解答该问题的其他图书馆帮助完成用户提问。

4.层次化参考咨询服务

层次化参考咨询服务模式是以人力资源和信息资源的纵向分类为特点而展开的，以满足用户个性化、深层次信息需求为导向的一种服务方式，其主要特点是细分咨询体系，建立层次结构，深化和拓展咨询服务内容。图书馆将收集到的咨询问题按难易程度、利用方式、专业类型等标准划分成若干层次分别给予解答，从而提高参考咨询服务的质量。

（二）学科馆员服务模式

学科馆员服务模式最早出现于1950年的一所美国高校图书馆中，当时是图书馆指派一些具有某种专业特长的馆员为相关专业的学生提供答疑解惑。时至今日，我国已有相当一部分高校图书馆都提供学科馆员服务，但是我们也应该看到有相当一部分图书馆的学科馆员服务都属于盲目跟风，仅仅局限于形式，只在图书馆的网站上发布一些学科馆员的名单及所擅长的专业和联系方式，根本没有实质性的工作内容。

在图书馆环境下，我们要重新定位学科馆员。学科馆员在某种领域上较其他普通馆员拥有独到的见解，并具有将该领域的知识进行重组、提供专业化服务的能力，同时学科馆员还应具有一个图书馆员所必须拥有的全部图书馆学基础知识和技能。虽然学科馆员与一般的图书馆员相比，领域知识比较扎实，但是不能因此就把学科馆员的专业水平与该专业领域内的科研人员进行作比较，学科馆员的专业知识不可能达到与科研人员同样的深度。所以学科馆员的本质还是一个图书馆员，其服务的主要内容是将其所擅长的专业知识经过自身的理解、整理、归纳和重组，将自己对该知识的领悟或经验采用各种高效、便捷的方式主动地提供给用户。学科馆员与科研人员最大的区别就是：学科馆员只负责专业知识的搜集、整理、重组、挖掘和传递，而不是对专业知识的深层研究。因此学科馆员应该是专业知识的检索者、整合者、分析者和监督者。

此外，学科馆员服务是基于人的服务，所以要求学科馆员在相关领域上不断学习和进步，了解该领域的最新消息，与时俱进，在努力提升自己专业知识的同时，也就间接地提高了用户的专业知识水平。目前，有一种称为"学科馆员——功能专家"的研究体系，即将学科馆员和该领域的专家联合起来形成一个团队，共同为用户服务，这样既可以提高学科馆员自己的专业素养，也提高了为用户服务的质量。在服务时，应该改变以往的被动服务的做法，并被动服务为主动服务，主动的了解用户掌握专业知识的情况，了解他们的需求，为用户推荐相关书籍和资料，也可做一些问卷调查从中获取用户的心声，做到心中有数，有针对性的为用户服务。同时在服务方式上也应该求新求变，例如开展的参考咨询服务，学科网络资源导航服务等等。此外还应注重用户知识素养的教育，学科馆员可以定期安排一些图书馆知识讲座，在让用户了解图书馆所有的服务和使用方法的同时，还应该介绍相关专业领域的知识检索方法，数据库的使用等等。当图书馆引进用户感兴趣的新资源时，应立刻告知用户，使用户也能抓住该专业领域的第一手消息和咨询，使用户能够在寻求知识服务时首先想到利用图书馆。

四、任何时间任何地点可用的图书馆知识服务模式

（一）移动便携模式

现如今我国已进入 5G 时代，在所有人们利用互联网的方式中，通过移动端（智能手机、平板电脑、小型计算机等）浏览互联网所占的比重越来越大，各式各样的服务行业也都涉足到移动端，比如网购、手机银行、移动杂志等。

近年来，智能技术在图书馆中的应用越来越明显，图书馆完全有能力在移动端建立自己的服务平台为用户提供各式各样的知识服务，用户可以通过服务平台进行借还书、预定座位、申请参考咨询服务等等。移动便携模式的发展潜力是巨大的，它使图书馆知识服务将越来越便捷和人性化，用户完全可以摆脱时间和空间的限制随时随地地享受图书馆所提供的知识服务。在建立移动端服务平台的同时，还可以在微信上建立图书馆公众服务平台，用户可以关注平台，平台会定期推送用户感兴趣的内容，会把新的消息第一时间推送给用户。

（二）智能交互模式

智能交互模式是使各种各样的智能交互设备融入到用户的日常生活中，比如在公交站、地铁站设立专门的 LED 滚动信息屏或数字电视实时地传递社会新闻和最新资讯，还可以在公共场所都尽可能的单独设立一个小型的类似阅览室的地方供公众阅览知识和休息等等。另外图书馆最好能设计出各种人性化的智能软件辅助用户获取知识，增强知识获取的准确性。通过智能软件的感知系统感知用户查询资源时的特点，心智的强弱，从而帮助用户找出最适合自己的知识获取方法。智能软件还应该利用其智能系统尽量保证操作的简洁性，让用户一目了然，使用时得心应手，将复杂的挖掘过程简单化，进行智能化的去重和重组，优选出最好的知识精品供用户使用。

第三节　图书馆知识服务模式的支撑体系

一、体系结构

一个系统或模式运行的基础就是有一个体系为它做支撑。图书馆知识服务模式的支撑体系，基本上可分为四个部分：技术、资源、组织和应用。组织层是注重用户和馆员的开发，通过定期的培训让用户和馆员的心智得到提高，通过实时的交流，合作学习，馆员和用户之间有望达成共同心智，这为开展图书馆知识服务提供了良好的基础。资源层通过图书馆及其资源的集群化，知识的深度挖掘和构建良好的资源保障体系将丰富的馆藏资源进行良好的保存和管理，为用户所用。技术层运用物联网、云计算、RFID 等高新技术为服务提供技术上的支持。应用层是通过建立门户网站、搜索引擎、移动端知识服务平台等来为用户提供便捷、高效、人性化的服务。

二、组织

（一）加强图书馆员的素质及能力

图书馆知识服务的三个要素是图书馆员、用户和知识。图书馆员是知识和用户之间的"桥梁"，只有"桥梁"建的稳固、扎实才能充分地将用户和知识完美结合起来从而达到事半功倍的效果。

首先，图书馆员应该树立敬业、奉献精神，敬业指图书馆员要提高自身的专业素质，馆员应该在认真工作的同时积极提升自己的专业技能水平，努力学习完成自己的本职工作所需要的各种知识和技能。奉献指的是图书馆员的服务，图书馆的属性之一就是服务性，作为图书馆的馆员应该具有默默无闻的奉献精神，应该时刻谨记他们的职责就是服务用户，以为用户解决问题帮助用户提升素质为自己的使命，应该遵循图书馆以人为本的服务理念。如果图书馆员还是采取被动服务、消极服务的态度的话，即使图书馆的建筑、设备再先进，馆藏再丰富，服务再智能，用户也都会敬而远之，因为用户永远都是把服务放在第一位的。

其次，图书馆员应该具备良好的道德素质。现如今是和谐社会，图书馆是精神文明建设的阵地，馆员作为图书馆的守护者、用户的领路人应该时刻加强自己的职业道德规范。图书馆员在做好自己本职工作的同时，必须确立良好的道德观念，甘为人梯，乐于奉献；兢兢业业，忠诚敬业；修身养性，服务他人；不断进取，开拓创新。只有这样，才能充分的发挥自身的优势。

最后图书馆员应该在掌握自身专业知识的同时，还应该培养自己其他方面知识和技能，做一个全面的知识人才。馆员应该不断加强自身的知识储备，锻炼自己归纳、分析、整合知识的能力，注重知识的深度挖掘，提升本身的心智，只有这样馆员才能更加了解用户的心理，与用户达成共同心智，为用户解决问题。在图书馆里，馆员还应提高外语能力、社会交际能力、计算机和网络管理能力等，只有注重各方面知识的学习，提升自己的能力才能摆脱过去那种低层次、初级化的服务模式，才能在社会大众面前重塑自己的形象，获得尊重。

（二）注重对用户的开发和培训

由于科学技术和互联网技术的快速发展，用户能够获取的资源越来越多，但由于各种资源出处不同、资源的质量有高有低等等，使得用户在面对杂乱无章的资源时常常茫然失措，不知道哪个才是最适合自己的，加上我国信息资源分布的不均匀导致一些地区的知识资源严重匮乏。由此注重对读者的开发和培训是图书馆服务不可或缺的重要内容，图书馆有义务将知识的种子播撒到每一个用户手中，要拓展和经营自己的用户群体，始终把以人为本的理念放在心中。

在图书馆环境下，提高用户的知识素养有以下三种方法。

1.泛在学习

图书馆可以将泛在智能技术融入到读者的开发和培训中，比如为用户提供不受时间和空间限制的学习氛围，与用户全天24小时保持实时交互，提供用户彼此交互的服务平台，让用户自己可以共享资源和知识，将人本思想内涵潜移默化的融入用户的学习过程中。

2.移动学习

在5G环境下，移动学习的效率完全可以得到保障。图书馆应该为不同用户提供不同的学习方法和资料，将知识资源巧妙运用，建立个性化移动学习路径，根据用户的能力和喜好挑选学习内容，充分考虑各种适合不同层次、不同学习偏好的用户，为他们营造移动学习的氛围情境。

3.差异学习

每个人的出身和背景都不一样，这造成了其知识素养和理解知识的能力各有不同，有的用户文化水平低，新技术设备的应用能力差，而有的受过高等教育，各方面的素质和能力都比较强，此外人的智力、心智、性格、及心理素质等等都相差甚远，这也就导致每个人都有一套属于自己的学习方法和经验，其知识结构和学习动机更是千差万别。图书馆利用数字智能技术能够提供非常完善的个性化学习系统，让用户能够主动学习，远程学习和自主学习，并根据用户的实际情况和其接受知识的能力提供必要的辅导和帮助。另外还要为不同的用户（如年龄、获取知识能力、心智的强弱等要素）分阶段、分层次的定制学习计划，将主动权和自主权全权交给用户，让用户挑选自己感兴趣和适合自己的学习计划来进行学习。

三、资源

（一）图书馆集群化

在图书馆环境下，集群化就是在一个适当的范围内选取一个资历最老、经验最足的图书馆作为中心馆，再挑选一些成员馆形成集群化网络。该集群网络下的所有图书馆的管理方式及知识组织方式都是一样的，同时将各个图书馆的馆藏、各个知识库的资料，整合在一起，形成一个整体，运用智能技术统一化管理。图书馆集群化管理使得馆与馆之间从陌生变为熟悉，彼此分享自己的馆藏查缺补漏，共同进步从而达到了互利互惠，这种管理方式是具有里程碑式的意义，因为它真正提高了图书馆的服务质量和服务能力，并为用户提供了多种新型服务。图书馆集群化不单单包括资源的集群，还包括馆员、技术、服务等等多方面的集群。图书馆集群化是一个全新的服务管理模式，其以中心馆为核心，成员馆为辅的形式形成了一个具有资源共享、优势互补以及共同发展特点的图书馆服务体系，通过这种新管理模式，图书馆的服务质量会不断稳步提升。

要想达到图书馆集群化这一目标就需要做到如下几点。

1.在某区域实施图书馆集群化管理前，一定要做好充分的调查工作，选取该区域内最具权威的图书馆作为中心馆，将中心馆的所有馆藏、服务理念、建馆经验毫无保留的分享给其他成员馆，让中心馆带动成员馆共同进步；各成员馆之间也应勤沟通，以为用户提供更优质的服务为共同目标。

2.在实行图书馆集群化管理模式时，要秉承一个都不能少的工作理念，即对每一个成员馆公平对待，彼此尊重，以解决区域内所有图书馆共性问题为原则，以先进带后进，最后一起完成目标，共同进步。

（二）资源保障体系

资源保障体系是以完善的图书馆集群化管理为基础的，该体系不仅将图书馆的资源有机结合了起来，还将图书馆以外的资源如网络虚拟资源等根据需求收集起来，使馆藏资源更加丰富以便为用户提供高品质服务。

在资源保障体系的建设中，最先要巩固的就是本地资源建设，应运用智能技术将本地的珍贵纸质馆藏做数字化处理，与现有的数字资源进行重新的整合，形成具有自己风格的资源体系，此外还应注意收集其他方面的数字资源并引进精华部分，以此丰富自身的资源建设。

其次，图书馆还应树立多种形式文献信息资源共同发展的思想观念，现如今，数字资源的发展可谓突飞猛进，甚至有取代纸质资源的势头，这就需要图书馆在往后的工作中注重网络资源的开发，使得网络资源和纸质资源进行互补，这样才能更好的为用户服务。如今每天网络上都充斥着令人眼花缭乱的各式各样的资源，据统计，全球每天会产生 700 余万个网页，所包含的资源类别更是数不胜数，网络是目前产出资源最多的地方之一。虽然网络资源每天都在增加，但是网络资源的消失速度也是相当快的，一般网络资源的平均寿命只有 44 天，这也就意味着有相当一部分的资源会随着时间的推移而永久消失。这就需要图书馆每天在网络里检索和筛选有价值的资源，不但将其作为自身的数字资源进行链接和导航，而且还要有效的保存，作为其资源保障体系的一部分。

最后，在完善图书馆资源的同时，还应注重图书馆员的培养，现今用户的要求越来越高，越来越个性化，这就需要图书馆员要丰富自己的知识，扩展自己的知识面，不断学习，同时提高与用户沟通的能力，提高解决问题的能力。

（三）　对知识进行深度挖掘

在知识的世界中，隐性知识就如同冰山模型中潜在水里的那部分，其份量是显性知识的好几倍，对知识进行深度挖掘是通过智能技术在浩瀚的知识海洋中，搜索那些隐藏在显性知识下的隐性知识，把隐性知识显性化供全社会所使用。在智能技术的支持下，知识挖掘可以在多个层面进行，如馆员之间、各馆各部门之间和各馆之间等等。

图书馆员之间的知识挖掘是通过馆员间的沟通和互相学习来完成的，有些馆员所拥有的知识如经验、工作的方式方法等在课本上是学不到的，这就需要馆员之间及时的沟通，以互相吸取他人的经验从而使自己变得更加优秀。例如可以让经验老道工作多年的老馆员来帮助新来的馆员，通过新老馆员之间的沟通能够让新馆员获取相应的工作经验从而更快的熟悉工作环境，达成共同心智，这样有利于发掘隐性知识。

此外，图书馆是由多个部门组成的，如流通部、采编部、检索部等等，缺少任何一个部门图书馆都不可能正常运转，所以部门之间也应常沟通，各部门应该将自己所拥有的隐性知识贡献出来。要想将这些隐形知识整合出来可以借助以下两个方法，一是采取合作的形式，通过合作让各部门之间对彼此都有一个更深层的理解并彼此吸取各自的经验和知识。二是各个部门将自己所拥有的所有显性知识通过认真的分析与整合后，共享到每一个部门中去，让这些知识成为大家的知识，让所有人共同进步从而全面提高图书馆的工作水平。此外，各个部门还应该进行频繁的联系和交流，例如流通部根据用户的借阅情况向采编部提出采购意见，这样采编部才能查缺补漏采购到用户最需要的文献资源，为用户提供更优质、快捷的服务。

图书馆之间的知识挖掘是指各个图书馆应该将自己的显性和隐性知识加以共享，让其他图书馆去研究和挖掘自己的知识，达成互帮互助，共同进步的局面。例如实力较强的图书馆可以定期开设知识讲座，将自己的工作经验和吸取的教训分享给其他图书馆。此外图书馆之间可以将彼此的隐性知识进行归纳总结，最后形成统一的工作制度与管理办法，在各个图书馆之间进行交流和学习，使之转化为显性的知识。

四、应用

（一）建立门户网站和搜索引擎

图书馆应该建立属于自己的门户网站，用户可以登录网站了解该图书馆的详情并可以进行一系列的服务，比如借还书、预约图书馆座位、网上即时参考咨询等等。网站还应设立网上学校，用户可以根据自己的喜好进行相应知识的网上学习，在学习结束后如有疑问还可以反馈给相关的学科馆员，学科馆员会即时地与用户沟通帮助用户解决问题。另外图书馆还应将定期开设地知识讲座在其门户网站上进行同步直播，将直播内容有效保存并在其网站上设立链接，使得没有时间亲临现场的用户也可以获取讲座的内容。

现如今的大型搜索引擎如百度、谷歌等都可以提供大众化的信息，要真正的想在此类搜索引擎中获取一些较高水平的专业知识会变得相对困难。所以在建立门户网站的同时，图书馆还应建立属于自己的搜索引擎，图书馆应该通过智能技术将大量的网络信息进行去重并重新归纳和整理，形成全新的知识精华，并将这些知识精华导入到自己的搜索引擎数据库中，供用户使用。与此同时，搜索引擎还应该设立反馈平台，当用户在使用搜索引擎时没有搜到自己所需的知识时，用户可以利用反馈平台将自己的意见或所需知识告知图书馆，图书馆会根据用户的要求采取相应的措施。

（二）建立移动端知识服务平台

智能手机、平板电脑的出现无疑宣告了计算机不再是人们获取网络信息的唯一途径，4G网络已经在我国普及，目前，5G网络也已逐步应用。这为构建图书馆移动端知识服务平台打下了坚实的基础，它可以在智能手机和网络的支持下，为用户提供更方便、高效的服务。

移动端知识服务平台打破了以往传统图书馆的服务模式，例如有的人由于工作或其他原因跟本没有时间亲临图书馆享受相关服务，移动端知识服务平台的出现完美地解决了这一问题，让用户可以利用自身的碎片时间来获取自己感兴趣的知识而不耽误用户的宝贵时间和精力。用户可以通过移动端知识服务平台浏览文献资源、借阅书籍、收看知识讲座等物理图书馆所拥有的大部分服务，其最大的优点就是用户可以完全摆脱时空的束缚，在任何地点、任何时间都可以享受到图书馆的优质服务，它就像用户身边的知识管家一样，随时随地听从用户的差遣。此外，在建设移动知识服务平台的同时，应该时刻注意用户的反馈意见，虚心采纳用户的建议并作出及时的更新调整，使之更适合用户使用，做到真正的人性化。

（三）自助图书馆

自助图书馆是指利用了物联网、RFID 等智能技术建成的图书馆，自助图书馆是一个智能的，无人看守的 24 小时图书馆。它可以为用户提供借还书、办理证件、预约图书和检索服务等。自助图书馆不受时间的限制，用户随时随地都可以使用它，这不但节省了图书馆的人力资源还方便了用户。

五、技术

（一）物联网技术在图书馆中的应用

物联网是一个充满智能化的网络，是指通过一系列智能技术，按照一定的标准，把一切物品与网络相连，进行资源通信和彼此交流，最后形成一种集智能化管理、整合、定位、跟踪等特征的网络。

在物联网的支持下，图书馆可以通过智能手机、平板电脑、红外感应设备、GPS 等感知设备，对图书馆的各类载体资源，图书馆运营状况，用户的使用情况等进行深度感知、测量捕捉和传递；图书馆可以利用物联网的特点，使得人、物、资源三者之间，在任何时间、地点下都可以进行互联互通，在此前提下用户可以让图书馆按照自己的要求，定时地推荐和推送自己感兴趣的信息，形成个性化的定制与推送知识服务；此外，在物联网环境下，图书馆应该始终秉承以人为本的核心服务理念，利用高端的智能技术时刻感知用户的体验状况，熟知用户的需求，积极采纳用户提出的建设性意见，并创新出多种适合和方便用户的服务方式，让用户自助选择所需要的服务形式，如 24 小时自助图书馆、RSS 订阅服务等等。

（二）云计算技术在图书馆中的应用

云计算就是可以将资源储存到"云网络"中，用户可以通过"云网络"获取或储存自己的资源，这样可以节省图书馆的存储成本，方便了用户的使用。

在图书馆的每个角落里，都安置了云计算传感器节点，这些节点利用云计算技术可以访问远端各式各样的网络信息、知识库、数字图书馆等等，再将这些资源全部融合到一起，利用云计算节点上的智能数据挖掘整合系统对这些资源进行再处理，使之容易让用户使用和接受，为图书馆新开发的知识服务提供技术支持。但是仅凭图书馆里的这些云计算传感器节点来处理它们所搜集的这些大量资源是远远不够的，为了处理资源更加的高效，需要借助云计算的思想，也就是指在网络中设立大量的云节点，图书馆将需要处理的资源上传到云节点，云节点经过精确的计算处理完资源后再返还给图书馆，这样使得每一个图书馆的资源处理平台都拥有一个良好的资源处理支撑环境，且提高了效率。此外，当图书馆的资源过大已经超过了图书馆的储存负荷时，图书馆可以将这些资源存储到云计算环境中。

综上所述，将云计算应用到图书馆中不但可以提高其处理资源的速度、减轻了存储负荷，还能以相对较小的成本去实现一些图书馆环境下的特色知识服务。

（三）大数据技术在图书馆中的应用

大数据技术的出现不是为了可以掌控容量巨大、类型繁多的资源信息，而是对这些资源的再处理、深度挖掘，通过对资源的重新"改造"实现资源的"增值"。

在图书馆中，大数据技术可以捕捉到用户大量的信息，包括他们的兴趣爱好、擅长的领域、检索习惯、行为等等，通过对这些信息的深入研究和分析，可以了解到用户真正需要的是什么，在充分掌握了用户的需求后，图书馆才能选择最恰当的服务方式来为用户服务，大数据技术可谓起到了"对症下药"的作用。

此外可以利用大数据的深度挖掘技术，将大量隐藏在显性知识中的隐性知识挖掘出来，为用户所用，这不但大大提高了资源利用率，而且还提高了服务质量。

（四）RFID技术在图书馆中的应用

射频识别（RFID）是一种无线通信技术，可以通过无线电讯号识别特定目标并读写相关数据，而无需识别系统与特定目标之间建立机械或者光学接触。

射频识别技术在图书馆中有着广泛的应用，如：

1.自助借还系统：它区别于以往的借还书系统，用户可以通过射频识别技术一次性完成多册图书的借还，这大大节省了用户的时间，减少了用户排队的可能性，提高了效率。

2.智能化管理：RFID技术可以对图书进行智能分类和清点、自动分拣、整理书架等，这些平常需要人工完成的繁琐工作现在都可以用机器来替代，这减轻了图书馆员的工作负担，可以让馆员有时间提高自己的知识素养，完成从图书管理员到知识服务者的蜕变。

3.智能定位：图书馆将馆内的所有馆藏都贴上RFID标签和传感器，利用RFID，全球定位系统等智能技术可以让用户很快的找到所需文献资源。此外，图书馆每天会产生大量的错架、乱架的图书，这难免降低了图书馆的服务质量，馆员可以通过 RFID 查询系统，将错架、乱架的图书编码输入到系统中，系统会快速感应最后识别出图书的位置，这样就完美解决了图书管理工作中的难题，为馆员和用户带来了极大的便利。

参考文献

［1］赛礼克·赛依力.智慧图书馆视域下高校图书馆信息资源建设策略［J］.科技风，2022，（7）：17-19

［2］荀雪莲，姚文彬.大数据网络爬虫技术在智慧图书馆信息资源建设上的应用［J］.北华航天工业学院学报，2020，（4）：20-22

［3］孟冬晴，牛莉丽.智慧图书馆建设背景下的资源推广服务模式探索［J］.医学信息学杂志2021，（10）：77-81

［4］张智慧.略谈西藏高校图书馆文献信息资源建设［J］.西藏教育，2010，（11）：58-60

［5］蔡红宇.智慧社会建设背景下图书馆信息资源开放服务探讨［J］.中国中医药图书情报杂志，2018，42（4）：39-41

［6］李晓婧.“双一流”建设背景下高校数字图书馆智能化信息资源服务研究［J］.视界观，2019，（21）：1-1

［7］徐玲.“智慧城市”背景下的高校智慧图书馆建设探究［J］.人才资源开发，2016，（22）：128-129

［8］杨柳.信息时代智慧学习空间与图书馆文化建设探讨［J］.Show大学，2021，（3）：124-125

［9］章望英.基于SL视角的高校图书馆资源建设与推广路径分析［J］.新世纪图书馆，2016，（8）：30-33

［10］李菲菲，张云坤，王喜.智慧图书馆建设中网络空间安全体系构建研究［J］.科技情报开发与经济，2020，5（6）：29-33

［11］刘莹.基于云计算与物联网的智慧图书馆建设管见［J］.图书馆学刊，2018，40（11）：124-127

［12］王思，宁勇.智慧图书馆信息安全服务能力提升探究［J］.科技经济市

场，2019，(6)：109-111

[13] 中国图书馆学会年会中国图书馆学会.中国图书馆学会年会论文集（2013年卷）[M].北京：国家图书馆出版社，2013

[14] 刘中仁.合理配置资源，有效利用信息 [J].法律文献信息与研究，2001，(3)：19-19

[15] 赵国忠.智慧图书馆背景下高校图书馆信息资源建设策略研究 [J].情报探索，2021，(9)：123-128

[16] 吴小凤.智慧图书馆精准服务成人继续教育的学科资源建设路径 [J].继续教育研究，2022，(5)：5-9

[17] 朱丽娜.高校智慧图书馆建设路径探讨 [J].科学与信息化，2020，(1)：40-41

[18] 李玉海，金喆，李佳会.我国智慧图书馆建设面临的五大问题 [J].图书情报通讯，2020，(3)：8-14

[19] 咸秀柔，吕建新，王媛媛.多源数据驱动的智慧图书馆生态建设——以河北北方学院图书馆为例 [J].信息记录材料，2022，(6)：23-23

[20] 冉从敬，李旺，宋凯.国内外图书馆信息资源建设研究热点对比分析 [J].新世纪图书馆，2021，(8)：90-96

[21] 柯欢玲.校园智慧图书馆建设探索——"广州模式"之文化教育跨界合作 [J].图书馆学刊，2016，38 (5)：1-5

[22] 陈玲，张红伟，王春梅.现代公共文化服务视角下医学智慧图书馆建设研究 [J].医学信息学杂志，2020，(3)：82-85

[23] 张冉.智慧教育背景下高校图书馆数字资源建设与馆配转型探析 [J].中文科技期刊数据库（全文版）图书情报，2022，(8)：76-80

[24] 陈戴.信息资源建设研究 [M].上海：上海科学技术文献出版社，2016

[25] 浦绍鑫.现代公共图书馆资源建设与服务 [M].北京：光明日报出版社，2016

[26] 林水秀.高校图书馆资源建设与管理研究 [M].长春：吉林大学出版社，2016

[27] 广州市图书馆学会.现代图书馆研究系列图书馆合作创新与发展 [M].广州：暨南大学出版社，2016

[28] 周和平.周和平文集（上）[M].广州：中山大学出版社，2016

[29] 叶青，方倪，郭璐.Internet网络信息资源检索 [M].哈尔滨：东北林业大学出版社，2016

[30] 朱锐勋.政府信息资源开发模式比较研究 [M].北京：国家行政学院出

版社，2016

　　［31］马家伟，杨晓莉，姜洋.图书馆与图书管学概论［M］.长春：吉林科学技术出版社，2016

　　［32］杨新涯.图书馆服务共享［M］.北京：知识产权出版社，2016

　　［33］张岩.深圳图书馆志：1986-2016纪念深圳图书馆开馆三十年［M］.深圳：海天出版社，2016

　　［34］黄如花.数字信息资源开放存取［M］.武汉：武汉大学出版社，2017

　　［35］包瑞.高校图书馆服务与资源开发［M］.长春：吉林大学出版社，2017

　　［36］孙刚.与图书馆交朋友：中小学生图书馆信息素养活动手册［M］.上海：上海教育出版社，2017

　　［37］曹学艳.全媒体环境下的信息资源建设导论［M］.西安：西安电子科技大学出版社，2017

　　［38］毕东.高校图书馆党建研究与实践［M］.北京：光明日报出版社，2017

　　［39］张立，李莘.图书馆管理学［M］.成都：电子科技大学出版社，2017

　　［40］武三林，韩雅鸣.基于技术融合的图书馆数字资源利用服务机制研究［M］.北京：科学技术文献出版社，2017

　　［41］黄如花，司莉，吴丹.图书馆学研究进展［M］.武汉：武汉大学出版社，2017

　　［42］湛爱容.网络环境下图书馆的用户研究与信息服务［M］.芜湖：安徽师范大学出版社，2017

　　［43］张白影，聂道良.图书馆工作论丛（第6辑）［M］.北京：北京理工大学出版社，2017

　　［44］姜广强.现代图书馆信息资源配置机制与评价［M］.天津：南开大学出版社，2018

　　［45］刘伟成.数字信息资源检索［M］.武汉：武汉大学出版社，2018

　　［46］刘晓辉.现代图书馆图像数据资源建设概论［M］.北京：中国戏剧出版社，2018

　　［47］吴爱芝.大数据时代高校图书馆智慧化学科服务研究［M］.北京：海洋出版社，2018

　　［48］徐岚."互联网+"与图书馆［M］.成都：电子科技大学出版社，2018

　　［49］周建芳."互联网+"图书馆［M］.成都：四川大学出版社，2018

　　［50］张敏生.信息检索与利用［M］.西安：西安电子科技大学出版社，2018

　　［51］中国社会科学情报学会.图书馆情报与文献学研究的新视野［M］.北京：中国书籍出版社，2018

［52］肖明.国外图书情报知识图谱实证研究［M］.北京：中国经济出版社，2018

［53］郭向东.西部少数民族文献资源建设研究［M］.北京：科学出版社，2018